节目主持人的表演元素训练

费泳　著

文匯出版社

图书在版编目(CIP)数据

节目主持人的表演元素训练 / 费泳著 . —上海: 文汇出版社,2015.5

ISBN 978-7-5496-1441-7

Ⅰ. ①节… Ⅱ. ①费… Ⅲ. ①主持人—训练 Ⅳ. ① G222.2

中国版本图书馆 CIP 数据核字(2015)第 066877 号

节目主持人的表演元素训练

作　　者 / 费　泳
责任编辑 / 乐渭琦
装帧设计 / 徐国峰

出 版 人 / 桂国强

出版发行 / 文匯出版社
上海市威海路755号
(邮政编码200041)
经　　销 / 全国新华书店
照　　排 / 上海歆乐文化传播有限公司
印刷装订 / 上海当纳利印刷有限公司
版　　次 / 2015年5月第1版
印　　次 / 2020年12月第2次印刷
开　　本 / 787 × 1092　1/16
字　　数 / 220千
印　　张 / 13.75

书　　号 / ISBN 978 - 7-5496-1441-7
定　　价 / 48.00元

序

姚扣根

节目主持，说大不大，陪衬着嘉宾，串联着节目，调节着气氛，仿佛是串珠的细线，相片的镜框，引领着喧宾以求夺主。节目主持，说小也不小，活跃在平台一方，犹如方丈作为庙宇的灵魂，犹如船老大指挥全船人员驾驭巨轮从此岸到达彼岸。何况，节目主持还代表着社会和时代的媒体的形象，面对着广泛的观众，需要为创建良好的社会风气、行为典范，以及向真善美的理想境界作出贡献。

节目主持人作为一个引人关注的公众人物，承担着社会公众文化主流价值观念和行为准则的示范功能。从这个角度审视，节目主持人既是艺术角色，又是社会角色。作为角色的承当，就需要一定的表演支持，其表演不仅需要独特的个性展示，而且还需要鲜明的社会角色规范。作为一个公众人物的形象塑造，主持表演既有艺术表演元素，又有社会表演元素。这种含有双层或多层的表演，其理念原则、教学方法、训练模式，都不同于传统的艺术人物表演，应该有其独门绝技和自成一派的体系。

并且，艺术表演与社会表演的相通相融，是适应当代审美向生活世界回归的大趋势。这一趋势涉及到艺术活动领域内的“美的消解”和日常生活领域中“美的泛化”。这种带有艺术角色、社会角色、平民身份的主持艺术更接近了地气，走出了艺术圣殿，告别了贵妇沙龙，漫步于普通百姓的日常生活，拓展了审美活动的领域，改变了审美活动的方式，进而为人类文明理想的“诗意地栖居”，提供了构建创造的前提。

上海戏剧学院的节目主持专业的表演训练，历来注重理性思考及学科建设的学术优势。如在全国重点学科戏剧戏曲学的传统学术语境下，表演理论有其传承的拓展：传统戏曲表演训练，选角正音习态，有一套程式化的严谨体系；现代话剧表演，斯坦尼夫斯基等表演流派的基础，将内心体验与表情台词动作分解和组合成一个完整系统。前些年，我院经过“大戏剧观”的数次引起全国影响的大讨论，以求适应我国电视等媒体演艺创造人才的发展需求，电视节目主持专业从无到有、从单一到复杂、从模仿到原创的阶段性发展，其理论和实践为创建了市教委重点学科广播电视艺术学科打下了基础。广播电视本身具有的大众传播、人际传播、口语传播等特性，麾下的主持专业也吸纳了传播学理论。如此，上戏主持表演教学模式的探索，坚守了转益多师的路径，不仅吸收了传播学、艺术学、创意学、影视与戏剧学的传统学术规范，而且借鉴了我院特有的社会表演学的学术营养。社会表演学理论的介入，不仅保持了原有的舞台表演理论和相关的电视理论的优势，还找到了对于电视节目主持表演比较贴切的运行规律的应用与探索，由此大大改进了教学水平，增强了人才的竞争力。

如何在主持专业教学领域中满足新需求，上戏主持专业教学的老师，长期以来一直不断筹划学科专业的发展规划，探索教学模式，提高自己的教学研究能力。费泳老师的《节目主持人的表演元素训练》正是她常年教授主持艺术课程的一个阶段性总结，也是电视学科建设的一个最新研究成果。

艺术专业的大学生，除了学习系统的学科知识，还必须对实践技能的严谨细分和严格训练，比如绘画的、歌唱的、跳舞的，有细分的训练课目，有循序渐进的训练要求，一天不训练就会有落后的感觉。这种严格的实践技巧训练，从某种意义上说，比理论知识的掌握还重要。在原则上，理论与实践相互依赖相互依存，但艺术专业技能训练的严厉和严酷，远远超越一切。一天不练自己知道，二天不练师傅感觉到，三天不练外行看笑话，这不是一句虚假的空话。换句话说，没有理论，戏水从本能上只能是狗爬式，没有发展进步；没有实践，没有掉进河水里呛两口水，学游泳者永远是纸上谈兵的旱鸭子；没有坚持自己一定量化的科学训练，戏水爱好者可能永远成不了运动健将。

艺术专业的教学注重实践，注重长期的有步骤的技能训练和知识传授，需要通过科学系统的技能训练和知识传授的漫长过程，有效地培养学生学会驾驭材料，熟练地把思想和情感转化为一定形象，切实地开发和提高审美能力和创造能力。

费泳老师的《节目主持人的表演元素训练》，是一本能让读者在较短时间内掌握电视节目表演技能训练技巧的实用书籍，其对主持表演的技能训练，简单而系统，形成了一种简约有效的教学模式，易懂易学易探讨，有很强的操作性。

费泳老师在实践方面，有多年在主流媒体主持不同类型节目的工作经验，有多年在上戏进行主持艺术人才培养的教学经验；在理论研究方面，她有深厚的学术理论背景，就读博士期间，她从戏剧表演和电视媒体的角度，对主持理论有过一番不俗的探索。她的博士论文从电视的栏目、创作人员、大众审美三个方面，以优秀栏目为案例，以收视率和满意度为标准，进行解剖式的研究，获得了专家学者的一致好评，也为深入进行电视节目的主持表演的研究打下了扎实的理论基础。

费泳老师在主持艺术教学的实践中，尝试利用并改造戏剧表演和社会表演的理念和训练方法，将其转化为实用的主持艺术训练方法。在表演理论上，她梳理了主持艺术表演的源头、流变和类型；在技能训练上，她分离了基本表演训练、专业表演训练、临场技能训练和类型节目的特殊训练。如此严格的细化训练步骤，显示了扎实的理论基础和实践经验，其中一些真知灼见，实在是经验之谈、心血之作，的确为那些纯粹理论概念式的概论条条所无法替代。

今天，随着目前我国文化创意、文化传播事业和产业向专业化、精品化、差异化的转型升级，电视节目不断提出一些高新需求，尤其是电视节目的分类细化，一方面需要主持专业的教学更加细化类型，相应的主持表演基础训练需要细化为适应类型节目的范式训练，同时为了适应对节目特色的形象和主持个性形象的呈现，主持人需要通过表演塑造和表达出具有特点的电视节目的形象和灵魂；另一方面，电视节目的高要求，主持人的表演水准的提高，有待于主持人的人文素质的提高，有待于多层面跨学科知识融合的创新，深厚的基础和大胆的创新才能解决主持人新形象塑造的瓶颈问题。

艺术教育领域正在进行着一系列教学改革，艺术教学改革本身就是一项具备很强个性的创造性实践。电视节目主持人刚开始尝试专业训练范式化，还有非常大的发展空间。如何将日常系统训练更加科学化，如何在技能训练中有效地提高审美创造能力，如何发展学生的个性潜质，如何激励学生保持旺盛的兴趣，以更广阔的视野，进入未来的社会迎接新的机会和挑战，这些问题均期待和鼓励更多的具有个人风格的实践性训练教材问世。

是为序。

（作者系上海戏剧学院教授、博士生导师）

前　言

和许多人一样，我童年时的梦想就是将来要成为一名广播电视节目主持人。直到后来，我正在实现这个梦想时，发现这个职业原来还有那么多挑战性。

经过十多年的专业历练和学习实践，现在，当我站在另一个角度（教师）来重新审视主持人这个职业时，我豁然发现，无论是作为一种学科的存在，还是作为一种功能的存在，主持艺术无疑是一门实践性很强的艺术。

面对兴趣不同的读者，当你对“主持”产生兴趣，但又无法找到入门的有效途径和方法时，我的这本书将提供给你更多表达技巧方面的建议，让你在短时间内通过各种科学的、专业元素的训练来掌握多种方法。书中的各种训练方法是我在教学过程中积累出的一些经验和技巧，具有很强的操作性，这无疑将有助于你在今后的生活工作中成功地与他人进行有效的沟通。

我们的专业训练既包含演员的技能训练，又突出了主持人即兴创作的特点。通过训练，你既可提高自己的主持审美能力，同时也可提高你的主持创作能力，而这正是主持艺术教育的真谛所在，同时也遵循了艺术教育从“技”到“道”的客观规律。

总之，本书是一本有助于读者在较短时间内掌握主持技巧并能领悟主持真谛的一本实用书籍。

还是那句话，主持人的最高境界不是导出情感，也不是导出故事，而是导出思想！希望本书对那些将要从事主持工作的朋友们有所助益。

目　录

第一章　主持与主持人的表演

在演员和记者之间，我更接近于前者。

——沃尔特·克朗凯特

美国著名节目主持人，被西方电视界、学术界一致公认为西方电视节目主持“第一人”的沃尔特·克朗凯特说过：

在演员和记者之间，我更接近于前者。①

1952年，克朗凯特首次被冠以“Anchor”（意指“新闻节目主持人”）的头衔。在他主持了美国两党年会报道之后，报刊记者称克朗凯特的表演是芝加哥那个夏天的“令人难忘的”、“极好的”表演。美国老资格广播员、他的举荐人爱德华·默罗也把他看成一个“超级广播员”，一个善于“现场描绘”并在摄像机前做戏的人。②可见，即便是新闻主持人，在陈述客观的新闻事实时，也需要表演，更何况其他节目类型的主持人。如何陈述，如何推进，如何让观众产生兴趣，从而保持收视，持续关注你……这些都需要主持人善于对新闻进行演绎，这些都与表演有关，都需要表演，主持人应该兼有演员的素质与才干才能更好地胜任这份职业。当然，这里所说的表演并非指演员在舞台上的角色表演，而是指主持人在节目中的演绎。

演员在舞台上的表演是演员在舞台上创造剧中角色的过程，而主持人在镜头

① 沃尔特·克朗凯特（Walter Cronkite，1916年11月4日—2009年7月17日）1962年起任美国哥伦比亚广播公司《晚间新闻》节目主持人，该节目一直占据美国三大电视网晚间新闻节目收视率之首。由于他工作出色，多次荣获大奖，被公众推举为“美国十大最有影响的决策人物之一”。在克朗凯特任职期间（1962—1981），他报道过世界各地发生的重大事件，如美国前总统肯尼迪被杀、国内动荡、越战、冷战、太空人登上月球等事件。他的经典名言“事实就是如此”出现在每期节目的最后，成为一种公信力的象征。这成就了他“全美最受信任的人”（the most trusted man in America）的美誉。

② 参阅任远、王晓红等著《电视节目主持人学初论》，第13—14页，中国广播电视出版社，1999年版。

前的表演，是主持人在镜头前创造职业角色的过程。这一创造过程是主持人从“自我”迈向“超我”的过程，是电视节目主持人职业角色的创造过程。主持人在镜头前面对公众时，已经不是在家中那个“本我”或“自我”的状态，他（或她）会不自觉地去表现更加出色的自我来赢得观众的信任，这时候，他（或她）就不自觉地进入了表演状态。按照社会表演学的理论，社会生活中，只要有第二个人出现在你身边，你就会不自觉地进入表演状态，“社会表演是在艺术舞台之外有意识地做给特定观众看，并力图对他们产生特定效果的动作；社会表演要受到其背后各种社会关系的制约，同时也常常会变成社会规范、榜样示范。”① 当然，这里的“表演”一词并非是贬义词，而是中性词，更靠近“表现”的含义。

主持人面对公众，是塑造完美自我的一种表演状态，也是塑造自我公众形象的一种表现状态。这种表演和表现，必须出色，所以这不是一蹴而就的，它需要有表演素质和修养的人才能胜任。一方面，它需要有一定的表演天赋；另一方面，它又需要经过长期的训练和实践才能日臻完美。但不管怎样，要说清楚主持人的表演，我们还得从中、西方主持人的由来、含义、作用以及和演员的差异等说起。

第一节　主持人的前世今生

一、主持人的前世

若要追溯主持人发展的历史，巫师可以说发挥了现今主持人的主持功能。那么，什么样的人是巫师呢？巫师主要是指主持巫术活动的人，他们的职责是熟悉经典，精通仪式，主持祭祀、祈祷等公共事务。他们充当人神之间的媒介，以施行魔力、咒术解决具体问题。人们有时也称他们为祭司、法师或巫觋。

关于巫师的记载，最为详细的资料来自《国语·楚语下》：“昭王问于观射父，曰：‘《周书》所谓重、黎实使天地不通者何也？若无然，民将能登天乎？’对曰：‘非此之谓也。古者民神不杂。民之精爽不携贰者而又能齐肃衷正，其智能上下比义，其圣能光远宣朗，其明能光照之，其聪能听彻之，如是则明神降之。在男曰觋，在女曰巫。是使制神之处位次主，而为之牲器时服，而后使先圣之后之有光烈，而能知山川之号、高祖之主、宗庙之事、昭穆之世、齐敬之勤、礼节之宜、威仪之则、容貌之

① 孙惠柱《社会表演学：现实与虚拟之间》，《上海大学学报》（社会科学版），2008 年 1 月 15 日。

崇、忠信之质、禋洁之服，而敬恭明神者，以为之祝……”从史料的记载来看，这里至少反映了时人对上古人民信仰的一种观念，即人间与神界是完全不同的两个世界（民神不杂），但神界往往左右着人间的祸福治乱。其中，并不是所有的人都能够领受或倾听神的意旨，只有那些“精爽不贰”、“齐肃衷正”、智、圣、明、聪又都能达到极高度者，即巫师，才能具有贯通天人的功能。巫师是处于神人之间的，“以通神明之德”，“以类万物之情”（《周易·系辞》），从而成为人神之间，协调宇宙秩序的最高圣徒。

最初有资格成为巫师的人，往往是部落中天赋异禀之人。这种异禀不是指身体的强壮，作战的骁勇，而是指智力上的优越和敏捷程度。原始的民族相信这种人会有能力对付冥冥中可怖的东西。而巫师们也往往会通过自我的修炼来获得巫师身份，以通鬼神，呼风唤雨，预知吉凶，给人治病等。可以说，巫师作为通天地、明鬼神的民之精英，在当时的社会中享有崇高的地位，他们是中国最早的知识分子，承担着重要的文化和政治职能。①

那么，巫师又是通过什么样的方式来沟通神界的呢？据史料记载，他们是通过一定的巫术仪式才能领受和传达神的意旨。将神的意图传达给下界，这称为“降”；将下界的意图传达给神，这称为“陟”。巫师通常用乐、舞、酒、肉、黍、稷来举行祀神仪式。其中有鼓乐之祀、舞蹈之祀、酒肉之祀等，巫师借助酒和药物来使自己达到迷醉状态，以帮助自己达到通神的目的。②在举行这一系列的祀神仪式时，巫师借于此热烈气氛和迷狂状态及时地用心去倾听、领受冥冥世界的声音。他们似乎是听到了，感受到了，而且亦明白了，于是兴奋、激动、舞蹈，并以吟唱的方式将这种来自神的语言传达出来。古希腊祭神仪式中歌队的唱词，殷商卜辞《周易》的卦卜辞，《左传》中大量的卜辞等都可证明这是“神”的意旨的记录。巫师们所咏的歌曲，常人不解其意，将其视为咒语。巫师们自己也未必尽释其意，于是，在这种浓烈、迷狂的气氛中，最早的诗歌便产生了，最初的舞乐也应运而生，当然，最早的诗人、艺术家、主持人也就是这样诞生了。

追古思今，巫师“绝地天通”。他们用一种超越自己的倾听、追问的方式去感悟神灵的“存在”，在倾听中让这个“存在”得以“去蔽”、“敞开”、“照亮”，这种显现的过程又是言说的过程。因此，我们说，巫师不仅是“绝地天通”最高的宗教圣徒，

① 参阅弭维《巫术、巫师和中国早期的巫文化》，《宁夏社会科学》，2002年3月第2期。

② 《尚书·酒诰》中“祀兹酒”，“越庶国饮，惟祀！”等记载可以证明。

更是中国上古时期艺术创作的直接参与者和创作者，对于他们在中国文化史上的贡献，必将有利于我们深入认识我国主持人文化的发展历史，对我国传统文化的生成和发展研究也将起到积极的作用。[①]

二、主持人的今生

广播、电视业产生于近现代西方的工业文明，因此，也有专家称节目主持人这个词起源于西方，它同“戏剧”一样是“舶来”之品，是随着外来文明“入侵”到中国的沿海大城市，进而辐射到内地的。然而，西方似乎并没有主持专业，对主持人的称呼也不像我们国内那么统一。在汉语中，“主持”一词有专门定义。它的内涵和外延，随着现代传媒业的飞速发展也在与时俱进，对于这一发展规律，我们也应该辩证地来看待。

（一）主持与主持人的基本含义

1. “主持”的概念

在汉语中，“主持”一词有专门注解。

《辞源》中，把“主持”看作“掌管”的同位语。《辞海》中则专列条文进行了解释：“①负责掌握或处理。如主持会议。李渔《玉搔头·呼嵩》：‘万岁出宫之后，外庭的事，既有许进父子主持，但不知宫内之事，付与何人掌管。’②犹主张。杨涟《寄李本宁太史书》：‘比如是主持定，而事乃可行。’”[②] 由此，主持人的含义也就带有掌管和主张的意思了。

2. “主持人”的含义

“主持人”有广义和狭义之分。

广义的主持人，是泛指在各种活动、项目中负责掌管和处理具体事宜的人。如：寺庙主持、礼仪主持、报刊的版面或专栏主持等。广义的“主持人”在我们生活中随处可见，他（或她）可能是领导，也可能是某个活动的组织者和策划者等。

狭义的主持人则专指广播电视节目主持人，我们简称为“节目主持”。“他们是在电子媒体中，以个人行为出现，代表着媒介群体观念，用有声语言、形态能动地操作和把握着节目进程，直接、平等地进行大众传播活动的人。[③]”

确切地说，不管是广义和狭义，主持人掌管的都是传播活动，他们是传播活动

---

① 参阅宁登国《略论巫觋在中国艺术起源中的作用》，《大理学院学报》，第1卷第5期，2002年10月。

② 《辞海》，第2516页，上海辞书出版社，2010年版。

③ 俞虹著《节目主持人通论》，第7页，中国广播电视出版社2004年版。

中的组织协调者，调控得当就能达到活动预期的目标。主持人主持节目的过程也是调控节目的过程，一方面是对活动内容和活动流程的控制，另一方面则是对传播关系的调整，其中也包括主持人的自我调整。只是，有些广播电视节目主持人并不一定会掌管整个节目，除非他（或她）是这个节目的“监制”或“制片人”。也因此，有些优秀的节目主持人后来会发展成为节目的制片人，一跃成为节目真正的“主脑”和中心。

国内有学者认为主持人与所主持的节目或活动息息相关：“主持人的主持活动受制于节目的存在，有多少种节目就有多少种主持人，就有多少种主持人的主持活动。所谓电视节目主持人，其实是一群以电视为媒介和手段、从事着不同职业的专业人士：演艺人员、新闻记者和各种专门领域的工作者。节目主持人不是一种纯粹统一的职业，而是一个由多种不同职业构成的工种概念……”①

总而言之，优秀的主持人往往兼有记者的敏锐观察能力、导演的组织协调能力以及编辑的采访叙事能力，这样的主持人不仅能成为节目或会议、活动的灵魂人物，能较好地为任务本身代言，也能更好在受众中赢得自己的声誉。也往往是这样的主持人才能成为该节目的制片人，全权负责掌握或处理该节目的播出和管理。

（二）主持人在国外的称谓

20世纪四五十年代，美国电视发展的早期，美国电视中的主持人主要分为两类，一类是新闻节目主持人，被称为“Anchor”；另一类是娱乐节目主持人，被称为“Host”。前者是新闻记者出身，后者是喜剧演员出身。

到了五六十年代，游戏、智力竞赛类节目兴盛一时，主持人以公正的形象出现，他们都是拥有良好的社会形象和一定知识修养的中年演员。

六十年代后，谈话节目出现，具有亲和力的新闻记者，谈吐幽默的演员成为这类节目的红星。

七十年代后期，电视节目已多如牛毛，其主持人的来源、层次以及在节目中发挥的作用也参差不齐……

我国著名节目主持人杨澜到了美国，查阅有关主持人的资料时却发现：在美国并不存在定义严格的“主持人”这一职业，几乎所有的电视节目主持人都有电视之外的职业背景。②这也就是说，任何专业背景的人都可以发展成为主持人。

① 孙祖平著《忽悠主持》，第128页，上海文艺出版社，2009年4月第一版。
② 参阅杨澜著《凭海临风》，第70—72页，上海文艺出版社，1997年版。

纵观西方传媒对节目主持人的称谓,可谓是多种多样的。从这些称谓中,我们也许会发现点什么。

Moderator ——意为"(某些大学考试的)主考人、仲裁人、协调人。"① 随着轻松的讨论类节目和辩论节目出现, Moderator 也随之应用到这类节目中。"Moderator 在屏幕上的外部形态就像是裁判员,主要起到调节、客串、仲裁的作用。"②

Host ——意为"主人。"③ 他们常常以主人翁的身份活跃于荧屏。主持人就像是家庭主人一样,给人以宾至如归的感觉。美国新闻节目主持人丹·拉瑟(Dan Rather)就十分懂得让观众在心理上产生"自家人"的心理效应。美国有些评论员认为"他是潇洒的公子哥儿与乡村淳朴孩子奇妙的混合体。"④ 他以平等待人的民主意识以及和观众相似的价值观,在双方交流中赢得观众的认同和赞佩。

另外还有:

Announcer / Broadcaster —— 广播员、播报员、宣告者。

News Broadcaster; News presenter —— 新闻广播员;播新闻的人。

Compere —— 节目主持人

Anchorperson ——(采访记者: Interviewer)新闻节目主持人

DJ(Disc Jockey)—— 流行音乐节目主持人

Talk-master / Talk Show Host —— 谈话类节目主持人

Entertainment Host —— 娱乐节目主持人

Sportscaster —— 体育节目主持人

Weather Reporter / Weather Man/ Girl—— 气象节目主持人

Toastmaster —— 宴会主持人

Question-master —— 智力测验节目主持人

Games Show Host —— 游戏节目主持人

Dance Show Host —— 舞蹈节目主持人

还有,我们通常说的司仪(Master of Ceremonies, Mistress of Ceremonies)、报幕员(Linkman)等,都有不同的英文词汇。

现在,我们来了解一下几个主要的"主持人"词汇,看看它们的出处以及所蕴

---

① 《牛津现代高级英汉双解辞典》,第 739 页,牛津大学出版社,2009 年版。
② 周涛《春节联欢晚会节目主持人的角色定位与传播理念》,中国艺术研究院硕士论文,2008 年。
③ 《牛津现代高阶英汉双解辞典》,第 562 页,牛津大学出版社,2009 年版。
④ 任远《"舆论领袖"丹·拉瑟》,《名主持人成功之路》,第 95 页,中国广播电视出版社,1999 年版。

含的意思。

新闻节目主持人——Anchorperson 是新闻节目主持人的代名词。美国著名新闻节目主持人沃尔特·克朗凯特是这个英文单词的第一个载体。他是美国“播音员”向“主持人”角色转变的第一人。

Anchor 的词意有两个解释：

1. 泊船时，固定位置用的稳定的锚。

2.“在接力赛中（新闻竞争中）跑关键的最后一棒的人”[①]。这最后一棒，没有“主持、指挥、掌管”前三棒的意思，只是体现了一个竞赛群体的战术配合。体现了信息传播的“接力性质”和在“最后一棒”的决定性效果。

沃尔特·克朗凯特曾回忆最早使用这个词时的情况：“在当时美国三大广播公司激烈的新闻竞争中急需一位‘在复杂的新闻节目中处于中心位置的权威人物’或者用当时制片人的话说就是‘要想更有力地报道这次大会（美国第 34 届总统大选），应该让最有力的记者在最后把所有的报道串联在一起，高度概括起来’的那个人，[②] 而这个人便是新闻节目主持人。”沃尔特·克朗凯特是第一个用这个词汇的人，在担任这个称职的岗位前，他已是美国的著名记者。也就是说，如果要胜任新闻节目主持人这一角色，你必须首先是个新闻记者，并且有多年的新闻工作经验。在美国，胜任这份工作一般最起码有十五年的新闻记者工作经验。他们认为，只有这样，新闻节目主持人说的新闻，公众才会信服。

流行音乐节目主持人——DJ（Disc Jockey） Disc 是“唱片、圆盘”的意思，而 Jockey 是“骑士”的意思，Disc Jockey 直译为“音乐骑士”。顾名思义，要成为一名潇洒的“音乐骑士”，主持人必须有驾驭音乐的能力，这样才能吸引公众。

谈话类节目主持人——Talk Master Talk 是说话的意思，Master 是“主宰、主人”的意思，也可作“熟练的、精通的”之解。Talk Master 可直译为“主宰谈话的人或善于谈话的人”。担任此类节目的主持人要有良好的口才和应变能力，同时还要具备很强的语言组织能力和现场掌控能力。全球电视脱口秀女王奥普拉·温芙蕾（Oprah Winfrey）是美国家喻户晓的谈话节目主持人，她从小就是演讲天才，五岁起就在社区教堂因演讲而闻名，大学本科攻读的是演讲专业，最终拿到的是田纳西州

---

① 毕一鸣、叶丹著《播音与主持艺术概论》，第 251 页，南京师范大学出版社，2005 年版。

② 赵淑萍著《新闻权威与个人魅力——美国电视新闻节目主持人成功之路》，第 182 页，华文出版社 1999 年版。

立大学公演艺术及语言通讯学的双学士学位。[①] 有人总结她的成功,认为她天生就喜欢讲话并很早就发现了自己这一天赋,再加之后天的努力学习和专业训练,最终梦想成真。难怪她自己也说:"感谢上帝!我终于找到了我命中注定要做的事。就像呼吸那么自然。"[②]

体育节目主持人——Sportscaster 直译为"体育比赛实况广播员。"如同我们观众熟悉的体育解说员,如宋世雄、孙正平、韩乔生等。21世纪,对体育节目主持人的要求会更高,因为观看体育赛事的观众已不满足于电视画面上直接能看到的内容,他们更需要了解的是看不到的信息。这样就要求体育节目主持人必须具备体育知识方面的专长,包括对体育政策、法规、规则、运动项目、运动员等情况的了解和掌握。在发达国家,很多体育节目主持人都是专职于某一个运动项目的,如篮球、棒球、网球等,甚至有的俱乐部还专门配备了自己的评论员和解说员。如NBA最富传奇色彩的主播切克·赫恩就与湖人队相伴了四十载。这位体育主持人的影响并不亚于湖人队著名的球星。他创造了很多NBA领域的流行语,传播于世界各地,成为篮球的定式用语。如:"Slamdunk"——灌篮!"Airball"——空气球等[③]。1991年,切克·赫恩还被光荣地引进了篮球名人殿堂。这是NBA给予他的最高荣誉。可谓名至实归。[④]

气象节目主持人——Weather Reporter / Weather Girl / Man西方有人把天气预报称作"Weather Interpretation",意思是"解说天气"。该节目虽然短小,但却是人们生活中不可或缺的资讯。在美国,天气节目的专职主持人便有六百五十多人。他们的学业背景各不相同,其中三分之一来自于气象专业,三分之二来自于新闻或其他相关专业。他们针对天气共同进行分析、预测、报道。"解说"的技巧也各不相同。有的从新闻中挖掘天气线索,从身边寻找天气情节;有的则把自己置身在海滩上、山林中、大雨里、地铁站口、凛凛风雪中。有的,甚至是在灾害性天气现象发生的现场,让人们身临其境般地感受当地剧烈的天气变化。在风和日丽、阳光灿烂时,他们也会现身说法告诉大家穿什么样的衣服最合适,到哪里旅行最惬意等。很多天气报道的话题并不仅仅就事论事地介绍,而是非常耐心地从科学的角度分析天气变化的原因、极端事件发生的频次,并结合当地的自然环境来引导观众。有

---

① 珍妮特·洛尔著,林达译《奥普拉·温弗瑞如是说》,第20—30页,海南出版社,2000年版。
② 珍妮特·洛尔著,林达译《奥普拉·温弗瑞如是说》,第30页,海南出版社,2000年版。
③ 新闻频道、体育新闻、篮球风云《谁来继续创造词汇?赫恩走了NBA"失声"了》,2002年8月9日。
④ 寿文华《从退役运动员中选拔电视体育节目主持人的思考》,体育文化导刊,2004年,8月。

的主持人还经常绘制节目中的天气图表，让观众一目了然。和其他主持人一样，气象节目主持人既需要专业眼光，也需要有大众思维。[①]

宴会主持人——Toast master 这个英文词义最有意思，Toast 是吐司、烤面包的意思，后者master是熟练的、精通的意思，也含有“主人的”意思。直译便是“熟练、精通烘烤面包、招待大家的主人”，意译便是“宴会主持人”。宴会主持人，不一定要懂得烘烤面包的技术和流程，但必须要掌握每个宾客的身份、爱好、品味以及宾客之间的相互关系等。信息掌握得越多，宴会主持人的招待便会越发从容。宴会主持的过程便是宴会仪式化的过程，宴会主持人主持的质量直接和受邀宾客的满意程度相挂钩。

智力测验节目主持人——Question master 直译为“善于提问的人”。我国称为“益智类节目主持人”，如央视主持人王小丫等。这类节目要求主持人在气质修养、说话风格、语言节奏以及现场应变等方面的把握必须出类拔萃。知识性是这类节目最基本的特征。从早期英国的《一本万利》到今天的《百万富翁》、《最薄弱的环节》，一般知识性问答始终是其主要内容。[②]《开心辞典》便是“用知识换取家庭梦想”作为节目口号的，试图用知识开启心智、收获快乐、获得收视的。[③] 由于竞技性与广泛参与性的结合，这类节目对主持人的知识水准、社会阅历、应变能力等要求会很高，他（或她）不仅需要漂亮的外表，更需要其“智慧”、“幽默”、“成熟”。有资料表明，美国电视节目中那些资深主持人年龄几乎都在四十岁以上，他们极为优雅、智慧，风度翩翩。[④] 21 世纪，益智类节目将进入一个前所未有的“益智战国”时代，益智类节目也将会呈现“群雄逐鹿”、“好戏连台”之势。

……

由上可见，主持人在国外的称谓，因主持节目的不同而各不相同，有时候，词义相差甚远。

随着国内电视频道的细分化，我国的节目主持人也逐渐开始走上了专业细分的道路，如财经频道的财经节目主持人，体育频道的体育节目主持人，娱乐频道的

① 参阅宋英杰、杨丹《国外的天气预报是什么样的？》，节选自：《天气真好》，新浪博客，2009 年 6 月 18 日。
② [英] 安德鲁·古德温、加里·惠内尔著《电视的真相》，中国编译出版社，2001 年版。
③ 王娟、段晓燕《赋知识予博彩　在开心中益智——从〈开心辞典〉看益智类节目的走向》，《声屏世界》2002 年第 6 期。
④ 王娟、段晓燕《赋知识予博彩　在开心中益智——从〈开心辞典〉看益智类节目的走向》，《声屏世界》2002 年第 6 期。

娱乐节目主持人等。然而，主持人的自身素质和专业水准是否和国外传媒的主持人一样，具备所属频道的专业背景，达到观众的审美需求？目前来看，我们主持人的专业化进程和国外相比是有些差距的。也许，随着时代的发展，频道细分化、主持人专业化的要求将越发明显，各频道之间的收视竞争也终将迫使主持人之间展开激烈的竞争。相信，获得首席主持宝座的主持人除了要求说好普通话、用普通话说好话之外，还必须拥有一定的专业素养和学科背景，这样，他们才能在主持道路上走得更长远，这也是未来主持人所培养的方向。

（三）从播音到主持

说起“主持人”的历史，恐怕要从播音员说起。据悉，1980 年，还没有主持人这一说。主持人是 20 世纪八十年代中期兴起，至九十年代红极一时的。八十年代中期前，中国媒体推出的公众形象是播音员。

1. 播音

“播音，是广播电视传播中话筒前、镜头前进行的有声语言(包括副语音)创作。”①

中国第一代播音员：齐越与潘捷
——摄于 1953 年“五一”国际劳动节

① 张颂著《播音创作基础》，第 3 页，中国传媒大学出版社，2011 年版。

可见，播音既是创作活动，也是传播活动。担当播音工作的人，我们就称他们为播音员。播音员的任务是专门播报记者、编辑撰写或提供的稿件，如新闻片、专题片、纪录片的解说词，口播新闻稿件、评论、公告、通知等。

在二度创作上，播音员尽量要去理解编辑的思想感情，不允许有过多的个性表达，播报时要字正腔圆、准确客观。除了报道国(境)内外重大消息之外，播音员还兼具发布官方消息的重任，所讲出的新闻内容均依照新华社、中宣部等官方传媒机构通稿叙述。

播音员是稿件的传播者、转述者，并不能实现与公众直接交流的愿望。直到主持人的出现，才逐渐改变了这一局面。

2. 从播音到主持

(1)录播主持阶段

主持人节目的首次尝试是中央人民广播电台的对台广播《空中之友》节目，主持人是徐曼。她在节目中，开始用“我”的称呼与观众进行亲切交流。

【例】《空中之友》——中央人民广播电台对台广播

徐曼：“亲爱的台湾同胞，您好！我是徐曼，感谢您收听我主持的《空中之友》节目。

现在，我不知听众朋友当中有没有那些给我来信的台湾女学生？四月底，我收到了一封没有署名的听众来信。只是在读完这封信之后，我才知道，写信人是位女学生，在台湾一所很有名气的中学读书，今年只有十几岁。

……

听众朋友，给我来信的那位小妹妹：看了您的信，我想了好多啊，脑子里一会儿浮现出许多台湾中学生单纯稚气的笑脸，并猜测着您的模样，一会儿呢，又想起我十几岁的时候，在中学里读书的情景，那是一段多么愉快的时光啊？……

六七十年代，“我”都消失了。现在，“我”是谁？“我”思考了些什么？“我”怎样说……这节目开播才二十多天，就收到了各地的来信，来信之多是自对台广播开办十多年来所没有的。于礼厚先生在谈到主持人节目的特征时说：“主持人节目的引题和各单元的解说是至关重要的。这是主持人和听众进行交流的语言。第一段是开篇的引题，引题的作用就是一开始就能形成主持人和听众谈话的气氛，一开始就能使听众对主持人谈话发生兴趣。”[①]

可见，主持人节目的首次尝试已经考虑到建立人际关系交流的重要性了。

但是，人际交流，交流什么？

第一，交流的是信息。

第二，交流的是人的感受，而后者比前者更重要。

主持人从理解别人的稿件到自己去思考、去发现、去提炼，甚至去创造，其个性化的追求开始愈加明显。

（2）直播主持阶段

1990年后，中国各地广播电台陆续由录播转为直播，这是市场经济体制下，中国广播电视史上的一次历史性的飞跃。

人们通过广播电视，更快、更直接地了解到了世界各地的信息。受众只要打一个电话，便能便捷地参与到节目中去，主持人一跃成为公众不可或缺的“知心姐姐”、“服务指南”、“点歌助手”……人际交流的零距离突破，既是尊重传播规律的结果，也是时代发展的必然。

技术的飞速发展，使得越来越多的播音员开始向主持人的身份转变。如果说，录播主持要求的是主持人处理稿件时需具备艺术性，那么，直播主持则对主持人提出了更高的要求。

在直播过程中，主持人或“一对一”，或“一对众”，或“多对众”地与受众进行交流。无论是哪种交流形式，对主持人来说都是一种挑战、一次考验。

崔永元认为，节目主持人就好比火车司机。

节目主持人就是火车司机，带上乘客，一路开过去，边走边欣赏沿途的风光。每到车站就要停下来，大站还要多停一会儿。火车能行走得安全，停靠得稳当，是因为有铁轨。乘客一路赏心悦目，一是因为窗外有风光，二是火车停停走走的节奏感，使旅途变得不再漫长，不再乏味。

回过头来我们再看节目，节目中展示的事实有详有略，这就是窗外的风光，停靠的站台就是我们争论或讨论的层面，怎么能让事实的展示和理性的探讨都清晰，靠的就是轨道——所谓谈话的脉络。[②]

---

① 于礼厚《主持人节目的特征——开办〈空中之友〉节目以来的实践与心得》，载《北京广播学院学报》，1983年第4期。

② 崔永元著《不过如此》，第155页，华艺出版社，2001年版。

……

崔永元认为，节目主持人的谈话脉络必须要清晰，否则，节目就容易失控，火车就容易出轨。主持人在直播时必须掌握节目的整体脉络，调整好自己的节奏、分寸，同时，更要留心直播时的各种变化。一旦出现什么意外，主持人要知道如何救场、如何补台。良好的心理素质和快速的反应能力，是主持人现场直播顺利进行的保障。

在美国，谈话节目主持人享有很高的地位。他们有超强的沟通、交流能力，甚至有人把他们誉为“政治组织家”。

【例】“1989年，美国国会企图给自己加薪51%，全美国成千上万的听众打电话给主持人，表达他们的愤怒，并让主持人将这些电话的信件转送国会办公室，以抗议国会给自己加薪，迫使国会让步。众议院在1990年提高了薪金，但远远低于原先设想的额度，纽约杂志分析家形容谈话节目主持人是‘90年代的政治组织家’”。①

在我国，九十年代印象深刻的广播谈话节目要属上海东方广播电台的“相伴到黎明”节目。该节目一经播出，在长江三角洲地区便引起了强烈的反响，很多听众在深夜拨打电话向主持人倾诉自己的心事。主持人在电波中“一对一”地与听众进行亲切交流，虚拟了一种面对面交流的场景。通过主持人耐心、娓娓动听的引导和安慰，很多听众得到了心灵的抚慰。

在这里，不得不提及上海东方人民广播电台在华夏大地上刮的那场“东广旋风”。因为，正是这场“旋风”，才使得很多人对主持人有了新的认识。

1992年10月28日，以“新观念、新内容、新形式、新技术”构筑的综合节目体系以及确立的“资讯为主干、娱乐为外衣、音乐为血脉”的操作原则，使得东方广播电台的节目一问世，便在江、浙、沪听众以及全国广播界及听众中引起了轰动。他们在长江三角洲地区刮起的这股“东广旋风”，使听众熟悉了很多主持人。如淳子、梦晓、安琪等。主持人亲切自然的演播风格，吸引了大批听众热心参与节目。有的听众因为热衷收听，居然最后也坐上了主持人的宝座，如叶莎便是这样成为晚间节目——《相伴到黎明》的主持人的。节目收听的火爆情况，由此可见一斑。

另外，东方人民广播电台的“以个人魅力体现节目个性的主持人中心制”也最为广播界所称颂。为使主持人真正成为节目的灵魂和中心，他们不仅让主持人拥有三权——“人事聘用权、经费使用权、节目操作权”，而且在不违反节目总体构思

① 陈小平《什么是广播和什么是现代传播方式》，载《北京广播学院学报》，1993年第3期。

的前提下，还尽量按主持人的个人魅力设计节目，使各个节目都体现出鲜明的主持人个性色彩。①

“东方旋风”之后，跨入 21 世纪，我们发现以播音形式表达的播音员不足 10%，以主持人形式展现的占 90% 以上。这和 1950 年至 1980 年，播音员占主导地位相比有明显变化。②

中国第一代播音员齐越在工作

然而，从实际需要来看，节目主持人也不可能完全替代播音员的工作。一些需要朗读的稿件，如一些法律法规、决议公告等，就要求播音员播送准确、规范，逐字逐句地进行演绎，不需要你投入更多的感情。毕竟，“朗读也是一种有声语言的艺术”。③ 不管传媒如何发达，朗读艺术也是人们需要的一门艺术之一。

综上所述，从播音到主持的这一转变是时代发展的必然，它的转型也是伴随着媒体自身的变革发生的。

对于主持人来说，从播音到主持，这一角色的变化，已不仅仅是称谓的改变，而是对其专业素质、采编能力的一次挑战。有专家称：“主持人的出现就是为了让电

① 参阅张福荣《努力探索广播节目新模式》，《中国广播电视学刊》，1995 年 10 月 25 日。

② 参阅卓燕生著《播音与主持艺术》，第 160 页，内蒙古大学出版社，2007 年版。

③ 齐越在《漫谈朗读》一文中就曾经指出：“朗读是一种有声语言的艺术。课堂朗读、舞台朗诵、话筒前播音，都属于这种艺术。

台、电视台像一个人，尽量去实现人与人的交流，而之前，是一个机构对公众的宣传。”[①] 这一次跨越，使得原本生硬、严肃的播音变为亲切、自然地说话；使得原本被动的宣传，变为主动的对话与交流。

第二节 主持人的作用

广播电视节目主持人的产生是因媒介的历史变革引起的，也是和国家改革开放的脚步同时进行的。媒介的历史变革可以概括为：媒介生存环境由政治意识形态向经济商业形态，进而向文化多元形态的整体迁徙。具体表现为以政治和主流价值观的传播为主导，逐步向政治、经济、文化、娱乐等多元价值观的传播过渡。传媒的节目形态也由万人瞩目的新闻联播类为主导，向《东方时空》等新闻访谈类节目过渡；综艺类晚会节目向谈话节目、选秀节目过渡等。这一变化，促使原先大一统的观赏趣味，逐步向主动参与型、个性化、分众化过渡。[②] 在这样的历史变化中，节目主持人的作用更为明显。他不仅是媒体形象的代言人、社会舆论的倡导者，还是节目的操办者、协调者、组织者和指挥者。在节目活动现场或节目播出过程中，无论是对节目流程的控制、节目现场气氛的渲染，还是与观众的互动等都由他来统筹、来协调、来驾驭。他们既是台前的形象代言人，也是幕后的“主脑”，观众除了记住他们的节目以外，还记住了他们的名字，感受到了他们丰富的思想和鲜明的个性。

一、喉舌作用

节目主持人是党、政府和人民的喉舌。他们代表所属的电台、电视台的形象，直接“发声”、“露面”；代表所属传媒的意志，直接发布新闻、发表评论、引导舆论。

在主持节目时，主持人既要吃透政策的精髓，又要了解活动的主旨，还要把握好受众的心理，用自己独特的主持风格和个性魅力传播信息，引导受众。

作为喉舌，主持人要以正确的舆论引导人、以高尚的精神塑造人、以优秀的作品鼓舞人。在政治上始终和党中央保持高度一致，严格遵守党性原则和新闻宣传纪律，学习必要的理论知识，提高政策水平和分析判断的能力。在节目内容的处置

① 敬一丹著《99个问号——敬一丹漫谈主持人》，第5页，中国广播电视出版社，2004年版。

② 李梅《传媒的仪式观视角下主持人的角色分析与功能阐释》，陕西师范大学硕士论文，2011年5月1日。

上，也要注意详略取舍、轻重缓急，绝不能从个人的意愿喜好出发，绝不能把声屏导入误区，把受众导向歧途。因此，良好的政治意识、崇高的社会责任，要求主持人在政治导向、理论导向、价值导向、风尚习俗导向方面作出正确的引导，发挥好喉舌作用。

现在很多频道的节目都采取直播性质，直播节目主持人要有效地发挥出喉舌作用，必须要明确定位，掌握形势，做到心中有数，并主动参与直播的策划、创意、统筹的全过程，全面了解节目的规模、主题、时间、特点和预期目标等。做到底子清、方向明，这样的喉舌作用的发挥才能更加准确、有效。

二、把关作用

从传播的过程来看，主持人距离受众最近、最直接，对播出效果的把关作用非常明显。

主持人在节目中提倡什么，反对什么，赞赏什么，贬斥什么，都有鲜明的态度和确切的原则。哪些声音和画面应及时与公众交流，哪些意见和想法需要加以过滤和引导，哪些思想需要予以坚决地控制，等等，所有这些都由主持人把控。因此，主持人在传播过程中也是一个关卡，尤其在直播节目中，受众构成复杂，提问来得突然，回答必须迅捷，只有依靠主持人在现场把好关卡，才能保证宣传舆论的正确导向。节目中，主持人的判断、分析、取舍的过程，也是主持人节目播出的把关过程。

在新闻类节目中，如何以正确的舆论标准选择新闻、确定角度，有效地尝试深度报道、透视性报道，都需要主持人发挥好把关作用，来提高报道中所要传达的思想观念的权威性和导向力，增强报导的深度和哲理；在综艺类节目中，除了主持人的多才多艺外，嘉宾的选择、节目的选择、甚至是歌曲的选择等，都需要主持人和整个策划小组来一一把关，通过主持人在现场进行总协调，以求做到节目的雅俗共赏和与时俱进。

总之，在主持人节目中，质量的高低、效果的优劣，与主持人密切相关。因为主持人在节目中享有主动权、控制权、决定权，一切环节几乎无条件地以“我”为中心。主持人能否进行最佳的策划，充分体现出节目整体的意图，能否恰到好处地对节目进行组织、串联和安排，主持人始终是个关键的把关人物。

三、桥梁作用

主持人是广播电视节目联系受众的桥梁。主持人的出现，使得以往的单向灌输变为双向交流，被动视听变为主动视听，增强了传播的亲近性，调动了受众的积极性。受众不仅要"听"主持人讲，还希望自己来"说"，他们不愿意与亲人谈的隐私，却愿意与主持人分享，请主持人出谋划策。主持人的解释与倾听，宽慰与疏导都将对受众发生积极影响。

如重大活动的直播主持，主持人除了一头连接受众外，另一头还要在直播室中与嘉宾交谈。双方围绕着公众感兴趣的话题，把与重大活动相关的最新信息或背景与嘉宾进行深入分析、评论，同时，还要把公众关心的问题提出来与现场记者进行连线、采访。有时现场记者因各种环境的干扰，解说、采访不能完整进行，主持人也要积极地予以补充，报道不到位的，还要和嘉宾进一步地深入交流。在重大活动的直播主持中，主持人不仅要善于利用传媒优势，恪守"心系受众，崇尚亲和"的主持理念，还要用自己清晰、亲和的形象为传受之间架起一座桥梁，在短时间内缩短主持人与受众之间的距离，充分发挥重大活动的传播效果。

在社会媒介的公众平台上，主持人是连接媒体和大众的"中介"，是沟通广播电视媒介与受众的桥梁，是事实、事件的传达者，是普通民众应享有的"知道的权利"的代行者。通过广播电视这一传媒，主持人不仅要把各种资讯传递给受众，让受众在第一时间了解社会上的大情小事，同时，也担负起了与受众沟通思想、交流情感的重任。在节目中，主持人连接起各单位群体和各社会阶层的民众，加强了彼此的沟通，使信息更加畅通。政策的落实情况和社会各界的需求也能够相互了解，问题同时得到及时反馈和妥善解决，保障了政府的政策能够落在实处。

总之，节目主持人是广播电视传媒的关键人物，他们始终处于节目的中心，把握和调度着节目的各个环节，直接代表广播电视传媒发布信息、发表评论和意见，在影响人、鼓舞人、教育人方面发挥着重要的作用。他们在节目中所发挥的"桥梁"、"中介"作用是媒介其他工种所无法替代的。

四、引导、协调作用

主持人与节目是唇齿相依、相得益彰的。作为节目的主人，主持人不仅主宰着节目的进程，也是节目的灵魂，是节目能够发光发亮的决定性因素。

然而，不是所有的主持人都能为节目发光发热的，只有融入节目，渗透进节目的人，才能真正成为节目的主人。中国第一代节目主持人沈力说得好；"节目主持人，关键在'主持'二字上；主持，就是掌握或处理的意思，就是了解和充分支配、运用的过程，主持人参与节目的过程，也是自我渗透的过程，参与越多，渗透越多，主持人的作用发挥就越多。”[1]可见，主持人的作用和个人有着不可分割的关系。我们拿访谈节目来举例。在访谈类节目中，主持人需要深入了解采访嘉宾的受教育程度、家庭和工作背景，以及他们各时期的履历等。针对不同的采访对象，主持人还要做足功课，采用不同的提问方式和提问内容，力求使嘉宾在节目中感受到被尊重和被理解，从而使嘉宾和受众之间，通过主持人的穿针引线，产生心灵上的默契和认同感，从而使节目得以顺利进行，获得观众受众的认可。

另外，由于场内外观众来自不同的社会群体，面对观众人杂、面多等特点，主持人的引导、协调作用就显得尤为重要。主持人要针对不同的情况，围绕节目主题和谈话内容，及时调整好节目进程，以实现节目播出效果。

那么，这里面有没有诀窍呢？著名节目主持人崔永元在谈到自己主持《实话实说》的经验时说，“我一直恪守的原则是：人第一，节目第二。”[2]在他看来，节目是做给观众看的，来现场的和不来现场的都是观众，不管节目的目标有多么重要，尊重观众、尊重人是节目的底线，观众不愿谈及的或者观众没有意识到的问题，作为主持人都要及时地把控好和引导好，只有这样，才能突显节目播出的意义。观众是上帝，遵守了这条，其他的一切，就能迎刃而解了。

除了尊重人以外，主持人的良知也显得极为重要。

白岩松在主持《东方时空》栏目时就曾说过，“当你面对两种同样都有理由需要支持的对象时，要以大社会的眼光去看哪一方更应当受到支持。比如流行音乐与严肃音乐，我并不排斥流行音乐，甚至有时还很欣赏，但是当流行音乐市场一片春光明媚的时候，你再去支持它至多是锦上添花。但面对严肃音乐的一度冷落，我们的支持便犹如雪中送炭，一个主持人如果能做到雪中送炭的事，该比总是锦上添花光荣。当然那些正在繁荣的东西，总是诱惑太多，总是支持后会得到更多的掌声，所以最后做怎样的选择，就应该以良知为支点。”[3]

可见，在话筒前，主持人不由自主地担当着一种社会角色，引导、协调着不同社会人群、不同社会阶层之间的人际关系。由于主持人是大众传播活动的直接参与者与传播者，也是社会道德秩序的维护者，因此，在公众面前，主持人的表现就应符合社会公众所认同的人格模式。或者说，他本身就应努力成为社会所景仰的人格

---

① 陈爱美《当主持人称为媒介的界面——简论电视节目主持人对电视传媒功能的延伸》，《新闻知识》，2004年第8期。

② 崔永元著《不过如此》，第142页，华艺出版社，2001年版。

③ 白岩松《我们能走多远》，《现代传播》，1996年第1期。

模式的塑造者。只有这样，他才能在节目传播过程中发挥好引导、协调作用，使节目对公众产生积极的影响。

五、传播思想的作用

一个优秀的节目主持人，必须具有记者的嗅觉、胆识、头脑，具有编辑的慧眼和匠心，具有播音员的播音水准，具备评论员的判断、分析能力……美国学者詹姆斯·凯瑞指出：

“传播的起源及最高境界，并不是指智力信息的传递，而是建构并维系一个有秩序、有意义、能够用来支配和容纳人类行为的文化世界。”①

这是主持人的最高境界和最高理想。主持人在节目中，除了要发挥好喉舌作用、桥梁作用、把关作用、引导作用外，更要发挥传播人类先进思想的作用，在媒体上建构一个健康、向上的文化世界。央视新闻节目主持人王志说得好：

“主持人工作的真正意义不是说你去展示你自己的一种能力，或者你自己的一种魅力，而是通过你的能力、通过你的魅力，你想要告知观众什么，你想达到一个什么样的传媒的目的，你想要传达一个什么样的信息，你是不是能够用很人性化的、很人际的传播方式让大家去接受，达到传播效果的最大利益化，这才是你工作的真正意义所在。”②

要想传达好信息，善于用不同的传播方式来达到节目的传播效果，主持人必须还要经过缜密的思考。笛卡尔说：我思故我在。不经过思考，不表达思想的节目将会使传媒渐渐失去受众。英国威斯敏斯特大学传播和媒体研究中心主任、媒体研究教授科林·斯帕克斯认为：

“无论在英国还是中国，我们都能想到很多因为一个主持人而或成功或失败的节目。在一个由广告驱动的媒体系统中，何种类型的主持人来主持节目，与观众数量和潜在的广告收益有着密切的联系。他们的个性、社会关系和屏幕上下的表现都对普通观众的影响巨大。③”

也因此，主持人的文化修养、政治素质、个人品质及专业水平的培养都显得极为重要。在节目中，主持人的一颦一笑、一举一动，甚至妆容、仪表等，都可构成广

① ［美］詹姆斯·W·凯瑞著，丁未译《作为文化的传播》，第7页，华夏出版社，2005版。

② 王志《电视采访内外的思考》，摘自高晓红主编的《电视传播思想力在中国传媒大学听讲座》，第111页，中国传媒大学出版社，2010年版。

③ 周康梁著《做最牛的主持人》，第6页，南方日报出版社，2009年版。

播、电视媒体直接传达给受众的信息，继而影响到受众。节目主持人在注意和爱惜自己公众形象的同时，要注意磨砺自己的思想。当他为大众传达一条信息，说明一个事件，采访一位人物时，他的言行举止要能够代表千千万万的大众，也因此，主持人时常要怀有一颗平常人的心。研究员时统宇认为，节目主持人这一角色，更重要的是它的文化角色的担当：

“我们想说的是，电视的影响，归根结底并不是媒介的影响，而是人的影响。电视文化也存在着一种话语霸权，掌握和操作这种霸权的人的文化素养，从根本上决定了电视文化的品位和水准。”①

主持人在传承文化、与受众共享精神大餐的过程中，以一种平等、真诚的态度与受众开展对话，传递力量。主持人工作的出发点和归宿都是为了受众。一切为了受众。当主持人借助于广播电视媒介的力量，知名度越来越高时，也要遏制住自我膨胀意识，不能滥用话语权，更不能居高临下地面对采访嘉宾和受众。著名节目主持人崔永元的好友郑也夫曾经对小崔提过这样一个要求：

“小崔我给你提一个要求，不要轻易接受采访，主持人不是明星，用不着包装，你就踏踏实实做你的节目，如果大家认可你，就是认可你的节目，而不是看你见报的频率有多高。”②

郑也夫对崔永元的要求值得所有主持人借鉴。的确，我们喜欢的主持人中，有很多是貌不惊人，但他却拥有悲天悯人的胸怀和善解人意的情怀。他们不卑不亢，却在节目中处处为老百姓着想，以百姓的角度来观察事物、分析问题、解决问题，他们的文化素质和文化责任让他们用好了手中的话语权，他们明确、清醒的自觉意识，也帮助他们完善了自己身为主持人的传播形象。

主持的最高标准是导出思想，而不是导出情感、导出故事。因此，主持人最重要的作用便是传播思想的作用，以达到主持人为受众服务的最高境界。

第三节　主持人的社会表演

主持人作为公众人物，是一种特殊的社会角色。他首先是社会人际关系的纽带和协调者，也是社会道德秩序的维护者，更是社会所景仰的人格模式的塑造

---

① 时统宇著《电视批评理论研究》，第120页，中国广播电视出版社，2003年版。

② 崔永元著《不过如此》，第295页，华艺出版社，2001年版。

者。[①] 正是因为他能成为社会大众认同或仿效的对象，主持人在主持节目时，自然会从自我角色慢慢过渡到社会角色，从自我的状态过渡到职业状态。在这角色转换的过程中，主持人也就在自觉地进行着当众表演，只不过和演员表演不同，它是一种社会表演。按照社会表演学的理论：

“只要意识到有观众在看，人一般总会自觉不自觉地设法控制自己的行动和表情——可能是炫耀和卖弄，也可能是收敛和韬晦，目的都是给予看的人某种预期的印象。这就是进入表演的状态，因为任何企图控制自己的形象的人都有一个角色与自我、外在形象和内在实质之间的矛盾，这一点和专业演员无异。”[②]

为了达到公众所预期的媒体形象，主持人就会自然地进入表演状态，这种表演，我们也可以称它是一种无表演的表演。和专业演员塑造的剧本角色不同，主持人塑造的是社会角色。专业演员按照剧本的角色进行人物刻画，主持人按照媒体角色，进行形象塑造。演员生活在剧本的规定情境中，主持人生活在媒介的节目情境中。演员努力演绎的是剧本中的人物形象，主持人努力塑造的是更加完美的“超我”形象及自我的社会形象。

一、镜头前的“超我”表演——理想范本的塑造

什么是“理想范本”？

“理想范本”是戏剧学中关于表演的专业术语，是法国启蒙运动大师狄德罗在著名的论文《关于演员的是非谈》中提出的：

“演员演戏，根据思维、想象、记忆、对人性的研究、对某一理想典范的经常模仿，每次公演，都要统一、相同、永远始终如一地完美；在他的脑内，一切都是有步骤的、组合的、学来的、有顺序的；他的道白不单调、不刺耳。热情有它的进度、它的飞跃、它的间歇、它的开始、它的中间、它的极端。……他像一面镜子，永远把对象照出来，照出来的时候，还是同样确切、同样有力、同样真实。”[③]

根据狄德罗的理念，演员在塑造角色时要有一个“范本”的参照，这个“理想范本”是艺术创作中所需的“范本”。狄德罗的“理想范本”是理性的范本，它需要演员理性地归纳所扮演人物的规范和标准，并找到最标准化的表现方式演绎出来。

---

① 参见李梅《传媒的仪式观视角下主持人的角色分析与功能阐释》，陕西师范大学硕士论文，2011 年 5 月 1 日。

② 孙惠柱著《社会表演学》，第 5 页，商务印书馆出版，2009 年版。

③ 戏剧报编辑部《演员的矛盾讨论集》，第 224 页，上海文艺出版社 1963 年版。

正如同我们的主持人在节目主持之前要理性地思考自己在节目中所表现的公众角色一样，并且，这个角色是主持人凭借对生活的观察而提炼、归纳的。

狄德罗所提出的"理想范本"便是我说的"超我"形象。

按照弗洛伊德对于人格结构进行分析时所提出的概念，超我（superego）代表良心、社会准则和自我理想，是人格的高层领导，它按照至善原则行事，指导自我，限制本我，就像一位严厉正经的大家长。这就像主持人在媒体中总有一个"超我"在控制自己、监督着自己一样。

"主持人在屏幕上所进行的是传播活动，他的语言及非语言的传播符号，都必须是有意识、有目的的，意图十分明确而又是经过专业培训的，不可能是无意流露出来的意图不明的符号。"①

因此，主持人在公众面前的说话，不是随意的，不经大脑思考的，相反，每一种表达都是为节目宗旨、节目目标和受众服务的，都是有适当的规范的。按照社会表演学的理论，它也有贯穿动作，也须受社会规范的制约，也必须和观众进行更为实际而频繁的互动：

"第一，像舞台角色一样，社会表演也必须有贯穿动作——内在的目的，正如哈贝马斯所说的，'目的论结构是一切为概念的基础②'；

第二，又如韦伯和米德所强调的，任何个人的社会表演都要受到其角色的社会规范的制约；

第三，'社会表演'四个字本身已经指出它和戏剧表演的相似性，其关键在于按照角色的涉及需要向观众呈现一个'具体的形象和印象'；

最后，社会表演从来就不是单向的行为，而是表演者和观众双向互动沟通，以便实现协调的交往行为，和一般的舞台表演相比，社会表演者与观众的互动更经常、更实际——表演者与观众都在表演。"③

最后一点更突出了主持人社会表演的实质——表演者和观众都在表演。在一些带观众的访谈类节目中，我们发现很多观众事实上都参与了谈话，但有些谈话显然是言不由衷的。在镜头前，很少有观众会忘记镜头的存在，他们和主持人一样，都在表演一个"超我"的公众形象。

---

① 戏剧报编辑部《演员的矛盾讨论集》，第224页，上海文艺出版社1963年版。

② 尤尔根·哈贝马斯著，曹卫东译：《交往行为理论》，第101页。

③ 孙惠柱著《社会表演学》，第91页，商务印书馆出版，2009年版。

主持人出镜主持时，和专业演员上舞台创造角色一样，摄影机一旦打开，他的社会表演便不由自主地开始了。

全球电视脱口秀女王奥普拉·温芙蕾（Oprah Winfrey），她所主持的脱口秀节目常年占据美国收视率排行榜冠军。中国很多女主持都以她为偶像，因为她是世界女主持的头把"交椅"。但是，在美国作者姬蒂·凯莉的《奥普拉传》中，作者把这位传奇人物还原成了一个真实的人。姬蒂·凯莉在写作过程中，采访了很多在奥普拉身边工作过的同事、亲友以及参与过奥普拉节目的观众等。在书的第十一章《美国头号脱口秀主持人》及《多面人生》这两节中，作者为我们展示了奥普拉在镜头前、镜头后截然不同的两种形象：

布莱尔·萨博在节目开始之前、演播期间以及结束之后都曾和奥普拉坐下来谈过几次，从而得以清晰看出她镜前镜后的很大差别。"奥普拉在镜头前竭尽全力展现自己，几乎毫无保留。但她本身有些冷酷、冷漠；她喜欢大笑，而实际上她并没那么风趣。我非常喜欢她，因为她是女孩中的极品。尽管你在电视上看到她很温和、深情，事实上这只是一种表演。本人和表演的角色之间总是隔这一层冰。"作家帕克斯顿·奎格丽也发现，奥普拉在现实生活中表现得非常冷漠。"我曾拿着那本支持持枪的书上过她的节目，题为'不是件容易的事'。但是，她的制片人却不准我在节目中提到枪这个字眼，说奥普拉反对人们持枪，我只能谈论女性正当防卫，我照做了……我后来才发现自己一点都不喜欢奥普拉，这让我很是吃惊。她只有在上镜后才会显得生机勃勃……"，除此之外，她总是在忽视我。这种态度让你感觉自己一文不值。你会意识到她只不过是在利用你，你也正是因为这个原因才上她的节目，这是一种互相利用，但是我还是认为，嘉宾更希望奥普拉本人就像电视上看到的那样温和、舒心。事实上她却根本不是这样——而且一点儿也不是。"

奥普拉在巴尔的摩主持 *People Are Talking* 这个节目时，有位监制人跟大家解释了奥普拉镜前镜后为什么差别这么大，说这只是一种表演。要我说，这主要显示了她的主持才能。"艾琳·所罗门说。艾琳如今是韦伯斯特大学新闻广播专业的教授。"他们总是把最好的一面都留在镜前，奥普拉就是这样。一下台，她就特别安静，尽管她非常讨人喜欢，也很学院派，但感情一点也不丰富。"有时，观众也会领略到奥普拉截然不同的两种形象。有些人期待台下也能见到同样温和的奥普拉，这一点让他们很是不安。"几年前，我曾参加过她的一次带妆节目。插播广告期间，魅力四射的奥普拉突然变得毫无姿色。"佩吉·菲尔特说。佩吉是凯洛格公司的前任经理人，现在是加州白垩山葡萄园的共有人，"镜头转移过来之前，奥普拉对我们这些观众一点儿兴趣都没有。一看到镜头，她马上表现的非常棒，又热情又风趣，但只是在镜头前是这样。”[①]

奥普拉在镜头前、后判若两人的表演，说明了主持人在演绎“超我”这一形象时，已经在不自觉地进行着社会表演。

戈夫曼在他的《日常生活中的自我呈现》里提到：“个体的自我表现方式通常包括两种截然不同的符号活动：他所给予的表现和他所流露的表现。前者包括他所明确使用的口头符号及其替代物，……这是传统和狭义上的交往。后者则包括一系列被其他人视为能表现某人特征的行为……”[②]奥普拉在镜头前的表演事实上便是戈夫曼所说的前一种表现（她所给予的表现），而佩吉・菲尔特等现场观众领略到的与镜头前截然不同的奥普拉的形象便是戈夫曼所认为的后一种表现（她所流露的表现）。主持人在主持节目时总是有意识地要给观众留下他们所希望留下的印象，而戈夫曼所说的后一种表现，往往会流露出违背他们初衷的信息。

奥普拉毕业于田纳西州立大学，获得的是公演艺术及语言通讯学双学士学位，在大学期间，她主修的是演讲和戏剧。从她本人的经历来看，她学过表演，并懂得如何在镜头前驾驭自己、和观众进行互动。只不过，她忘了（或许是累了），只要有第二人在场，她的表演（公众表现）还要依旧进行下去。这样，她留给现场观众的印象便会和电视机镜头前一样了。

事实上，我们很多主持人都曾学过表演，有的还是专业演员出身，如倪萍、朱军、董卿等，他们能在镜头前很好地演绎媒体角色，这和他们曾经学过表演不无关系。如若不信，下面的一个练习可以帮助你进一步认识“什么是社会表演”。

【练习】

试举一例，你在内心把一个很熟悉的故事或笑话在不同场合重复讲三遍：

1. 在沙发里讲给你最亲近的家人听。

2. 在餐厅用餐时，讲给你的 5 个朋友听。

3. 在一个大教室里，讲给 20—30 个同学听。

你可尝试比较一下，看看第 1 步到第 3 步的区别究竟在哪里？试着做完这个练习，你就会发现，每当你开口说话，希望他人倾听时，你都会表现得与自己独处时不一样。承认这一事实并不会表明你虚伪，反而证明了你是一个诚实的人。主持

---

① ［美］姬蒂・凯莉著，钱峰译《奥普拉传》，第 151—第 152 页，凤凰出版传媒集团出版，。

② 欧文・戈夫曼《日常生活中的自我表演》，徐江敏译，云南人民出版社，1988 年版，第 1 页。

人就是这样在公开场合说话的人。在不同场合说话，他自己就会有不同的社会表演，具体视节目情境而定。此外，主持不同的节目，主持人还要根据受众和节目收视的具体要求而变化。

总之，因场合的不同，主持人的说话方式也会进行相应地调整，唯一不变的是你总要开口说话，你总要有一个目的，你总需要受众，要有受众愿意倾听和收看，不管你是为了表达一种思想，还是为了问一个问题。为了达到这个目的，你会在不知不觉中有所表演。受众越多，你的声音就越会洪亮，手势越会有激情，节奏也会越加明晰。在当众主持时，这些都很重要，因为这个节目的播出最终会出现在受众的卧室和他人的电脑中，为了克服这种距离感，你必须放开来表演一个当众的“超我”形象。

二、主持——作为表演的口头艺术

主持人是靠嘴吃饭的，“说话”对主持人来说是一门艺术，有人称这门艺术为“说话的艺术”，也有人称其为“口头艺术”。人类学家理查德·鲍曼（Richard Bauman）认为：口头艺术也是一种表演，这种表演是交流实践的一种模式（one mode of communicative practice），是在别人面前对自己技巧和能力的一种展示：

“口头艺术是一种表演。表演则是一种交流的模式。在这种模式中，表演者要对观众承担展示自己交流技巧的责任，而他使交流行为得以完成的相关技巧和效果会受到观众的品评，观众则会通过对表达行为本身内在品质的现场欣赏而得到经验的升华。”①

这个表述完全符合主持人主持节目的实践方式。主持艺术说到底就是一门“口头艺术”、一门交流实践的艺术，是一次面对公众的一种技巧、能力的展示。鲍曼说的“表演”，这里主要是指一种交流的框架、交流的模式和交流的途径。他说：

“从某种意义上说，没有任何表演的交流是不存在的，因为每一个积极有效的交流的达成，都要牵涉到对技巧、能力等的评价。

……表演是多样的、可变的、新生的。”②

鲍曼的理论特别强调交流、实践、能力展示及个人创作。他认为这是最为重要

① ［美］理查德·鲍曼（Richard Bauman）著，杨利慧、安德明译《作为表演的口头艺术》（*Verbal art as performance*），第 7 页，广西师范大学出版社，2008 年版。

② ［美］理查德·鲍曼（Richard Bauman）著，杨利慧、安德明译《作为表演的口头艺术》（Verbal art as performance），第 237 页，广西师范大学出版社，2008 年版。

的范畴。主持人主持节目的过程实质上就是个性化实践、创作、表达的过程。鲍曼理论中最为中心的，是关注人们如何通过这样那样的交流实践，来达成他们的社会关系，建构他们的社会生活。而这一点，也和主持人工作的意义不谋而合。鲍曼关注的焦点是人们彼此相遇和彼此互动的情境，主持人的交流关注的焦点也正是与受众的互动及反馈。鲍曼认为，情境化的实践永远植根并产生于情境性语境当中，事实上，主持人交流实践的规定情境也是节目内容重要的参照体系和分析单元，与受众的接受都有着一脉相承的关系。

另外，作为表演的口头艺术"要求对于言说符号(Spoken sign)的特别注意和高度知晓，同时允许观众以特别的热情来仔细观察表演和表演者。表演既使言说者承担着交流的责任，也为观众分派了评价表演者达成表演的相关技巧与有效性的责任。"① 这就如同主持人各种专业技巧的使用和训练，最后要求达到口齿清晰、语清意明；以声传情、活化语调；体态词素、表意丰富等。在这里，鲍曼以日本的职业故事讲述人为例：

"日本的职业故事讲述人的确是我们所说意义上的表演者。对故事的听众而言，'常常是故事如何讲述比故事讲了什么更加重要……故事讲述人将对故事讲述的基本要素的把握，作为他们在公开场合进行任何成功艺术实践的必要的初始阶段，因为观众不仅从他们那里期待一种意境确定了的艺术呈现方式(an established manner of interpretation)，而且会根据他们所掌握的艺术技能的程度对他们进行评价。'也就是说，故事讲述包含着对故事讲述方式的把握能力的展示，而故事讲述完成的方式将成为品评的对象。观众从表演中获得的愉悦与其从叙述者的技艺中获得的愉悦成正比。"②

工欲善其事，必先利其器。主持人这个职业经常要在话筒前当场讲述别人的故事，而为了使这故事有感染力，主持人必然要讲得生动。如何生动？首先心动，其次，便是你的职业技能。鲍曼认为"表达的技巧和有效性，可能成为任何表达行为(act of signification)中关注的焦点，就这一点而言，表演的潜力是始终存在的。"③

① [美]理查德·鲍曼(Richard Bauman)著，杨利慧、安德明译《作为表演的口头艺术》(Verbal art as performance)，第85页，广西师范大学出版社，2008年版。

② [美]理查德·鲍曼(Richard Bauman)著，杨利慧、安德明译《作为表演的口头艺术》(Verbal art as performance)，第15页，广西师范大学出版社，2008年版。

③ [美]理查德·鲍曼(Richard Bauman)著，杨利慧、安德明译《作为表演的口头艺术》(Verbal art as performance)，第85页，广西师范大学出版社，2008年版。

关于表演技巧方面的具体训练，我们将在后面几章详细介绍。

综上所述，“表演”可以更广泛地指交流的一个方面——功能的方面。而吸引鲍曼对表演发生兴趣的原因，是他的更加广泛的人类学取向，是他对社会生活的一种最基本的关心。他说：“究竟是人类的哪一种基本特性导致我们成为社会的一员的呢？在整个社会学和人类学的理论当中，我感兴趣的是交流系统（Communicative system）被用来创造社会关系、构建社会生活的途径问题。这是传播学（Communication）和符号学（Semiotics）等学科特别关注的问题，他们确信，社会生活是通过交流来完成的。我想知道的是，人们拥有什么样的交流资源，才能使得社会关系和社会生活得到实现。”① 而这恰恰是我们从他的理论中得到启发和共鸣的出处所在。

三、主持人表演与演员表演的异同

1. 主持人表演与演员表演的区别

节目主持表演与演员表演的区别，我们主要从受众方面来进行比较。

耶日·格洛托夫斯基在谈到演员的技术时认为：“演员在表演时一定不要想到观众……如果演员把观众作为他的目标，那么，在某种意义上，他是在把自己当作商品出售。”② 而主持人则相反，他必须要想到观众。因为他的工作目标就是观众，这是由他的职业属性所决定的。主持人在主持节目时，根据节目的不同“规定情境”，主持人必须要像导游一样引领观众参与到节目中来。他必须时刻不忘观众，如果哪个观众掉队了，这才是主持人的“失职”。主持人与观众的关系就像是鱼和水的关系，主持人要始终以观众为参照目标，所创造的情境也必须以观众为对象。相比较而言，演员倒可以完全沉浸在自己的角色中，体验角色生活。主持人必须始终与观众接触、交流，并清醒地意识到观众会随时离开你的视线。如果说，演员呈现给观众的是一个完美的角色，那么，主持人呈现给观众的就是一个完美的节目。离开节目，主持什么都不是。

但是，主持人一切为了观众，也不是要讨好观众。如果一味地去讨好观众，那主持人就会像格洛托夫斯基所言将“沦为商品”。节目的艺术标准才是主持人的工作目标。

按照格洛托夫斯基的质朴戏剧理论，演员的表演是质朴表演：“我们发现演员

---

① ［美］理查德·鲍曼（Richard Bauman）著，杨利慧、安德明译《作为表演的口头艺术》（Verbal art as performance），第 234 页，广西师范大学出版社，2008 年版。

② ［波兰］耶日·格洛托夫斯基著《迈向质朴戏剧》，第 168 页，中国戏剧出版社，1983 年版。

以'质朴'的方式，仅仅用他自己的形体和技巧，从这个类型变成那个类型，从这个任务变成那个任务，从这个外形变成那个外形，具有完美无缺的效果……"[①] 节目主持则不同，他们必须用语言来说明。如果说戏剧演员是用他的语言（台词）和肢体语言在公众面前来传达故事，那么主持人则着重用他的语言和思想与观众沟通。与演员不同的是，主持人通常会"孤军奋战"，与观众的交流是"一对一"的，而演员常常需要与对手的配合，才能完成整个剧本角色的塑造。演员的表演是有情节的，而主持人的表达可以是碎片化的。演员按照剧本的台词来演绎角色，而主持人经常需要临场发挥，凸显即兴主持的才华。

2. 主持人表演与演员表演的相同处

同演员一样，节目主持人也是聚光灯下的中心人物。面对观众，都会真诚地"袒露"内心，直接向观众告白。同时，依据现场气氛的不同，"挑战"观众，当众演绎节目主持人——这一"超我"的社会角色。和演员一样，他必须遵循已经准备好的节目构思和主题来进行创作和发挥，他必须通过声音和肢体动作来表现他的激情，来引导节目、串联节目。总而言之，他必须善于当众表现自己，就像伟大的诗人创造自己的文字语言一样去排除干扰，征服观众。

同演员一样，节目主持的声音的可塑性必须远远超过普通人而令观众印象深刻。而且，这种声音是带有主持人鲜明个性的，通过节目形式的反馈，在思想上和情感上与观众达到共鸣。

同演员一样，节目主持也应当善于使用他的形体，他应当知道他形体创造的哪种语言可以和现场气氛达成默契，使之可以创造进一步的与观众的互动关系，使得观众更加得到一种满足感。

同演员一样，节目主持必须把他的公众角色当作是外科医生的手术刀，对他自己进行剖析。他要对他的说话的场景、观众以及观众的反馈，以冷静的推测为基础，利用自己的动作、肢体语言、手势以及面部表情等，用来研究隐藏在日常假象后面的本质的东西——我们自身内在的核心——以便把它呈现出来，把它揭示出来。

总之，节目主持的过程，完全是一次自我呈现的过程。一个节目主持必须在他的内心最深处，怀着信心，想着心中的最高目标，把他自己全部贡献出来，好像一个人在恋爱中把自己奉献出来一样。这种自我省识、自我超越就使得主持本身达到了顶点，并在观众心中产生了突出的形象。而这些，全是在社会表演的情境中产生的。

---

① ［波兰］耶日·格洛托夫斯基著《迈向质朴戏剧》，第 11 页，中国戏剧出版社，1983 年版。

第二章　主持人的基础训练

主持人的社会角色具有很强的公众性，因此，主持人要成为社会认同或者仿效的对象，并可以借助媒体达到跨越时空、民族和文化的阻隔，他们就必须经过严格的训练。社会表演训练是主持人最为基础的训练方法之一，主持人要在不同的社会情境中满足不同受众的审美要求，往往取决于主持人的社会角色的诠释是否成功、是否具有包容性、是否能够传递出寓意深广的信息内容、以此来满足公众的需求。

演员表演的诸多理论中，要属布莱希特的戏剧理论对主持人的社会表演最具指导意义。扼要地说，布莱希特戏剧理论的最基本特征是一种相信使演员和角色之间、观众和角色之间保持一定距离的戏剧学派。他主张打破观众和演员中间的"第四堵墙"，主张演员破除生活幻觉。简单地说，布莱希特的法宝即是：间离效果。他要求演员与角色在感情上要保持距离，演员要保持冷静、清醒的头脑去领会剧作家所要说的话，目的是使观众成为头脑冷静的旁观者，对舞台上发生的事件和冲突作理性的分析、思考和理智的判断、认识，从而达到表演的目的。[①] 而这些恰恰符合主持人作为社会角色主持节目的基本需求。如主持人在节目中必须把握好感性与理性的分寸，必须引导观众积极地参与节目，并让他们对节目作出有效地反馈等。所不同的是，演员的"跳进跳出"是为了剧本的需要，而主持人的"跳进跳出"是为了节目的需要，"跳进"是为了节目的演绎，"跳出"是为了观众的理解。只不过，所设定的规定情境不同罢了。相比较而言，综艺节目对主持人的表演要求更接近于演员，这也就能解释很多演员背景的主持人能成为央视春晚的当家花旦了，如倪萍、董卿、朱军等。这就意味着主持人需要懂得表演，并具备一定的表演技巧和表演功底，为的是把你的节目在公众面前演绎得更加精彩。主持人的表演基础越

① 参阅黄佐临《漫谈"戏剧观"》，《中国戏剧》，1962年第4期。

扎实，对节目的影响力就越大，这是节目的规定情境所决定的。

第一节　放松与紧张训练

无论你是谁，当众说话时你总会感到紧张，你的肌肉也会相应发生紧张的情形：你要减轻肩上的紧张——紧张就出现在背上；你要把它从背上赶掉——你看，它却转移到横膈膜里去了。就这样，肌肉的紧张不是出现在那里就是出现在这里。这势必对你作为公众说话者的外部体现、总体的自我感觉起着有害的影响。同样，这也会束缚住你的心理活动。因为，当形体上的紧张还存在的时候，正确的、细致的感觉是谈不到的，主持人当然也是如此。在台上，主持人一点都感觉不到紧张是做不到的。所以，在开始主持之前，主持人必须使自己的肌肉处于适当的状态，使它不至于钳制动作的自由。斯坦尼斯拉夫斯基在《演员自我修养》的第六章专门谈到了演员"肌肉松弛"对表演的重要意义，这对主持人有借鉴意义。

"你们无法想象出，肌肉的痉挛和身体的紧张对于创作过程是多么有害。这种痉挛和紧张如果在发音器官中发生，那么，即使生来就有好声音的人也都会嘎哑起来，甚至于失去说话能力。紧张如果发生在脚上，演员走起路来就会和麻痹症患者没有两样；紧张如果发生在手上，手就会僵化，变成两根棍子，举起来就像拦路竿一样。这种紧张及其一切后果也时常出现在脊柱上、颈根上、肩膀上。在任何情况下，这种紧张都会使演员丑化，妨碍他表演。最坏的是紧张发生在脸上，那样就使脸变成畸形，使面部表情麻木或呆板起来。那时候，眼睛会突出来，肌肉的痉挛会使脸显出不愉快的表情，跟演员所体验的情感不相适应。紧张可能在横膈膜以及其他和呼吸有关的肌肉中出现，破坏正常的呼吸，引起气喘。"①

认识到这种紧张会对你造成如此深刻的影响不是坏事，因为，紧张纯属正常。按照生理学的角度来说，当人们面临紧张时，血糖浓度会增加，血压会升高，心跳会加快，反应也会变快。由紧张导致的生理反应，这些都是正常的。积极的紧张，反而有利于主持的发挥。心理学专家杰拉尔德·菲利普斯（Gerald Philips）说："当机体处于一种紧张状态时，学习过程会进行得更好。"② 所以，我们的目标不是要消除

---

① ［俄］康·谢·斯坦尼斯拉夫斯基著《斯坦尼拉夫斯基全集②》，林陵、史敏徒译，第 144 页，中央编译出版社，1928 年版。

② Gerald Phillips "Rhetoritherapy versus the Medical Model: Dealing with Reticence," *Communication Education* 26（1977）: 37。

紧张，而是要学会克服紧张。和演员一样，节目主持在受众面前必须准备成为一个绝对真诚的人。只有你的意识和本能是统一的，你才有可能在实践中去适应各种情况，才有可能奔向实现你自己愿望的那个高峰，而这只是第一步。

一、如何克服紧张

首先公众不太可能像你想象的那样认识到你的恐惧，其次，你要知道，你准备得越充分，你就越能克服你的紧张。

准备准备再准备。在主持前，只有把自己所要展示的部分烂熟于胸，你才能自信地去展现自己。即使遇到突发状况，你也能以不变应万变。因此，要克服紧张，首先自己要努力。自己下足功夫了，才能在场上不断给自己鼓劲："我已经做好了充分准备，一定能完成此次任务！"渐渐地，随着主持次数的增加，你就能克服最初的紧张了。

其次，你要有意识地在日常生活中做一些肌肉松弛练习，慢慢克服当众主持时肌肉痉挛、紧张所造成的尴尬。

二、四种训练法

放松练习一：想象训练

简单来讲，这个训练就是想象你自己躺在沙滩上，通过呼吸，逐步把自己身体的各个部分放松下来。你要像小孩、像猫那样躺着，并且在沙滩上印出你自己身体的形状。如果你在沙上只留下肩胛骨和肩骨重重地压出来的痕迹，而身体的其余部分由于那种经常的、不断地、习惯的肌肉紧张而没有触到沙，所以就没有在沙上留下痕迹，那你就还没有像小孩那样躺着并且在沙滩上印出你身体的形状，这时，你就应该像小孩学习，去解除你身体任何部位的肌肉紧张，去除任何杂念和紧张把自己下陷到沙里。因为，这种状态会使得身体得到最好的休息。

现在，请继续展开你的想象。想象微风从头到脚依次拂过你身体。想象湛蓝的天空，无边的大海。想象海水阵阵拍浪的声音，想象自己逐渐漂浮了起来。想象自己身体慢慢感受到温暖的海水。想象自己被海水轻轻推动、渐渐漂浮。请你放松，轻轻放松……[①]

现在，夕阳西下了，风平了，水静了，你也要回家了。请你轻轻动一下你的脚趾、

① 参阅 Gavin Levy:112 Acting Games，第 3 页—第 8 页，MERIWETHER PUBLISHING LTD，2005 年版。

你的脚,弯曲一下你的腿,动动你的腰、你的胯、你的背、你的胸、你的手。请你的头左右轻轻摇摆一下,好,现在请你慢慢站起,睁开眼睛,回到当下。

注意:这个训练一定要选择好音乐,有海浪相伴的柔和音乐最为理想。训练时,音乐始终伴随左右。训练前,请调暗室内灯光,让学生分散在教室的不同空间,让他们躺在地板上进行。如果可以,试着保持室内的温度,让他们感受到温暖,因为地板通常会有点冷。

这个训练,不仅可放松你的身体,也可缓解你的疲劳和压力。如果你第二天要登台演出,也可自己单独在家做这个练习。

这个练习可以使你在半小时或是一小时之中精神倍爽。难怪那些率领骆驼队的人常采用这样的方式来进行休息。因为他们不能在沙漠中长久停留,所以不得不把自己的睡眠减少到最低限度。然而,他们在放松自己紧张、疲惫的身体时,就这样把身体从肌肉紧张中完全地解放出来,使得疲倦的机体得以恢复。[①]上台主持前,如果你特别疲倦,可尝试用此方法可使你在短时间内立刻恢复精神,时间以15至20分钟左右,否则,达不到放松的效果。

上海戏剧学院国际导演大师班学生训练场景

放松练习二:注入能量训练

保持站立姿势,慢慢低下你的头,手自然放在身体两侧,不要用力。身体呈自

① 参阅[波兰]耶日·格洛托夫斯基著《迈向质朴戏剧》,第149页,中国戏剧出版社,1983年版。

然放松状态。感觉自己的身体像一件柔软的衣服一样被人拎起。接着,随着打气筒一次、一次地往体内充“气”,你的脊背开始慢慢拱起。随着不断地充“气”,体内的能量逐渐累积,感觉自己的身体慢慢有了生气,再也不是像那件被挂着的充满皱褶的、毫无生气的衣服了。随着能量不断地被补充,身体开始恢复到饱满的站立姿势。

这个训练用时短,若和前面的练习配合起来做,可获得最佳效果。

学生课堂训练场景

放松练习三:身体预热训练

此训练是通过音乐,逐步转换情绪,激发热情,为上场做好热身准备的。此训练方法操作简单,只要选择对自己喜爱的音乐便可进行。

第一步:选择较柔和的音乐来慢慢舒展身体,打开身体的各个部位,使身体收放自如。你可以采用任何动作去做,只要自己觉得自己的身体能得到完全的解放便可以。蹲下、躺下的姿势均可采用。

第二步:选择《颂歌》类型的音乐,进行舞蹈或走步,发挥自己的想象,进一步使身体获得解放。

第三步:选择快节奏的音乐,用音乐的节奏来激发你的热情、增强你的自信。想象你主持时可能遇到的观众和遭遇到的挑战，给自己鼓劲、加油！相信自己能获得胜利！你甚至可以跑动起来，进一步积蓄自己身体的能量，等待你的小宇宙“爆发”。

学生课堂训练场景

放松练习四：游戏训练——“虎克船长”

把游戏训练作为放松训练是热身训练的好方法之一。学生在游戏的过程中会自然嬉戏，在嬉戏中恢复天性、解放天性，最后获得轻松。游戏完成时，学生们也克服了紧张心理。

游戏过程中，游戏规则的制定和遵守很重要。这个游戏的规则如下：

1. 学生们手拉手围成圈，游戏发起者开始说“虎”，然后顺时针方向，让大家依次说：“克”、“船”、“长”——说“长”字的这个同学，边说边立刻做出动作——把这个“长”字用电波发送给任何一个你想发送的人。当然，发送目标越明确，手势越干脆越好。

2. 接收到“电波信号”者即为船长。这位“船长”继续说“虎”——边说“虎”，边用手势在额头前做接收电波状，表示已接收到这个电波。以此类推，这个游戏熟练后，再在这个游戏基础上加大难度。

3. 接收者——船长，说“虎”时，边上是船长的两个“保镖”，面对“船长”要做挑担状，为“船长”保驾护航。这就要求，“船长”边上的“保镖”时刻保持警惕。同样，这轮游戏熟练后，再增加难度。

学生课堂训练场景

4. 两个“保镖”边上，再增加两个“海鸥”，做“海鸥”飞翔手势。当“船长”在头顶上接收到电波信号时，“保镖”和“海鸥”都要一起行动起来。这样，游戏队伍中便有5个人同时动作，场面甚是活跃。

游戏说明：此游戏来源于北欧。据说北欧有一个很厉害的黑胡子船长的传说，借用到这个游戏里来，就叫“虎克船长”游戏。此游戏无需任何道具，操作简便、易行，适合20人以上的团队进行。

作为主持人，要学会带领大家做游戏。这不仅因为游戏本身是一种娱乐方式，还因为人在游戏的过程中可以找回真实的自我。席勒就曾说过：“只有当人在充分意义上是人的时候，他才游戏；只有当人游戏的时候，他才是完整的人。”① 在美国20世纪三四十年代，广播游戏节目开始盛行，四五十年代，广播游戏节目被移植到电视节目中来。1946年6月20日，丹尼斯·詹姆斯主持的《拿走现金》开启了美国电视网游戏节目的先河。可见，游戏练习可直接培养学生，引导观众、与观众互动的能力。在一些电视游戏节目中，主持人直接带领大家做游戏，大家也会发现电视艺术的游戏化过程，实质上是生活戏剧化的过程。

总之，游戏训练也罢，想象力训练也罢，目的都是为了放松。主持人在台上要善于克服紧张，与观众融为一体，一切以观众的需求为出发点，以观众的审美眼光

① 朱光潜《席勒美学思想》，《北京大学学报》，1963年第1期。

来考察自己。主持人最好忘记真实的自我,以主持人的社会角色、媒介角色的要求来衡量自己的主持水平,放松练习说到底是为了帮助学生从"小我"中解放出来,更好地诠释好那个公众面前的"大我"的社会角色。

放松训练还有很多方法,每个人都可以量体裁衣,采用不同的方法来训练自己。如静坐、冥想、瑜伽等,也是不错的放松训练。每个人根据自身的环境和情况来决定,哪个效果更好,就可采用哪个方法来训练自己。总之,若你想要彻底摆脱上场的肌肉紧张状态,你是需要经常不断地练习的。要彻底消除紧张是不可能的,你必须要观察自己并监督自己。受强烈的肌肉紧张之苦的主持人必须要养成一种能自动练习、自动检查的习惯。亚里士多德说,优秀是一种习惯,如果你想克服话筒前的紧张,那么,你在生活中,在舞台之外,在上课的时候和在家里练习的时候,就是在躺下、起身、吃饭、散步、工作、休息的时候,都要有系统地逐渐去养成练习这种习惯。总之,在生活的所有时刻,都要去培养自己克服紧张的习惯。斯坦尼拉夫斯基说:"必须把肌肉监督者融到自己的形体天性里去,把它变为自己的第二天性。只有这样,肌肉监督者才能在我们从事创作的时候帮助我们。假使我们仅仅是在规定练习肌肉松弛的几小时或几分钟中去联系,那是不可能达到所期望的结果的,因为这种练习被时间所限制,不可能养成习惯,不可能达到下意识的、机械式的熟练的程度。"①

如果你要成为一名出色的主持人,你必须有意识地去培养自己的第二天性,让自己的形体彻底从肌肉紧张中解放出来。如果,你没有时间去训练自己,那么,我们这里也还有一些应急的克服紧张的办法,你也可以试试。

三、克服紧张的应急步骤

1. 精神上和生理上都要保持轻松。开始前,先慢慢做 1—2 次深呼吸。有时也可以听听自己喜爱的音乐,舒缓一下紧张的情绪,这样有助于提升自己上场前的情绪。

2. 等待上场时,可以悄悄绷紧、随后放松大腿肌肉或两手。这有助于放松你的紧张神经。

3. 到了场上,如果双脚仍然发抖,你可用脚趾抠脚底,双脚稳稳地站立在地面,稳住身体重心。双手发抖时,可把双手牢牢地放在背后,用手指紧扣掌心,这样就

---

① [俄]康·谢·斯坦尼斯拉夫斯基:《斯坦尼拉夫斯基全集②》,林陵、史敏徒译,第 147 页,中央编译出版社,2012 年版。

不易使观众发现你的紧张。

4. 自我介绍部分要特别用心。自己在介绍自己时，说话是随意的、轻松的，但也是给人留下最深印象的时刻，所以要特别用心地介绍自己，不能懈怠。

5. 始终要与观众保持视线接触，接受观众的反馈。要知道主持是为了观众，最重要的是观察观众的反映。与观众保持视线接触，也可避免自说自话、尴尬、冷场局面的发生。

6. 把注意力集中在与听众交流上，你就避免了尴尬。一旦紧张状况发生，你要采取办法立即与现场观众互动、交流，这样可很快消除你的紧张感。同时，观众也觉得你的即兴反应能力很强，对你的主持自然就留下了良好的印象。

7. 使用辅助视觉物。你可以用视觉辅助物来掩盖你的紧张。当你手上拿着这些小道具或辅助物时，你不会觉得无所适从，身体也就自然放松了。你可以用帮你稳定情绪的纸卷，也可以用各种小道具：如提示句子的小卡片、以及节目中所需的小道具等，这些都能在一定程度上帮你克服紧张。

主持人在台上一定要掌握好自己身体的重心，不能向一边倾斜，也不能边说话边摇晃自己的身体，像随风摆的柳枝，搞清自己身体的重心所在是很重要的。这样不仅有利于你身体发声器官的共鸣保持畅通，也有利于你和观众平稳地交流。

最后，克服紧张还有三步骤需要你去遵循的：

第一步：形象化的力量。在我们准备稿件或者上场前，都要用形象化的力量去把你将要面临的场景具象化。根据已有的实践经验，去预知可能会发生的一些事。这样，在事情没有发生前，你就会做好应对的准备。真的当突发事情出现时，你就能应对自如，临危不乱。你在主持业界的口碑也会不胫而走。

第二步：积极的思考。每一场主持后，都要善于积累，善于总结，知道自己的强项和弱项，多听观众的反馈。只有不断总结经验的主持人和演员，才能迈上更高的阶梯。有时候，我们不是不够努力，而是缺乏应有的智慧。主持，最终的目的就是为了打动人心、感染人心。与人沟通的水平如何，往往取决于你主持实践后的反思。只有积极的思考，把每次的主持都当成第一次的任务去完成，那么，你的提高是飞跃式的。紧张也就自然克服了。

第三步：别指望完美。有些紧张是因为我们太指望自己完美造成的。要知道，每一次的主持，对于主持人来说都会有一些小小的遗憾。这些遗憾的造成或者是因为意外，或者是因为受众的因素，或者是因为主办方的原因、场地的限制，等等，这些都是不可控的因素。可以说，都是客观因素。我们如何把客观的不利因素化为积极因素，除了我们需要大量的实践，不断培养自己的即兴主持能力以外，我们也不能指望每次的主持都完美。有时候，有些欠缺，有些遗憾也不失为一种美。因为有了遗憾，才有了期待。这种期待，对自己、对观众都是一样的。世上任何事情都不可能是十全十美的，都能按照你的意图去实现的。因此，懂得世界上根本不存在完美主持这回事，对自己也很重要。

人们紧张，有时候也是因为担心自己在主持时会犯一些错误。这里面最重要的一个原因是他们把自己的主持看成是一种表演而不是交流。要知道，**主持的目的是为了交流，而不是表演，这是与演员表演最为本质的区别**。听众并不是裁判，不是教练，他们只不过在听一次经过思考的表达。即便你的听众是裁判，你也应该把他们当作你的听众去对待。**看高或看低听众，对主持都是不利的**。因为，所有的主持的目标都为了打动人心、说服人心的。只有去尊重听众，试着用你力量去感染听众，你才有可能表现得更为专业。即便是犯一二个小错误，也没有关系。要知道，犯点小错误，也会显得你更有人情味。因此，不必担心，更无须紧张。

积极的准备、不断地练习、认真的思考、充分的准备，想象你成功表达的情景，那你就克服紧张、克服怯场了！

第二节　集中注意力训练

当我们谈到注意力问题时，人们可能会认为瑜伽练习会达到一定效果。经过实践，我们发现，不管我们怎样期望，但这种注意力的调整对表现力会造成一定程度的损害。格洛托夫斯基也说过："瑜伽法是一种内在的睡眠，一种取消表现力的平衡，一种停止了一切活动的异乎寻常的休止。[①]" 这和我们调整注意力训练的初衷似乎背道而驰。瑜伽训练法的目的是要终止三种过程：思想过程、呼吸过程和发生过程。如果用瑜伽法训练，主持人的自发力可能会被封闭在自己心中，这些对我们来说显然不适宜，但如果用它来健身，则另当别论了。

一、PIP游戏训练

PIP 的原意，即 Pleasure（喜悦）、Imagination（想象）、Play（游戏）三个英文词的首个英文字母的缩写。PIP 理念是法国著名表演艺术大师 Philippe Ganlier 所传

① ［波兰］耶日·格洛托夫斯基著《迈向质朴戏剧》，第 195 页，中国戏剧出版社，1983 年版。

授的，香港著名导演、演员詹瑞文把这个理念带到了中国香港和大陆。他用这个游戏在香港玩了一场名为“玩得喜”的演出。在剧院，他带领上千名观众一起动作、一起玩、一起笑。他也带着他的游戏到过广州和上海。他和那里的观众玩着笑、笑着玩，在当地同样引起了良好的反响。一位曾经参与他游戏的学生——广州话剧团演员姜迪武感慨地说：“在这样的轻松中，演员才可能找到并释放属于他们自身最美丽、最自由的一种天性。”① 对于主持人来说，在游戏中释放天性、解放自己，同样是非常重要的。在课堂实践中，这个练习也同样受到了学生的喜爱。对学生们来说，艺术就是喜悦（Pleasure）、想象（Imagination）与游戏（Play），而任何与之有关的形式，都可以去尝试。

（一）“Dino 说”

Dino 是一个意大利名字，我们暂且把它作为一个人物。在这个游戏中，Dino 是专门发号指令的，“Dino 说”与“不说”是有区别的。同学们如果听到“Dino 说”这样的话，那么就跟着 Dino 说的去动作。如果不是“Dino 说”的，是训练者说的，那你可以不用去做动作。训练的人在这里很重要，因为他本人一会儿是 Dino，一会儿不是 Dino。能不能诱导观众做出动作，其实完全看训练者的表演水平。对于学生而言，游戏时，只有高度集中注意力，才不会做错。

例如，训练者说：“现在游戏开始，请大家举起手！”学生若都举手了，说明他们都错了。因为这句话不是“Dino 说”的，而是训练者自己说的。学生要听到“Dino 说”的话才去做，那就对了。

提示：训练者也可以用问答的形式让学生转移注意力，如：“明白了吗？你真的明白了吗？你快点啦，这个还不简单吗……。”学生在游戏中必须不断调整自己的注意力才能避免犯错误。稍有走神，就容易做错。

训练者要求学生做的动作可依次为：举手、拍手、跺脚等。拍手可以拍一下、拍两下、拍三下都可以。拍手的节奏以及游戏的节奏完全由训练者来掌握。同学们做错了，也不要紧，因为，那就获得了喜感。

这个游戏的快乐之处就在于训练的人要有高明的说话技巧和表演技巧，技巧越高明，学生越会跟着他的指令进行动作。即便是下场前离开，他都可以继续寻找玩游戏的愉悦心情，他可能会突然转身对同学喊“停！”你千万别再上当。总的来说，训练者说话越口语化，越有煽动性，也越有诱惑力。游戏的整个过程会充满喜

① Moon Wong《詹瑞文：带着 PIP 到广州游戏》，周末画报，第 566 期，2009 年 11 月 4 日。

悦、充满生趣。

学生训练场景

(二)“乒乓哇!”

从“我输了!”开始寻找 Pleasure。

控制现场能力对主持人来说是极为重要的。能否在现场调动观众的注意力,是对主持人控制现场能力的考验。“乒乓哇!”这个游戏训练,便是提高主持人这种能力的一个有效练习。因为是与观众互动的一个练习,因此玩起来会有一定难度。

1.“乒乓哇!”分别是:打自己一枪——“乒!”,打别人一枪——“乓”——被打中者喊出“乓”时,说明他“死”了,其边上的两个人要立即举起双手并喊出“哇!”。不符合游戏规则的,则被淘汰出局。

2.被淘汰出局者必须要延续“我输了!”、“我输了!”、“我怎么输了?! 不要啊……”这个游戏的快乐情绪,边表演、边想法子去逗乐观众,让观众不时发出笑声。如果你输了,很不高兴地下场,那就没有任何意义,因为观众就没有可看性了。

3.这个练习比前面一个游戏有难度,如果前一个游戏训练的目标是让观众集中注意力的话,那么这个游戏训练的目标则是考验你能否 Hold 住现场的能力。优秀的演员可以变出各种招数与观众互动,使得观众阵阵发笑,那么你呢?

提示:在说“我输了,我输了,我怎么输了”的时候,不能用力,要用巧劲,你可尝试各种表演方法和肢体动作,直到观众笑了为止。

（三）听鼓，找组合

这个游戏主要看学生之间的配合默契程度。当训练者击鼓要求“两人”组合、“三人”组合、“五人”组合时，学生要立即寻找组合并相拥、数数、蹲下。动作要快，越快越好，如果你落单了，你就输了。

提示：游戏前，训练者要注意学生的人数，以保证有人会被淘汰。学生需要注意的是，和第一个训练一样，学生一定要听到“Dino说的”指令，你才去做，否则，动作无效。输了的人，是自己惩罚自己，连打自己的脸三下，说自己：“傻瓜！傻瓜！傻瓜！”现场会有喜感效果。

PIP模式现已发展成为詹瑞文的一个文化产业品牌，自他的演出获得巨大成功后，他甚至想把PIP模式发展成为一种生活模式，这给我们很大启发，我们当然可以借用这样的游戏训练模式来训练我们的主持人，这不仅有利于他们的即兴反应能力，更为重要的是让他们能够成功地走进生活、走向职场、走近观众。

第三节 倾听训练

“优秀的倾听着有更惊人的影响力。”

——约翰·马克斯韦尔[①]

在我们这个信息爆炸、传播飞速的时代，倾听比以往任何时代都显得重要，但很多主持人却不善于倾听。他们或缺乏耐心，或武断打断别人说话，这不仅影响了嘉宾的情绪，对节目的质量和受众的欣赏也造成了损害。他们不知道，主持人的工作八成是要倾听别人说话而不是自己说话的，只有把别人的话听清楚了，自己才能作出恰当而有效的回馈。在一些访谈节目中，主持人是绿叶，而不是红花。如果主持人的话说得太多、太满，就会显得不合时宜。有人用刺绣过程来比喻主持过程，主持人就像是那根穿纱引线的针，谈话的内容则是线，最后绣成的美丽图案便是我们的节目了。绣盘上，应该只看到图案，看不到针，这便是刺绣的高手，就如在节目中，主持人为了凸显自己、取悦受众拼命抢话，那根针便会伤害到自己，但是，很多

① 约翰·马克斯韦尔《领导人21品质》*The 21 Indispensable Qualities of a Leader* 引自吴建民：《交流学奖讲章》，第35页，中国人民大学出版社，2010年版。

主持人似乎都还没有意识到这一点。

一、“听”与“倾听”

“听”与“倾听”是两回事。“听”,是“倾听”的第一步,是接受声波的物理过程。在生活中,我们经常发现,很多人是充耳不闻的听众。他们假装集中注意力在听你讲话,他们看着你的眼睛,表示出对你的话题似乎很感兴趣的样子,甚至有时他们还会对你点头称是、并适当地露出微笑,但是,实际上他们一句话也没有听进去。他们的一个耳朵在接受信息的同时,另一个耳朵已经出去了。他们并不是有心在听、认真在听,他们只是作“听”状而已,这与“倾听”是两回事。

“倾听”却涉及集中注意力理解我们所听到的,并弄清楚其中的含义。要知道,哪怕我们觉得自己是在认真地听,我们也只能抓住所听到的一半内容。因为,二十四小时之后,我们可能也只是记得原来内容的十分之一而已。把“倾听”称之为一门失传的艺术这一点都不奇怪。

美国传播学者史蒂芬·E·卢卡斯把“倾听”分为:欣赏性倾听、移情性倾听、理解性倾听、批判性倾听。

欣赏性倾听——为了愉快、享受而听,比如听音乐、听喜剧、听娱乐笑话等。

移情性倾听——为了向说话人提供情感支持而听,比如精神病医生听病人谈话,或者我们倾听处在痛苦之中的朋友的倾诉。

理解性倾听——为理解说话人的信息而倾听,比如当我们听课,或者听指令以找到自己所要的信息的时候。

批判性倾听——为对听到的消息进行接受或拒绝的评判而倾听。[①]

四种倾听都很重要,对于主持人来说,主要处理的是后两者倾听——理解性倾听和批判性倾听。这两种倾听是主持人在工作交流中经常用到的。

除史蒂芬所说的四种倾听外,还有一种倾听叫互动式倾听。互动式倾听是积极的、主动的,是边观察、边倾听。对于主持人来说,说话固然重要,但是,观察和倾听也很重要,因为有些重要信息便是从观察和倾听中得来的,从中,你会捕捉到双方交流中的重要信息,找到节目策划与节目播出之间,实际采访与社会交流之间的点,并善于把这些点——这些不能通过语言直接表达的点用镜头直接去呈现出来。

---

① 参见[美]史蒂芬·E·卢卡斯著,俞振伟译 *The Art of Public Speaking*《演讲的艺术》,第49页,第51页,复旦大学出版社,2007年版。

同时，在提取这些重要信息时，你也可以适时打断对方，去获取对你、对受众而言有重要意义的问题。通过这些问题，你可从对方那里提取新的信息，并对之进行延展和拓展。要知道，适时地打断对方，并不是不礼貌，而是为了话题的进一步深入和主题的进一步升华。这种打断，有时也是对自己固有想法和思维定势的打断。

总之，互动式倾听要求主持人对语言、对生活、对采访本身都要敏感。不管是口头语言，还是肢体语言，都会给观众呈现一些小的意象，只要我们及时地去呈现这些意象，便可指引我们去找寻还未开拓的未来。

倾听是需要练习的，你的倾听力到底如何？（表 1.1）也许可帮助做出准确的评价。

表 1.1　倾听能力自我测评表①

你有没有如下的 10 个倾听方面的坏习惯？认真对照下表中的每一个选项。		
习惯	经常程度	得分
	几乎都是　经常　有时候很少　几乎不	
1. 因为心理上的分神而放弃。		
2. 因为生理上的分神而放弃。		
3. 试图回忆对方所说的一切。		
4. 在听到说话内容之前就因为不感兴趣而拒绝倾听。		
5. 假装集中注意力。		
6. 对说话者的观点武断。		
7. 在听到说话者的所有内容之前已经确认他或她是错的。		
8. 通过个人外表来判断说话的人。		
9. 对说话者提供的论据不关注。		
10. 集中注意说话者的姿势而不是其说话的内容。		
		总计
计分规则：		
每选择一个“几乎都是”，给自己打上		2 分
每选择一个“经常”，给自己打上		4 分
每选择一个“有时候”，给自己打上		6 分
每选择一个“很少”，给自己打上		8 分
每选择一个“几乎不”，给自己打上		10 分
总分说明		
低于 70 分		你需要大量的倾听训练
71—90 分		你的倾听能力不错
91 分以上		你的倾听能力非常好

① ［美］史蒂芬·E·卢卡斯著，俞振伟译 *The Art of Public Speaking*《演讲的艺术》，第 57 页，复旦大学出版社，2007 年版。

通过测评，如果你的倾听力在91分以上，说明你无须再训练倾听力，如果相反，那么你仍需要大量的训练。下面的倾听训练将帮助你找到自己的不足，并希望你能改掉这些坏习惯。

首先，请你在游戏中，竖起你的耳朵，锻炼你的倾听力。

二、倾听训练（一）：介绍他人

大家依次站到圆圈中间，做一下自我介绍。每次介绍都要求不一样。比如一开始可以报名字，后面则要说自己的特点，不可以重复介绍自己。

现在，先由一个人站在圆圈中间介绍自己，然后，她可以走向圆圈中的任何一个人，而那个人在她到达之前，必须重复叙述她刚才的自我介绍。

在这个练习中，你们首先要进行眼光接触，接着要在行走的节奏中叙述，最后，当你完成后，用同样的方式寻找下一个对象。

采用怎样的节奏，每个人自己来决定。在进行了几轮之后，大家要逐步加快介绍的速度和节奏。你可以唱着介绍自我，也可以蹲着、跳着介绍自我。怎么特别，怎么进行。

再做两轮之后，在原有人数的基础上，我们再增加一组人进行训练，难度加大。速度加快。

训练者要不断地在运动中增加训练的难度，以便锻炼并提高你的倾听力。

倾听训练（二）：理解式倾听——武断

这个故事需要两个同学来演绎。故事的主人公一个是编辑部主任，另一个是编辑部的实习生，这位实习生马上就要大学毕业了，因此，她特别期望通过自己在实习阶段的表现能留在编辑部工作。

首先请两位自告奋勇的同学上台来做准备。台下的听众也要认真的倾听他们的对话，查找问题到底出在哪里？

【例】关于罗主任与小红的对话①

旁白：小红是一个实习生，她在一家地区性杂志社的研究部找到了一份助理编辑的实习工作。实习不久之后，负责研究部的编辑离开了杂志社另谋高就。在

---

① 参见［美］史蒂芬·E·卢卡斯著，俞振伟译 *The Art of Public Speaking*《演讲的艺术》，第54页，复旦大学出版社，2007年版。

接下来的两个月里，小红竭尽全力凭自己一个人的力量完成了研究部的编辑工作。她经常累得头昏脑胀，但是她知道这是一个很好的学习机会，所以她不愿意放弃刚刚承担起来的新的责任。

一天，该杂志社的主编罗主任到小红的办公室来谈话。谈话的内容如下：

罗主任："过去两个月来，你做得相当不错，小红。但是，你知道，我们确实需要一位新的编辑。因此，我们决定作一点变更。"

小红："我不觉得奇怪。我知道我也有做错事的时候。"

罗主任："每个人刚开始的时候都会犯错误的。你已经担当了不少责任了。太多责任了，因此……"

小红："那好吧。我为我曾经有机会尝试了这份工作感到很开心。我知道我缺乏经验，而且这也是一个相当重要的部门。"

罗主任："是啊，的确是这样。这也不是一份容易的工作，我们确实还需要一位编辑和助理编辑来处理所有的工作。所以我想告诉你……"

小红："您是对的，这是当然的。我希望您已经找到了一位很适合的编辑。"

罗主任："我想是这样的。但是，小红，我觉得你没有明白我在说什么。"

小红："不，我明白。我早就什么都知道了，我只不过是临时补缺而已。"

罗主任："小红，你没有听我说完。"

小红："不，我在听。您试着态度和蔼一点，但是您来这里就是为了告诉我您已经聘请了一位新编辑，而我将回头还是去做我原来那份工作。"

罗主任："不，事情完全不是这样的。我觉得你在极其困难的条件下干得很好。你提升了自己的能力，我有意让你在大学毕业后来当编辑。但是，我觉得你还是需要一位助手来协助你，我们可以再物色一个实习生。"

同学们从他们的对话中听出了什么？为什么会出现如此多的混淆？很明显，小红不能肯定在这家杂志社的未来。她知道自己一直在努力工作，但她还是犯了一些错误。这些误会，如果小红仔细倾听的话，原来是可以避免的。因此，当罗主任开始谈到要作一些调整和变更的时候，小红快速地就做出了结论，设想了最糟糕的结果。如果，小红当时能问一句："什么样的变更"，然后把罗主任的话听完，这样的误会也许就不会发生了。

这就是武断的形式之一——把话堵在了别人的嘴里。猜想一下，我们在日常生活中，是否也经常发生这样的情况呢。要避免尴尬，就要学会理解性倾听。

除此之外，武断形式还包括假定别人的观点，根据别人的外貌、语言过早地对人下结论等。如果是这样，那你就要时刻提醒自己，你太武断了，这样下去，你很有可能会错过一些重要的机会或一场有趣的对话。搁置判断，有效倾听，如果你能将倾听当作一件考验自己的事情来做，那么，你集中精神和理解的能力会得到显著提高。

倾听训练（三）：理解式倾听——学会听关键词

恰当地记笔记是有效地提高倾听力的一种方法。但是，记笔记不是一种竞赛，不是要把说话者所有的信息都记录下来，而只是要记要点、记关键词。好记性不如烂笔头，说的正是这个意思。大部分倾听力不高的学生都有两个问题要解决：他们不知道自己要听什么，要记什么。听要点，记关键词，这就是最好的倾听。下面是一则新闻，让我们一起来练习一下。

长期以来，人们因为需要大象的牙齿而猎取大象。20世纪20年代，数以千计的大象被猎杀，仅仅为了满足美国每年6万只象牙台球珠市场的需求，还有数十万台钢琴的需求。今天，象牙贸易集中在远东地区，主要是日本和中国，在这些国家，象牙装饰品的价格极高。根据《时代》杂志记载，20世纪80年代，共有3900多吨象牙进口到了香港。这表示有40多万头大象因此而死亡。

尽管订立了旨在消减象牙贸易的国际协定，但是，偷猎情况仍然存在，使得大象的死亡继续上升。一直到1980年的时候，非洲还有130多万头大象在游牧中。根据世界野生动物协会的资料，今天，这个数字已经减少了至少50%，在某些地区减少的比率甚至已经达到75%。《美国新闻及世界报道》声称，如果这样的大屠杀行为继续下去，大象有绝种的危险。

会记关键词的人，他的笔记应该是这样的：

大象长期被人猎取

1920——美国

今天——远东

　　香港：3900吨

　　40万头大象死亡

问题有多严重？

1980年有130多万头大象

今天已经减少50%—75%

美国新闻：有绝种危险[①]

大家注意，这个笔记要非常简洁。从原来三百多字的新闻，到现在的六十个字的关键词大纲，新闻的思想全部浓缩在里面了。另外，记录时要注意笔迹清晰，主要要点与次要要点以及论据要依次分开排列。这份大纲就显示出了这篇新闻各个想法之间的相互联系，让自己和别人一目了然。

听关键词、记关键词，对于主持人来说很重要。尤其在采访中，对方讲了什么重要的信息，你如果没记住，等后面被访者再提到这个信息的时候，你就会很尴尬。这至少说明你的态度还不积极、不够诚恳，这会影响被访者对你的态度和采访的质量。另外，在采访中，我们还经常会碰到一些专业术语，只要平时多听、多练，临场时就可以熟能生巧，记笔记质量就可以提高。掌握了这些倾听技巧之后，我们才会成为更好的倾听者。

倾听训练（四）：批判式倾听——警察与犯人的对话

在做这个训练前，我们先做一个热身训练。这是一个抢“七”的游戏。请大家围成圆圈，从任意一个人开始，数数的那个人同时用手指定接着数的人。任何数到“七”及“七的倍数”的时候，大家不可以数出来，而要说“seven up”！与此同时，要将手放在自己的头顶。之后，重新开始新的一轮。这个游戏可以让大家变得很兴奋。

[学生们按照游戏要求开始做练习，随着大家的熟练程度的提高，游戏的进程也逐渐加快。]

现在说到“seven up”的同学请出列。你们现在分别要寻找自己的搭档，两个人一组，每组一把椅子，其中一个人坐下。我们目前的规定情境是在警察局里，坐着的那个人是被捕的人，他对自己身在此地感到困惑。

在审讯过程中，警察会告诉此人被捕的原因。被捕的人可以决定自己是有罪还是无罪，而警察的任务是让被捕的人坦白自己的罪行。特别需要注意的是，在这个练习中，身体的接触是被禁止的。坐着的人不能站起来，站着的人不能碰坐着的人。

从身份地位来看，警察和罪犯已经有明显的地位差别。警察是有某种权利的，但是，如果坐着的人认为自己是无辜的话，他心里面可能有一个较高的心理状态。那么，这个游戏也会更有趣一些。相反，如果这个人有罪，他就要想尽办法开脱自

① [美]史蒂芬·E·卢卡斯著，俞振伟译 *The Art of Public Speaking*《演讲的艺术》，第64页，复旦大学出版社，2007年版。

己的罪行。

［学员们立刻进入自己的角色状态，练习开始。排练厅里“争吵声”越来越大。］

老师：观察警察如何审问犯人是非常有意思的。请每组的警察和犯人，谈谈你们各自在这个练习里的感受。

第一组

警察：“监控录像显示，他将别人遗落的银行卡占为己有，并窃取了他人的钱。而他却不承认。”

犯人：“我认为这是我自己的银行卡，她没有足够的证据证明我有罪，24 小时后，若她再拿不出证据，我就出去举报她！”

老师：“监控录像有你的犯罪记录，你为何不承认呢？这不是证据吗？你是否没有注意并认真倾听她一开始说的话呢？”

犯人：“是的，我没有听到！”

老师：“请其他各组注意，要仔细倾听对方的语言，从对方的语言中找到自己的反馈动作和语言。否则，你们的交流是失败并且无效的。”

倾听训练场景

第二组

警察："有人举报，发现他们在聚赌。但是，她拒绝承认。"

犯人："我觉得我不是犯人，他们抓错人了。我没有觉得自己是罪犯，我没有身份差异，我俩更像是在聊天。"

警察："因为我给她定的罪是小罪。"

老师："如果警察抓错人了，怎么能定别人的罪呢？警察并没有在交流中证实自己的身份，并没有把自己的语言和动作合理化。"

第三组

犯人："警察怀疑我是杀人犯，但只是怀疑，我可以等我的律师来嘛。"

警察："我感觉她特别的淡定，她说她手机丢了，并否认打过被害人电话，然后就让我找不着话头了。"

老师："看来我们的犯人是比较难对付的，如果警察的经验不够丰富的话，很容易被犯人利用。通过互相的交流和反馈，两人也是在斗智斗勇。"

第四组

警察："我说他在 KTV 里和同伙一起吸毒，然而他不承认，打死也不承认。"

罪犯："对，因为我坚定自己是无罪的，但是警察的语言非常严谨，对我的质问也无可挑剔。"

老师："你们会发现，对手离角色越接近，对你们的刺激就越大，因为你们的能量都是从对手那里反馈来的。这轮练习就到这里。我们发现，练习刚开始时警察的音量立刻很大，教室马上变得嘈杂了起来。但不是所有警察的威严，都依靠音量来实现的。如果罪犯也不甘示弱，教室就变成菜市场了，我们将听不到任何一组的交流。有的犯人以肢体动作、冷暴力来对付警察的，效果很好，值得鼓励。现在，请你们互换角色身份，进行下一轮练习。

倾听训练（五）：批判式倾听——警察与罪犯身份互换练习

现在，你们的国家发生了一次政变，新的政府把以前所有的警察都关到监狱里去了。因此，所有的警察都坐在椅子上。犯人的任务是让这个警察为先前对你所做的事情道歉。警察不但拒绝道歉，而且想要被释放。虽然，你们的身份、地位发生了变化，但是，也许你们心里的地位是一样的。记住，之前的犯人同样不可以从肢体上去报复警察。

[角色互换，审问开始。但是，这次的气氛明显改变，大家一开始时很安静，交流的声音很低，到后来逐渐放大，但争吵声明显没有先前那么嘈杂。]

老师：好。现在停止练习。这两个练习的音量水平、肢体的语言、坐姿以及人物之间的距离是不同的。请大家说说各自在练习中的感受。

第一组

审讯人："这真的是有一种报复心理，一开始她冤枉我，这次我一定要让她向我道歉。但她死活不承认，她觉得她没有冤枉我，还让我放她出去。这次练习我感觉我更入戏了。"

受训人："我感受这次要比之前要刺激一点。我能从他的反应感受到他当时真的有没有犯罪。而且，他对我的恨是到了那种程度，现在就是要折磨我一下，到了心理变态的样子。"

第二组

审讯人："我先前就是没有犯罪，但她说我当时就是袭警，还找出各种证据。我现在就是想报复，把她关着！"

受训人："我们的交流相对比较安静。想在对话里去抓对方的漏洞。"

第三组

审讯人："我也感觉好爽。她一直在威胁我，说若有机会还是要把我抓起来，我说你一辈子都出不去了。"

受训人："我感觉我很委屈。刚开始我还觉得自己是警察，我说你这样做是不对的，快把我放出去！总有一天正义会把你抓进来。后来，他一直在对我咆哮，我就喊他暴徒了。"

第四组

审讯人："我的感觉是我在与他对视的时候，我是处于优势状态，我是俯视他的，所以我的气场非常强，说话也很自信！"

受训人："我虽然是坐着的，但我心里是平视她的，心里的高度是在上面的，所以我还是以一种审判她的心态去对付她。"

第五组：

审讯人："我觉得我很想报复他，但是又有一点畏惧，对她有一点怕。"

受训人："对，她就是一直想要报复我，然后我就一直瞪着她，毫不示弱。"

老师点评：同学们这次的练习明显比上次更投入，更能进入角色，大家都开始认真地倾听、积极地反馈，并从对方的反馈中更坚定自己的身份地位，这很好。批判性倾听可以帮助你理解身处的情境是如何影响你的倾听和语言的，对于说话者，你如果不认真倾听，你对他了解有多少呢？说话者的可信度怎样呢？他的观点的牢固程度如何？这些观点是否有逻辑、有结构？是否提供足够的证据……当然，你不可能每次问自己这些问题，因为你倾听的目的是随着你自己的任务而变化的。但当你需要作出重要决策时，你就需要问这些问题。**善于问，是善于听的另一种形式。"倾听"就是为了询问的。**主持人的采访就是在倾听和询问中进行交流的。你现在就可以不断找人练习批判式倾听了。

总之，不管是批判式倾听的练习还是理解式倾听的练习，每一次练习都应该能启发你点什么，提供你点什么，无论是信息、观点还是方法。你只要用心倾听，就会具有敏锐的直觉。你不仅能从对方的声音中辨别出对方是急切、关怀、愤怒，还是诚实，你还能从对方说话的内容中去品味内在的含义。

另外，在交流过程中，仅仅倾听，还是不够的，你还要敏锐地观察。光听不讲或光听不问，也是交流的致命弱点。交流是双向的，倾听是为了交流，而交流是为了更好地倾听，两者是主持技艺的双翼，能帮助主持技艺腾飞。总之，一个会听、会问的人，他才能在节目中赢得人心，取得顺利。

第三章　主持人的专业训练

一、日常说话与主持说话的相似点

节目主持人的表达是在公众面前的表达，是力求将他个人观点与众人分享并影响或感染众人的表达。很多人都因此而比较容易怯场和紧张。其实，如果你发现即使公众表达也和我们的生活表达有很多相似之处的话，也许，你就不会显得那么紧张了。在生活中，当你与别人讨论问题时，你其实已经开始不自觉在运用你的知识储备了，只是你还没意识到而已。你在表达的同时，你已经具备了下列修养：

（1）**逻辑清晰地组织自己的思想**。比如你要告诉别人如何找到你的学校，你会以怎样的方式讲呢？你一定会系统地引导你的客人，一步步解说，从他那里如何到达你的学校。你会逻辑清晰地组织好自己的语言，不是吗？

（2）**根据不同对象剪裁自己的话**。如果你是学画画的，有两个人问你梵高是谁，其中一位是你的初中同学，另一位是你9岁的妹妹。你肯定会采取不同的讲话方式跟他们介绍梵高这位画家。根据这两个表达的对象的不同，你采用的表达方式也会截然不同。

（3）**讲故事要达到最好效果**。如果你要告诉你的朋友你昨天看了一场有趣的电影。你不会从最后一个场景说起。反过来，你会一步一步地讲，不断地调整自己的用词和语调，以便获得最佳的反馈效果。

（4）**接受听众的反馈**。任何时候，当你对不同的对象讲话时，你会意识到他们对你讲话的反馈是不同的。这些反馈包括他们的语言反馈、面部反馈以及身体其他语言的反馈。根据这些反馈信息，你会不断地调整你自己，从而达到最佳效果。

你每天都在说话，你每天都在对人表达你自己的观点，只是你没有意识到而已。按照一般成人醒着的时间，每天花30%的时间与别人讲话的比例，你也做了好多次了。你根本没有意识到，自己已经具备这些交流技巧了，所有这些都是你做主持人时必不可少的重要技巧。

二、日常说话与主持说话的区别

尽管日常说话与主持说话有很多相似之处，但它们毕竟不完全一样。想象一下你给一个朋友讲故事和给七八个朋友、二三十个朋友讲故事的场景会一样么？随着听你故事的观众规模的不断增大，你照顾的人会越来越多，你的控制现场的能力也随之要求提高，你的语速、声音、节奏，甚至你的呼吸、讲话的方式等都要相应做出改变。你会发现，你要作出下列的几个改变才能应付在公众前的表达和主持。

（1）**表达结构严谨**。一般来说，主持人在节目中说话是有时间限制的，你必须要学会用有效时间去说完你必须要说的话。哪些话该说，哪些话不该说，哪些话要慎重地说……这些都要根据节目受众对象的不同来选择的。在节目中，主持人的语言既要精练，又要直指人心，这的确是要训练的。以下几种办法我们可尝试一下：

A. **说短句子**。说短句子有四大好处：①短句子令人印象深刻。②短句子用时最短。③短句子会方便主持人和受众记忆。④短句子会方便编辑做后期剪辑。

B. **精彩句提前**。精彩句开头说，高潮在前，不仅可以吸引观众的注意力，提高主持人的自信心，也不至于让编辑把最重要的话作删节。

C. **口语化**。主持人说话口语化，既可以避免犯错，也可以给受众留下亲和力的印象，更方便主持人自己的记忆。要知道，在媒体上说错话的例子有不少。即便是语气重音、语调处理得不对，语句表达的意思也全然不同。例如：

"产品全部合格"——"全不合格"

医生"初诊"——医生"出诊"；

"形式"——"形势"；

"时事"——"实事"；

"公示"——"公事"；

"试场"——"市场"[①]

……

另外，主持人说话时也要配合自己的手势、表情等加以强调。

（2）**表达要用正式用语**。俚语、行话和不规范的语言表达在公众面前是站不住脚的。尽管生活中的各个方面都会冒出来越来越多的不正式用语，但是，受众仍然会对主持人在主持节目时冒出来的不正式用语产生消极的反应。主持人说话必须是"不同一般"的，必须是大方、得体的。

① 参阅任远主编：《电视节目主持人学初论》，第94页，中国广播电视出版社，1999年版。

广电总局规范网络用语"人艰不拆"等词告别电视[①]

昨天，国家新闻出版广电总局发出相关通知，要求各类广播电视节目和广告应严格按照规范写法和标准含义使用国家通用语言文字的字、词、短语、成语等，不得随意更换文字、变动结构或曲解内涵，不得在成语中随意插入网络语言或外国语言文字，不得使用或介绍根据网络语言、仿照成语形式生造的词语，如"十动然拒"、"人艰不拆"等。

通知指出，一些广播电视节目和广告中还存在语言文字不规范的问题，如随意篡改、乱用成语，把"尽善尽美"改为"晋善晋美"，把"刻不容缓"改为"咳不容缓"等。

这些做法不符合《中华人民共和国国家通用语言文字法》、《广播电视管理条例》等法律法规的基本要求，与传承和弘扬中华优秀传统文化的精神相违背，对社会公众尤其是未成年人会产生误导，必须坚决予以纠正。

广播电视推广普及、规范使用国家通用语言文字，是传承中华优秀传统文化、增强国家文化软实力的战略需要；是树立文化自觉、文化自信、文化自强，确保文化安全的具体举措；是广大听众观众收听收看好广播电视节目的基本要求。广播电视要推广和传承成语等国家通用语言文字的独特表达方式，充分展现其文化精神和语言魅力，不能因为肆意乱改、乱用，造成文化断代和语言混乱。

根据通知，各级广播电视播出机构要开展自查自纠，排查广播电视节目和广告中的字幕、图像和配音等，加强对主持人、嘉宾及其他节目参与人员规范使用通用语言文字的提示引导，对于不规范使用国家通用语言文字的内容一律不得播出。

《通知》发出后，各大媒体竞相报道这一新闻，同时，开始全方位地进行排查。

每年网上都会冒出一些稀奇古怪的词语，除了《通知》中提及的四字新词外，还有"**累觉不爱**"等四字新词，2014年更是扎堆出现在一些综艺节目中。例如"**喜大普奔**"这个词，是网民用"喜闻乐见"、"大快人心"、"普天同庆"、"奔走相告"拼装成的。汉语是有缩略语的，比如沧海桑田缩略成"沧桑"，但这类缩略语的含义都很明确，大家一看就明白。而"喜大普奔"这词既不符合汉语运用习惯，也让人感觉莫名其妙、不知所云。

《通知》出台后，广播电视节目就跟这些网络成语说再见了。广电总局监管中

① 新华社《关于广播电视节目和广告中规范使用国家通用语言文字的通知》，北京2014年11月27日。

心也对各电视上星综合频道进行一次全面排查，对严重违规的问题会作出严肃处理。各省级收听收看中心也对辖区内各频道频率节目进行一次全面排查，对于不规范使用通用语言文字的节目坚决停播处理。

不过，一些专家表示，网络新造词，不能照单全收，但也不能一棍子打死。《咬文嚼字》执行主编黄安靖表示，对于有积极意义的网络词语还是要区别看待，比如**“失联”**、**“断舍离”**、**“高大上”**、**“囧”**、**“打酱油”**、**“给力”** 等网络用语都已为大家所接受，它们既流行又通俗易懂，这是网民原创的表现，也是汉语通俗流变的体现，这些网络词语还是丰富了我们的语言生活，不能“一刀切”。

总而言之，对于主持人来说，既要吃透《通知》精神，又要在维护主持用语纯洁性的同时，维护其生命力。既不能去否定语言的流变，也不能僵化、教条式地去用语。主持人说话既要注意艺术性，也要注意规范性。还是那句话，实践是检验真理的唯一标准。在主持人规范用语中、在知识传播和信息传播的过程中、在保护好本民族语言的纯粹性的同时，主持人也要注意不能让伤害语言的行为被引以为风尚，同时，也要觉悟到语言流变的重要性。①

(3)表达要用“主持”的说话方式。 非正式说话时，人们都会小声地说话，插入很多中间语，比如，“你懂的”、“你知道的”、“我的意思是”、“这个……” 等等，人们会保持懈怠的姿势，使用很多语气词、作许多不必要的停顿(嗯、啊、这个、那么，等等)。而专业的主持人会调整自己的嗓音，以使让所有听众都能清晰地听到；站得挺直，避免出现让自己走神的个人习惯动作和习惯用语。②

通过以上的训练，大家都会有这个能力来掌握这些基本的本领，并将自己的日常讲话技巧运用到主持人的公众表达中去。

第一节　卓别林的游戏训练

我们来看看电影明星们是怎么做的。他们把练习说话作为消遣。他们认为这样的消遣，不但增加了他们的趣味，并且还增加了他们说话的能力和知识的长进。这也是我们可以借鉴的。

某一个晚间，我们的消遣方法是假装在一个大宴会上介绍卓别林先生。当他

---

① 参阅舒晓程整理《新闻晨报》，2014 年 11 月 28 日。
② 参见［美］史迪芬·E·卢卡斯著，俞振伟译，第 4 页—7 页，复旦大学出版社，2007 年版。

被介绍之后，应当随即站起来作一段简短的演说。从那次以后，差不多我们每晚都要来一次这样的消遣，我们这样继续了两年之久，我们三个人（玛丽·壁克馥、费伯莱、卓别林）各人在纸片上写了一个字，然后团成了纸球，每人各拈一个，展开来看是什么字，便把这字作为题目，做一分钟的演说。我们每晚变换文字，不许重复。我曾记得某一个晚上的字是“信用”、“灯罩”。我随手拈得的是“灯罩”，这可把我窘住了，因为要把“灯罩”作为一个话题来讲一分钟，这实在是很困难的。不信你不妨来试试看。或许你会立刻讲出：“灯罩有两种用途，一是用来遮住过强而伤目的灯光，一是为了美观。”你想，再往下说，试问还有没有话呢？我当时也照样地无话可说了，而要点便是在这里。我们这样的消遣方法，在两年当中，使我们三个人的讲话能力增加了许多，我们对于各样题目的知识日渐增加，除此之外，使我们更学得了在仓促之间怎样能够把我们的知识加以整理，对一个问题道出了究竟，我们学习能够站着思想。两年来我们都不说停止这种练习，它还可以给我们无止的长进。①

卓别林和朋友的游戏训练对我们很有启发，他们通过“抓阄”这个游戏来对抓到的“字”进行即兴演说和反复训练，这不仅拓宽了他们的知识面，也锻炼了他们即兴说话的能力，这对主持人表达能力的训练很有借鉴意义。

以下的训练，便是我在课堂上借鉴卓别林的游戏来训练学生们的表达能力。通过游戏，学生们玩得尽兴，老师也乐在其中。教室内的氛围轻松而活跃。很多理论的东西就在游戏中自如地开始了。不知不觉中，那些从来没登过台的学生已经能当众表达了，虽然他们依旧会脸红，但是，毕竟已经在路上了。

【课堂训练】在即兴说话之前，我请同学们先根据这个字说一句主题句，然后再进行演说。下面是一些字的主题句。

眼——“眼”中的社会缩影。

大——“以大为尊”。

神——“神”背后的信仰缺失现象。

四——从数字中看中西方文化的差异。

空——从美丽的天“空”中寻找自我。

萱——放弃。

冷——现在的世界有点“冷”。

---

① 林语堂著、杨永德整理：《怎样说话与演讲》，第166—167页，文化艺术出版社，2010年版。

真——我眼中的“真”。

留——“留”在当下。

小——何以见“小”，源于比较；何以见大，以“小”见大。

强——做一个“强”大的人。

二——“二”的前世今生。

说完主题句后，请同学们发表演说，进一步完善刚刚抓到的那个字。部分同学的表达内容还是比较好的。

1. 大——“以大为尊”

我抽到的这个字比较简单，就是大，大小的大。看到这个字，我首先想到的是现在很多影视剧、电影的名字，前面都喜欢加一个“大”字。最早的是《大宅门》，后来又从韩国引进了《大长今》……再到最近的《大武生》等。究其原因，我觉得这是人们对于“大”的一种尊崇。

这种观念在整个世界都有，以中国为例，在中国的传统观念中，“大”是宏伟、是长，是尊贵的意思，组个词叫做“伟大”。另外，每个朝代都喜欢在自己名字前面加一个“大”字，比如唐代自称为“大唐”，明朝自称为“大明”，清朝自称为“大清”，来显得自己这个朝代优于别的朝代。另外，人群中有威望的人通常被人称为“老大”。现在网络上很多当红的作家被称为“大手”，比喻很会写的意思，而每个领域的佼佼者则往往被大家称为“大神”等等。

“大”字总是很尊贵，应当被仰视的，与之相对的则是小。神是有地位的，故称“大神”，而没地位的仙人或是作谦词时，则称“小仙”。

总的来说，从中国，再到世界，“大”字一直为人们所尊崇，它的本身也拥有了高贵、强盛的意喻。

2. 说说“默”

大家猜到我今天要说的题目了吗？大家现在看一下我做的表演，你猜到了吗？对了，我今天要讲的字是“默”——沉默的“默”。

“默”字，对大多数人来讲可能是个贬义词。比如说，鲁迅爷爷曾经说过：不在沉默中爆发，就在沉默中灭亡。也许在他老人家眼里，“默”表示的是一种被动的、软弱可欺的性格。然而，我认为“默”还可以有很多种意思：有时是一种示弱，有时可以是一种反抗，有时也是一种无声的语言……总之，沉默并不代表不交流，沉默也不一定就选择了禁锢。就如同话剧中有停顿，这种“有机的沉默”，传递给观众的情感和思想也许远比我们用言语来交代的效果要好。这可谓是“默”的另一种境界,不知你有否体验?有否发现?

生活中有时选择“默”,可以让你多一点时间深思,多一种感觉品味,有时,一切尽在不言中,这不也挺好吗?当然,我今天主要说的是沉默的“默”而不是幽默的“默”。谢谢大家!

3.“难”

今天我拿到的字是“难”,困难的“难”。我相信很多人看到这个字时,难免觉得这个话题并不轻松,但我觉得这对我来说也是一个难得挑战的机会。

关于“难”字的注释,左边的偏旁意为“鸟儿哀鸣”,而字面的本意为被人逮住的鸟。看来,这个字的确不是个让人心生欢喜的词。

在我们的人生当中可能会碰到很多难事。要实现自己的梦想,难!要上好的学校,难!生病要看好医生,难!加工资的速度要能赶上房价上涨的速度,难!看来人的一生注定要和这个“难”字相牵相伴了吧。

但是,“难”了,难道就不去做?就要放弃吗?不,至少我不这么想,我更想把“难”作为一个希望的开始,因为它“难”,所以更要去挑战、去实现。人的一生要碰到很多难关,有的难关是自找的,有的难关是逃不掉的。我们不能知难而退,而应知难而进,对自己说:这些事难不倒我!再难的事,我们也要想尽办法去克服它,人生没有过不去的砍儿。只有迎难而上,“难”也会给你带来启发,让你不断超越自我,迸发出生命的源动力!

4.“梦”

俗话说“日有所思,夜有所梦”,生活中,我们常常会做各种各样的梦。

我是一名幼儿老师。在课堂上,我问过孩子们:“你们都做过一些什么样的美梦呢?”他们七嘴八舌地回答着:“我梦到和最好的朋友一起去游乐场玩”;“我梦到妈妈给我买新衣服啦”;“我梦到自己在幼儿园过集体生日啦……”我跟他们说:“好,现在让我们一起静静地躺下,一起来去感受一下这些美梦的味道吧。”过了一会儿,有小朋友开始回答了:“老师,我觉得梦的味道应该是甜甜的;对,像冰淇淋一样甜,好想吃一口,哈哈哈……”;孩子们的回答单纯可爱又真实,这些美梦带给他们的是神秘快乐的感觉。

记得有一篇文章叫《梦的味道》:“花是妈妈的微笑,地是爸爸的怀抱,星是遥远的愿望,带给我梦的味道……我希望天上有一个人,他什么都知道,也知道我的快乐和烦恼!快乐是爸爸讲故事的神态,烦恼是妈妈渐渐地变老,而我需要的是,记住快乐、忘记烦恼。从小事做起,替爸爸洗脚;从现在起,逗妈妈微笑……花是妈妈的微笑，地是爸爸的怀抱，我站在大地上看着飞花，它散发着梦的味道！”

配上“虫儿飞”的伴奏音乐，我和孩子们一起想象着梦的味道。出乎我的意料，朗读结束后，居然有小朋友流下了眼泪，她一边擦泪一边说：“老师，我太感动了……”。原来感动就是那么简单，《梦的味道》就来自于生活，来自于平凡而温暖的爱。

“抓阄说字”这个练习，既是一种游戏训练，又是一种表达训练。学生们在游戏中进行训练，往往能带来意想不到的效果，这比一本正经坐在课桌前冥思苦想练说话，效果要好得多。这些字，既是学生们即兴写下的，也是学生们即兴抓到的。抓到这个字的学生不知道写下这个字的学生的用意。因此，在他们即兴表达时，不仅考察了抓“字”人的表达能力，也给写“字”人带来了启发，从中学到了构思和想象的差异性，尝到了学习的乐趣，达到了教学的目的。总之，学生们在游戏中学习，在游戏中思考，在游戏中进行表达，使得表达的全过程生机盎然，别有一番趣味。

第二节　叙述故事训练

讲故事是主持人的基本功之一，也是他们在主持节目时采用的一种方法和技巧，更是主持人经常用来打动观众的利器。观众中，无论男女老幼，人人都喜欢听故事，因为故事给人们带来美妙的人生体验的同时，还能间接分享他人的喜怒哀乐，从而获得自己的人生体悟，这是一种间接的交流方式。

一、会讲故事的主持人

很多主持人都会讲故事，不管讲的是自己的故事还是别人的故事，这些精彩的故事经过他们的演绎和诠释，给观众带来的是不一样的审美体验。

奥逊·威尔斯，是一个会讲故事的天才主持人。1938 年 10 月 30 日，他创造了美国广播史上收听率的奇迹。

火星人袭击　　引发地球人恐惧[①]

公元1938年10月30日，美国东部时间晚上8点刚过，发生了一起巨大的恐慌。数百人逃离他们的家园；受到惊吓的市民挤满了东海岸的街道，他们纷纷打电话提醒朋友和亲人，由于电话太多以致电话线路发生阻塞；数百人紧张的联系警察

① ［美］大卫·斯隆编著，刘琛等译《美国传媒史》，第 518 页，上海人民出版社，2010 年版。

局、医院、报纸和广播电台询问，他们怎样才能使自己免受不明毒气的侵害；还有躲进教堂祈祷；甚至有人因为受到打击和情绪激动到医院接受治疗；很多家庭相互依偎在街道的角落等待着世界末日的降临。

以上发生的混乱场景的导火索，就是人们收听了奥逊·威尔斯演播的《世界大战》。

奥逊·威尔斯《公民凯恩》

《世界大战》在美国传统节日万圣节期间向全国广播，奥逊·威尔斯充分发挥了他的艺术才华，对他的广播节目进行了精心安排，他穿插了带有真实的有声新闻公告等技巧。由于他对H.G威尔斯的小说的极为真实气氛营造和天才般的改编，如同一枚巨型炸弹投向了无辜的人群造成了可怕的后果，近百万听众听了他讲述的故事信以为真。从旧金山到波士顿，从加拿大到新奥尔良的大量民众都相信了火星人入侵美国，并造成了大规模的破坏和人员死伤。

听众相信他们所听到的，因为他们相信广播传递的是重要信息。当时，新闻公告经常打断正常的节目播出，临时报道一些不确定的欧洲发展状况。威尔斯节目的许多听众都错过或是忽略了广播开头、结尾和中间的那些强调其虚构性的说明。

当有些人得知这是万圣节的恶作剧时很愤怒。一个纽约人说这是他听说过的最愚蠢的噱头，另一位气愤的听众认为这一点不好玩并谴责这是一种冒犯。

人们从争议性的广播恢复过来之后，哥伦比亚广播公司决定"如果广播会引起广大听众直接的惊慌时"不再采用模拟新闻广播的手段。而我们这位天才主持人威尔斯，则对他在节目中运用戏剧手段努力所引发的惊骇表达了深深的悔意和困惑，他道歉说"我想我们将不会再选择这样的事"。

这一典型的事件提示我们，节目精心的编排，戏剧化的艺术处理，主持人叙事能力的高下，对节目能给观众造成多大冲击是有直接关系的。

不管被谴责是最愚蠢的噱头，还是一种冒犯，无论怎样，奥逊·威尔斯凭借从节目中赢得的声誉，得以执导并主演了世界电影史上最伟大的电影之一——《公民凯恩》。

20世纪40年代，美国国家联网广播的竞争就像我们今天的网络时代竞争一样激烈。全美各家广播电台都在想方设法创造自己新颖的独特的节目来赢得听众，奥逊·威尔斯就这样以自己讲故事的天赋在美国传媒史上创造了一个奇迹。

其实，会讲故事的还不止主持人，很多政治家也特别善于讲故事，如美国总统奥巴马就是其中一位。他在竞选演讲中的出色表现，给选民们留下了深刻的印象："我相信我们可以为失业者创造就业机会，为流离失所的人创造家园，将城市中的年轻人从暴力和绝望中拯救出来。我相信当我们站在历史的十字路口时，我们能作出正确的决定，勇敢面对挑战。"[①] 在他的演讲中，他给选民描绘了一幅宏伟的蓝图、一个温馨的家园，激发美国民众渴求变革的心。他的这些言语深深打动了美国国民，最终赢得了大选，成为美国历史上首位黑人总统。

总之，你会讲故事，你就比别人多一份魅力。你若是个会讲故事的主持人，那么，你只会感叹节目时间太短而无暇顾及你的紧张和局促，你更不会在节目中无话可说、坐立不安。要知道，你的任何反应，都会被观众放大，因为，你是节目的主导者。

那么，主持人在节目中讲什么故事为好呢？一般而言，你既可选择与节目主题相关的故事，也可选择与自己经历相关的故事、与观众经历相关的故事等，只要能

① ［美］Rory Zimmerman 审校，梁安滨编译《震撼人类心灵的励志名家演讲》，第76页，中国宇航出版社，2011年版。

打动观众、引起观众共鸣便好。要知道,所有打动人心的故事素材均来自于日常生活,如果你想让你的节目精彩,那么,先让你的故事鲜活起来。

二、巧妙地描绘别人的故事

我们在生活中经常会看到这样一个有趣的现象,有的人身边常常会聚集很多朋友。其中有一个重要原因便是他讲话幽默,让人感到轻松、愉悦,这说明他的语言很有魅力。这个语言魅力之一就在于他会讲故事。他会把一个非常平淡的事情,描绘得有声有色。这也印证了这个人有语言天赋,如果这个人再进行适当的语音、肢体、表演等诸方面训练,也许,他可以成为专业主持人或说书人。

同样的一个故事,为何有的人讲得生动,有的人就讲得味同嚼蜡呢?会讲故事的人,他们的语言、节奏、声调、面部表情都是如何来处理的呢?经过大量的实践,我们发现会讲故事的人,往往是将以上的元素有机结合得最好。拿厨师来作比喻,一个优秀的厨师对选好的食材进行再加工、再搭配,最后会做成一桌色、香、味俱全的美味佳肴。讲故事也一样,我们首先要从生活中选择鲜活的素材,然后再对其进行艺术加工、处理,最后再声情并茂、有声有色地讲给观众听。在这里,讲好故事分为四步骤:第一步,选择故事;第二步,理解并把握故事思想;第三步,把握重音,目的明晰;第四步,生动自然,具象可感。

第一步　选择故事

讲故事的第一步是题材的选择,题材选择的好坏往往会影响到讲故事的质量。我们发现,同学们在选择题材时,有时会困惑,到底是选择观众感兴趣的故事,还是选择自己感兴趣的故事?其实,答案很简单,主持的目的是为了观众,我们当然首先要选择观众感兴趣的故事题材,其次,才顾及到自己的感受。但如果碰到观众感兴趣的题材,自己却不感兴趣时,这时也要注意把握好度,因为讲述人是你,一旦你的情绪影响到节目,对节目也是不利的。讲述人讲得不舒服,观众也自然会听得不舒服。这样的话,宁愿放弃。我们最好两者兼顾,既顾及到观众,也顾及到自己,激发自己讲故事的兴致来感染观众。只要作好充分的选择,充实各种故事素材,相信你会选到适合你个性的故事来讲,这样,就不会顾此失彼了。

第二步　把握思想

选好故事,并不等于我们就会讲述了。如何把故事讲得生动,这里面也有很多学问。著名演员舒秀文在谈及"我怎样朗诵"时说:"每当我拿到一篇需要朗诵的作品时,首先要找它的主题思想,理解作品当中的思想感情。其次才是寻求适当的表现手法。”与朗诵一样，讲故事也是如此。同样是表达别人的作品和思想，为何有的人表现生动，有的人表现却很呆板？优秀的朗读者知道，只有吃透这个作品的思想内涵，准确地把握好作者的思想感情，他们才能把自己的生活体验融进去，通过艺术创作的途径传达给受众，让受众得到审美上的愉悦和享受。

第三步　把握重音

理解作品不是件容易的事情。合适地表达作品，让受众喜欢，更不是件容易的事情。

这里教你一些实用的方法，帮助你去准确地表达和完美地呈现。你在通读一遍作品并理解作品后，你可在稿件或作品上标注各种语气符号，以便帮助、提醒自己用不同的语气去表达语句的轻、重、缓、急。朗读时，你要注意停顿，要注意句子的语气重音、情感重音、逻辑重音等，以突出故事的完整性、逻辑性和思想性，最终达到打动观众的目的。

需要注意的是，在作品上标注的语气符号也不宜过多。要知道，善于朗读的人，也是从标注语气符号开始的，因为这就是朗读前分析作品的准备工作。

以下是各种语气符号，如果你不会处理故事文本，记住这些基本的语气符号，它们会帮助你从容应对的，以此达到事半功倍的效果。

ˇ：气口　　⌒：上连

△：次重音　　ɑ：轻声

～：慢读　　∧：间歇

·—重音

‖：短时停顿（多用于整句或小节之间）

下面有五个例句，各句中有引号的词句，请你高声急读或低声慢读，试看有怎样的效果？

（1）“我”今天做了一件“好”事情。

（2）凡是我所从事的，都已得到了“成功”，因为我“决心”要成功。我做事“从不犹豫”，这便是我“胜过”一般人的地方。

——拿破仑

（3）我只有一种特长，就是我们“永不绝望”。

——福煦将军

（4）教育的最大目的，不仅是知，“而是去做”。

——斯宾塞

(5)我已经活了八十六岁,我看过许多人走上了成功之路;他们成功的因素中,“最主要的是信心”。

——席朋斯大主教

作品和故事都是由每句话组成的,因此,你训练时,可以先从句子着手来准备。开始训练时,各种语气你都可以稍微夸张一点来表达。到后面,再慢慢收敛。

美国总统林肯很善于演说,他经常很快地讲出许多字,到了他预备要着重说的字句时,他便把声音特别地拉长或是提高。他常常使重要的一两字所占的时间比次要的六七字所占的时间还要长。这个方法我们也可拿来借鉴。把重要的字慢慢拉长了声音讲出来,的确可以显出力量而更使人注意。比如下面两个句子,你可以第一句以快的方式念,第二句则故意拉长了念。

(1)他一下子就进账了三十万元。

(2)他一下子就进账了三万元。

显然,第二个拉长了、郑重地念,数目虽然较小,可是已经引起了别人的注意,而且还觉得三万元比三十万元还要多。①

第四步　生动自然

把握语气重音、情感重音时,最重要的是要设置好悬念,也就是常说的“抖包袱”。有些缺乏经验的主持人,故事会讲得很累,观众听得也累,主要原因是故事的铺排、起承转合等结构没构思好,当然最后“包袱也就抖不出了”,效果自然也就谈不上了。另外,他们想把每个字都突出,结果把自己搞得疲惫不堪,吃力又不讨好。

讲故事时,动作不宜太夸张。活蹦乱跳、指手画脚之类的动作,在讲故事时是不适宜采用的。讲故事时,声音的抑扬顿挫,完全要符合故事的规定情境,不能故意去向观众表现自己优美悦耳的嗓音,也不能为了突出重音而机械、僵化地去表现,像一个机器人对着机器在说话。当你把故事的意境和场景完全领会并融会贯通后,建议你再轻声朗读一遍,边读边思考,边读边倾听,把故事作者想要表达的思想再细细琢磨一遍,然后,再通过你的描绘,去感染观众。

讲故事的过程是艺术创作的过程,和演员准备剧本中的角色一样,主持人在创作时,要学会图画式地向观众描述你的故事,要让你的观众通过你的讲述而能想象出一幅画、一首诗、一个场面、一个画面……总之,你的故事讲述起来要让人具象可感、赏心悦目。

---

① 参阅林语堂著,杨永德整理:《怎样说话与演讲》,第193—199页,文化艺术出版社,2010年版。

训练提示：请学生分二组，一组准备幽默故事；一组准备寓言故事。时间准备是五分钟。讲完后，请在场的学生观众来进行评述，并分析讲得好与不好的原因所在。如果可能，请你现场录音。在学生评价后，请你复听一遍自己的录音，再逐一进行矫正。通过反复训练、反复提示，你自然会慢慢掌握和驾驭这些技巧的。

句子中不同语气的变化是需要反复训练的，你只有尝试了才知道自己的问题。每个人的问题和训练重点都是因人而异的。只有平时多注意反馈意见，多一些实践和练习，你才能不断提高自己讲别人故事的水平。

三、真诚地讲述自己的故事

节目主持现场经常会有一些小意外发生，当这种情况出现时，主持人就要急中生智，善于“救场”和“垫场”。由于事发突然，时间紧，这时，若想不到别的故事，不妨可以说说自己的故事。

讲自己的故事有两大好处：一来，自己对自己最熟悉，主持人讲自己的故事不容易出错。二来，说自己的故事，不但可以“救场“，还可以和观众拉近距离，凸显了主持人的个性和亲和力。美国节目主持人奥普拉·温芙蕾就是以这点来征服观众，享誉世界的。

奥普拉·温芙蕾

【例】一个善于说自己故事的主持人——奥普拉·温芙蕾

美国著名主持人奥普拉·温芙蕾很善于在节目中讲述自己的故事。她经常在节目中用自己的亲身经历去鼓励、感染其它观众。

奥普拉·温芙蕾:“很多次我在电视上讲述我自己,这在我节目的许多嘉宾看来很解气,在我看来也一样。我明白他们为什么吐露那么多秘密,因为你一旦说开了就无法再停下来。”①

因为讲述了自己的故事,奥普拉·温芙蕾使无数美国妇女找回了自信。

36岁的销售代表谢丽尔·皮尔斯对记者说道,自从去年她做了子宫切除手术后,整个人都陷入了悲哀绝望,生活仿佛变成了灰色,是奥普拉的节目才使她从沮丧中彻底恢复过来。另一位老“奥普拉迷”——退休教师格罗丽亚·伯鲁克斯则称,是奥普拉的节目使她离婚后的生活走上正轨,获得了“新生”。她说:“奥普拉的生活是个榜样,她克服了重重困难,获得了事业和生活上的成功。如果她能做到,我相信我们也能做到。”

奥普拉就是这样用自己的故事去激励人们,希望她的观众也能从中汲取某种力量。

【例】课堂上的故事

课堂上,对于没有主持经验的学生来说,启发他们讲自己的故事,不仅让他们感受到在公众面前说话没有想象得那么困难,也让他们在讲自己故事的时候,学会更加地投入和专注。当众讲出自己的故事,不仅能训练他们的表达能力,也能打开他们的心门,有利于教室整个环境的主持氛围的营造。不知不觉地,他们已经开始了第一次公众表达的主持课。

最难忘的一段经历

我最难忘的一段经历是我钢琴考级的一段经历。

初三时,我参加了钢琴八级考试。记得那是个冬天,天很冷,外面下着雪。因为我有慢性胃炎,天气冷时,有时就会发作,再加上那天考级,可能是紧张的缘故,我的胃病一下子发作了,痛得我直不起腰来,因为着急、紧张,我出门时忘了带胃药。无奈之下,我只能电话求助我的男友。我的男友是个中法混血儿,因为两家来往密切,关系较好,因此双方父母都赞成我们之间的交往,我们慢慢对彼此有了情谊。

男友接到我电话后,马上开车到我家拿了胃药即刻赶来。我记得那天下着大

---

① [美]姬蒂·凯莉著,钱峰译《奥普拉传》,第12页,江苏人民出版社,2011年版。

雪，比赛地离我家有很长的路程，但是我男友还是准时把药送到了比赛现场。比赛结束后，我才知道，因为积雪太厚，比赛点的前一段路程已经禁止车辆通行了，而他为了我，一路急跑，跑了5公里，终于把药送到我手上，我能顺利的参加比赛并取得好成绩，是多亏了家人、亲人的鼓励支持。

现在我还清晰地记得当时我比赛弹奏的钢琴曲是《少女的祈祷》——这首乐曲是波兰女钢琴家巴达捷夫斯卡创作的，她24岁就离开了人世。弹完后，我发现台下的男友和我都已经满脸是泪，这首钢琴曲传达出了我的全部心声，而他也全部感受到了。就这样，我顺利地通过了考级。

令人心碎的是，我的男友现在已经不在了。在一次澳大利亚的车祸中，他不幸受伤，后虽经抢救，但他最终还是因为伤势过重离开人世。在他临终前，我痛不欲生的站在他身边，他微笑着对我说：好好活下去……

在我心里，永远珍藏着这份美好的情谊，珍藏着他在大雪中一路为我急跑送药的情景，珍藏着那首《少女的祈祷》。这就是我最难忘的一段经历。

当学生讲述故事的情感足够充沛时，她与观众的情感对话就已开启，此时，所有的技巧问题随之消失，人与人情感的互动、情感的交流成为一切，现场鸦雀无声……

另一种爱人

我要讲述的是我的外婆。我从小就和我的外婆生活在一起，她特别疼爱我，当然，少不更事的我也经常惹外婆生气，所以我们也经常拌嘴，有时，我在电话里也会和她吵起来。记得有一次，我觉得她太唠叨，我就向妈妈打小报告，表示再也不想和她住在一起了。从那以后，我突然发现，外婆和我说话开始谨慎了，也不和我争执了，话也没以前那么多了，只要我脸上稍有嫌她烦的表情出现，她马上就不吭气了。就这样，我和她一起生活直到我高中毕业、离开家乡。

我现在还记得她和我妈妈来送我的场景。在火车站，她们气喘吁吁、满头大汗的把我送到了车上，帮我找到了座位，安排好了我的行李后，还在反复地叮咛，让我一人在外注意什么，吃什么，直到列车员督促她们下车为止。我原以为他们下车后，与我说一些道别的话就走了，结果，我惊讶地发现，她们是绕着火车走了一圈还是没有离开，火车开动了，我跟她们挥手再道别时，我突然发现我外婆眼角的泪，随着火车的鸣笛，她终于哭出来了，这是我第一次发现我外婆在我面前哭泣、流泪……

虽然，这位同学因为三分钟的时间限制，没能把故事讲完，但是她的题目有创意："另一种爱人"。有的同学听到了故事的名字，马上就调整了自己的坐姿，集中注意力听这位同学讲述了。这说明故事的名字如果起的好，也会达到先声夺人的效果。

目　送

《目送》是台湾作家龙应台写的一本书的名字。书中描述了她与自己的父母相处的点点滴滴，以及父母带给她的对生活的体味。这本书给了我很多启发，因为亲情诉说的是我们人类共通的情感诉求。看完书后，我就开始珍惜起与家人相互交流和接触的时间了。只要有机会，我就跟他们讲我现在在忙些什么，取得了哪些成绩，我在学生会做了哪些事等等。

就拿我爷爷、奶奶来举例。以前，我总说他们跟不上时代，老土了，怎么教他们用手机，他们都学不会……记得上次他们来上海时，我跟他们都说好了在哪个地点碰头、等我。因为他们没有手机，所以，我总是站在马路当中，来回在人群中寻找他们的身影，当我突然发现他们也坐在一个石凳上，正仔细地想从人群中搜寻我的身影时，我赶紧冲过去一把抱住了他们："是我呀！是我呀！……"我也不知道当时怎么会有这样的冲动去把他们一把抱住的，只是现在也无法忘记他们当时坐在石凳上，他俩焦灼地等我、寻我的那种眼神。

每次回到家乡和爷爷一起吃饭，爷爷会说：见一面就少一面了，哎，我听了都很难过的。告诉大家这些，只是想说：只有你身边的人才是最最在意你的人，请你一定要珍惜和他们共处的时光。

我的妈妈

我要说的是我的妈妈(哽咽)。我记得我高考那年(声音颤抖)是我最难熬的日子，因为那段日子，我妈妈被查出患了癌症。当别人都有父母指导孩子该考哪个学校和专业时，我的家人正在与病魔抗争着。

我从小脾气就犟，总是和妈妈顶撞。不过，至此之后，虽然自己不清楚哪条路最适合自己发展，但总还有股劲儿去支撑自己应对一切困难。最后，我选择了"艺考"，如愿以偿地实现了当初的愿望。

妈妈后来差不多每个星期都要来上海看望我一次，直到今年10月份。

妈妈不太会表达对我的爱。直到有一次，我回去看她，她突然小心翼翼地问我："你会想我吗？"我当时还没有完全领会她的心境，也忘记怎么回答她的了。只记得，父亲送我走时，她倚在门框上目送我、向我挥手的场景。

我现在多么想告诉妈妈，我想她！我多么想有人陪伴我说说话！我多么想告诉她我在学校里的学习生活！可是，现在，那个电话再也没人接听了！

我想说的是：大家一定要珍惜自己身边的亲人！

这些同学在课堂上的即兴讲述，深深打动了在场的每一个同学。在这里，我们发现，主持人的“技巧”与真诚相比，已经微不足道了。可见，真诚地叙述，对主持人来说是弥足珍贵的。同学们在自己故事中所提到的那些细节，大家都可能会碰到，因此产生了共鸣：在火车站送别时，亲人挂在眼角的泪花；在喧闹的街头突然看到亲人时，紧紧相拥的温暖以及再也无法拨通的妈妈的电话……这些细节的讲述，是同学们自然流露的情感，也是你们故事中的珍珠。无论如何，亲情、友情、爱情，都是我们主持人作为平常人首先要珍惜的情感，这也是主持人打通观众情感的钥匙。作为讲述者，当你真诚地流露出这些情感时，你的心灵明灯已经照亮了观众的内心，你已经感染到了他们，这就是主持人叙述故事的最高境界。

四、即兴故事训练

讲故事是为了帮助你说好话。即兴故事训练，就是要激发你当众说话的欲望和你内心潜在的情感。训练将通过你的故事，来让你成功地与观众进行交流。在讲述故事的过程中，你慢慢会克服紧张、理顺思路，与观众之间慢慢形成了说与听的关系，不知不觉间，信任感、交流感就这么形成了。通过训练，你不但锻炼了你的故事表达能力、逻辑思维能力，也锻炼了你驾驭观众的能力。现在，就让我们一起来试试。

1. 请你回忆你印象最深的那个人和那件事。想好后，即兴讲给大家听。讲述时，要求你讲得准确、生动、完整并富有感情。你要设法用你的故事和人物来打动你的观众。

2. 下面是一组训练你想象力、即兴讲述故事能力的画面，如果你能像上面的同学一样娓娓道来，那你就基本完成了训练任务。

A. 一支钢笔、一副老花眼镜和一根正在燃烧的蜡烛。

B. 一本书、一盒香烟和一棵树。

C. 一张出生证、一块手表和漫天的雪花。

D. 一部手机、一辆汽车和一阵雷暴雨。

E. 一束鲜花、一只手电筒和一幢房子。

第三节　身体语言训练

人们都可以通过别人的脸部表情观察其内心世界，对于电视节目主持人来说，重视自己的表情语言尤为重要。“诚于衷而形于外”，虚假的表情，人们一目了然。

因此，主持人的真诚，难能可贵！有人说，主持人要灵敏，忌呆滞；要鲜明，忌晦涩；要适度，忌夸张；要丰富，忌单调……这些话说得都对，但是，我想接着补充一句：要真诚，忌伪饰。真诚是主持人最为重要的品质。面对观众，我们既不能高高在上，拒人以千里之外，也不能似笑非笑，叫人难以捉摸。过分亲切或表情单一的主持，会让观众感觉不舒服。真诚地面对观众，最起码，你的表情、态势语言就会显得自然大方、亲切随和。人们常说，态度决定一切，心态决定状态，说的大概就是我们语言之外的其他语言，不知道，你是否感觉到它们的重要性了呢？

一、身体语言塑造你自己

主持人在公众面前要特别注意自己身体语言的表达。你的身体重心在哪，身体之“眼”便在哪。有时，因为你运用的身体语言的不同，会给人留下不同的印象和感觉。

拿演员创造角色来举例。如果，你的身体之“眼”在头部，那么，你走起路来，头就会往前伸，背就会往后移，一个吝啬鬼形象就这样鲜活起来了。如果，你的身体之“眼”在胸部，你走起路来，抬头挺胸，故意露出你的胸脯肌和二头肌来，一个骄横跋扈的屠夫形象也就自然展现在我们面前了。如果，你的身体之“眼”在胯部，你直接提胯去走路、用胯部去“说话”，那么，一个色情的流氓形象也就这样塑造成功了……当然，这些角色的塑造都依靠肢体动作的夸张表现才能完成。这些夸张的表现，都是舞台上塑造角色运用的一些技巧和方法。

作为主持人，如果对身体之“眼”有敏感度的话，那么，他在公众面前就会适度地去展现自己。主持人的身体语言应该有诗意的动感，应该给人以美的享受。也就是说，主持人应该会把身体之“眼”变成一种诗意的形式，把自己的肢体动作变成一种准确的视觉形象去优美地呈现在观众面前。观众看到他们以后，自然会产生一种奇妙的感觉，这种感觉就如同你欣赏了一段优美的旋律一样。

关于肢体动作语言、表情动作语言的描述，历代剧作家在剧本中也有过形象地描绘。莎士比亚说：“动作就是雄辩，没有学识的人们的眼睛里的知识，实在优于他们的耳朵。”赫伯特·斯宾塞说：“语言虽然是表达思想的工具，然而却也能够阻碍了思想的。动作的意义和情感上的表现是十分有力的，譬如你对人家说‘离开这间屋子’，总不如用手指着屋门来得明显；你对人家低声说着‘不要说话’，还不及你把手指放在嘴唇上来得有力。你向人家招招手，比对人家说‘到这里来’还要有力量。你瞪眼扬眉，表现这惊讶的心情，那是十分显著的。你耸一耸肩的姿势，如果改用说话来讲述，它的力量便失掉了许多了。”贺巴德说：“流利的演说，是靠态度获得的，并不是靠字句获得的。”人们在各种场合对人的判断，有时看他的肢体语言就明白他的态度和立场了，并不需要认真听他接下来要讲的话。从以上的例子可以看出，表情语言、说话姿势的重要，大概也就可以知道了。

社会科学家花了很多时间来求证肢体语言的效果。举例而言，TUFTS 大学的研究员 ValiniAmbadj 表示人们观赏一部医生与患者互动的 30 秒无声影片，他们对该医生的和善观感可用来预测该医生是否会被告上法庭。这个预测跟这个医生能否胜任医疗工作没有关系。重点是观测者喜不喜欢他，和医生是如何用肢体语言与患者互动的。进一步来说，普林斯顿的 AlexTodorov 表示，他们对政治人物脸部表情语言的判断，大概可用来对美国参议院和美国州长的竞选结果做 70% 的预测。① 甚至就网络上，在线聊天时，你使用的表情符号可以帮助你从交谈中得到更多的信息，所以你千万别弄巧成拙，对吧？

因此，当我们提起肢体语言，我们就想到我们是如何论断别人的，别人又是如何论断我们的，以及后果会是什么。我们往往忘记这点，受到肢体动作所影响的那些人其实就是我们自己。我们也往往受自己肢体的动作、感觉和心理所影响，所以我们要去了解这无声的语言并训练他们有效地、准确地表达自己。

我们经常发现，一个主持人的成功，有时候跟他所主持的内容无关，却与他在主持中所带出来的存在感有关。这种存在感，是观众通过他的表情、肢体语言所了解到的。人们经常犯的错误是：去评价他主持的整体架构怎样？他的学历是什么……其实，这些都无关紧要。有影响的是主持人通过肢体语言所传达的这些事基本上代表了观众们的真实表达，就是观众自己，是观众的想法和思考。当观众们心里没有芥蒂，他们就可以完全接受主持人了，这就是背后真实的力量，或者可以说是计划的结果。对于主持人自身而言也同样如此，在心中假装自己真的会成功时，成功也就自然发生了。因为，你所呈现的表情、肢体语言已经是成功者的姿态了。你的表情、肢体语言的表达会比你有声语言的表达来得更为直接、更为含蓄，对观众的影响力也更大。所以，我们经常发现有经验的主持人很善于运用这些无声语言与观众交流、互动，以便起到意会、传神、移情等作用，和观众在思想情感上达到共鸣。

针对不同的受众，主持人在调动自己的表情、肢体语言方面往往也有所不同。例如，主持老年人节目时，你要举止得体、稳重大方；主持少儿节目时，你就要生动

① 参见艾米·库迪：《身体语言塑造你自己》，网易公开课 TED 演讲视频。

夸张、丰富有趣了。

孩子的天性是自由快乐、无拘无束。你要根据孩子的特点来主持节目，用孩子的语言与他们对话，用孩子的心智与他们游戏。你可以给他们做点游戏训练，如动物模仿训练、植物拟人训练等，让孩子们在游戏中学习。通过游戏，来激发他们的好奇心、想象力和创造力。主持人在对孩子说话时，语气要尽量柔和、亲切。讲故事时，要适度夸张。孩子天性好动，注意力不易集中，因此你在节目中还要设置一些环节来与他们互动，激发他们的好胜心和表现力，如有奖竞猜、脑筋急转弯、才艺展示等互动环节。互动时，不需要考虑太多的铺排，而要注重孩子的感受，你的主持风格要随着孩子的变化来进行适时地调整。总之，主持少儿节目之前，你自己首先就要找回孩子的心态。要知道，没有童心、爱心和耐心是主持不好少儿节目的。除此之外，丰富、夸张的表情语言、生动逼真的肢体语言以及美妙形象的有声语言的塑造和表现，才能让你的节目具有栩栩如生、惟妙惟肖的效果，才能帮助你赢得孩子的信任和喜欢。

综上所述，表情、肢体语言和有声语言的完美结合，才能给人以美感，才能使观众对你的节目产生浓厚的兴趣。

二、用眼睛与观众交流

不知道大家是否注意过，当人们在谈论自己非常感兴趣的事情的时候，他们的双眼会炯炯有神。

当我们看到钟爱之物时，心有所动，于是瞳孔就会夸张地扩大了，这是无意识地自动发生的。由于我们无法控制这一反应，它成了我们衡量相互间的反应以及对各种其他影响反应的有效方法。当我们坠入爱河，痴痴凝视所爱之时，瞳孔会扩大；当我们看到所珍爱的东西，比如一件绝妙的艺术品或一件珠宝时，瞳孔也会扩大。因此，东方的玉器商人带墨镜，以防在看到特别好的样品时，露出马脚。职业扑克牌选手也戴墨镜，不让人看到他们在看到好牌时瞳孔的反应。①

只要我们在生活中善于观察别人，只要我们留意对方的眼睛，我们就能大概地了解对方的心态了。也因此，当你看到自己喜欢看到的东西的时候，瞳孔会夸张地扩大。眼睛是心灵的窗户，眼睛是很难欺骗别人的，当一个少女爱上一个少年，不需要表白，一切都在少女的眼睛里表露无遗。因此，我们要求学生说话时，要学会

① 戴斯蒙德·莫里斯著，梁豪译：《身体语言》，第196页，上海三联书店出版社，2003年版。

用眼睛讲话。眼神和表情不一致会乱情害意。例如目光闪烁，会让人觉得故弄玄虚；目光游移，会使人觉得你心猿意马；如果眼睛眨个不停，会使人觉得你言不由衷等。因此，主持训练课中，对学员这方面的训练是必要的，学员要学会用眼睛和观众进行交流，以便用你的眼睛向观众传达出内心的真实信息。

戏曲演员的眼睛是最有神的。我们就拿戏曲演员的眼睛作例子。在戏曲里，对演员的眼睛有专门的要求："一身之戏在于脸，一脸之戏在于眼。"戏曲演员的眼睛在舞台上要有丰富的表现力，凭借他们的眼睛，要能看山有山在、看水有水流、看花花满园、看天有鸟飞。"眼为一身之日月，五内之精华。"一瞬之间，千变万化，要使观众从戏曲演员的眼神里看出角色的内心活动。最典型的例子是，京剧表演艺术大师梅兰芳先生，他初学戏，师傅说他的双眼没神，是死羊眼，吃不了这晚饭。但梅先生没有灰心，他买来一缸金鱼，天天的观鱼练其双眼，最终他成为一代京剧艺术大师。那主持人的眼睛呢？主持人的眼睛虽不需像戏曲演员那样地夸张、传神，为表现戏曲人物的内心活动服务，但是，主持人同样是面对观众，同样需要舞台和荧幕，所以，对于他们眼睛表现力的要求是同样的。以下是戏曲演员眼睛训练的最为简单的练习：

眼睛的基本功训练[①]

1. **定眼：**设想眼前一个黑点，或看自己的指头，两眼定位，提气不动，约半分钟左右即可休息。注意这个练习不宜过长。

2. **上下练习：**设想在眼前约一市尺处有一垂直线，(用一柱练习也可)眼睛从上至下，再从下到上的刷看，这样反复练习，先慢后快，嘴自然闭合。训练时注意，头不能跟着眼上下动，特别是下看时，眼皮不能下垂。往往打量一个陌生人或瞧不起人时用这种眼。

3. **左右练习：**眼睛像钟表的摆动一样，左右横扫，两眼平视。左右摆时切忌头不可随眼动。眼帘不要下垂。常用于机警或思考。

4. **旋转练习：**从左、上、右、下四个方向正反依次旋转练习。使眼球达到灵活性。初练时可用手引导眼仁转动，切忌下看时眼帘不要下垂，这种眼神也是多于思考。

5. **远望练习：**两眼睁开，无限远望，头可微仰，颈梗直，挺胸，提气，眼光尽量放远，提高眼的位置。等待观望用此眼。

---

① 吴灵巧、刘晓玉《浅谈戏曲演员对眼睛的训练》，《河东学刊》，1998年5月15日。

6. **摸眼练习**：模仿看人视物的情形或是在伸手不见五指的黑夜中寻找东西，有物视无物，眼睛睁开平视不动。

7. **呆眼练习**：目光呆滞下沉，发直无神，双眼平放，嘴微闭。

以上这些练习还没有涉及到情感练习，如喜、怒、哀、叹、羞等。主持人只需用这个练习去训练自己的双眼，让自己上台时，眼睛能够炯炯有神、放出光彩就达到训练目的了。

另外，在教学实践中，我们发现很多同学在舞台上不知道眼睛往哪里看。他们有的是左顾右盼，有的是目光空洞；有的像孙悟空，不停地眨眼睛；有的像娄阿鼠般“贼眉鼠眼”……总之，他们不敢看观众。其实，这些都是他们不自信的表现。从没登过台的主持人自然会遇到这个问题，那我们就从上场开始说起。

一般来说，当你登上舞台时，你要面带微笑，抬头挺胸，让观众感受到你对你所主持的内容已经胸有成竹。然后，和蔼可亲地面向观众站定，深吸一口气，你的眼睛从容地望向观众席的最后一排，开始向大家问好。问候观众后，如果观众有反馈，你的紧张感就会消除了一大半(因为最紧张时刻是在登上舞台前的瞬间)。随后，你镇定自若地开始你的主持。在主持中，为了照顾到所有的观众，你的眼睛可以从左方、中间、右方依次交流。也可以用“Z”字形模式进行交流。与左后方的观众交流几分钟，再淡定地将目光投向右后方的观众，其实，实际操作中有许多不确定的因素发生，我认为，关键是你在同观众目光接触时，应该是目光坚定的而不是游移的、慌乱的。也许，你同观众目光交汇的刹那，你会看到观众信任的、善意的目光，那时，你就会更加自如了。只要你与观众能够交流，不管是语言交流，还是眼神交流，只要与观众建立起了这种交流感，那么，你在台上的一切就会生动起来。需要注意的是，如果你想要同观众目光接触，你首先要自信、坦诚、友好，这样，你才会有积极的反馈。当然，任何技巧都不能机械地使用，而是要根据现场的情况灵活运用。

在主持过程中，只要你没有看你的笔记或者漫不经心地看天花板、地板或窗户什么的，那么可以肯定，几乎每一位现场观众都会认为你已经和他们进行了很好的交流和互动了。如果，我们进入主持交流的具体细节或情感的具体交流的环节时，你也可以向某一位或某一方位的观众进行你的眼神交流，以便和对方建立起观演的信任默契。主持结束走下舞台时，你同样也不能忽视了观众。你不能给观众留下草率结束的感觉，如果你这样收尾会给人造成你很不礼貌的印象。相反，你要和上场前一样，微笑地向观众道声再见，身体语言动作也是那样的友好、谦逊、温文尔雅，庄重、从容地向观众挥手告别，那你将会赢得许多观众的赞誉。只有这样，观众才会感觉你有足够的涵养和礼貌。你尊重了观众，观众也会对你留下极好的印象。舞台剧演员有一种带戏上场、带戏下场说法，就是对以上的佐证。

保持与观众的眼神交流很重要，理由如下：

1. 有助于观众集中注意力欣赏你的主持

如果主持人在说话时不看观众，观众就不可能与他们保持眼神交流，观众会分神，这样会打破主持的气氛，常常会降低观众对主持人的关注程度和期待程度。

2. 有助于提高观众对你主持的信心

正如你在讲话时，对那些没有与你目光交流的人，你可能怀疑他们对你的讲话（主持）充耳不闻，观众同样会怀疑那些不与他们目光交流的主持人，以为他根本就忽视观众的存在，甚至认为那些主持人是自大狂。我们认为眼神交流应当被视为一种诚恳的信号。未能与观众保持眼神交流的主持人几乎总是会被观众视为不自在，或不诚实、没有诚意等。

3. 有助于你深入了解观众对主持的反应

因为交流是双向的，所以，当你在与观众说话的时候，观众的表情也在随着你的说话的内容而在发生着变化，这就是态度。在这种交流中，我们看到的观众的态度，很多并非由语言系统传达显示出来。特别是全神贯注的观众，他们的态度更为明显，他们会用惊讶、目瞪口呆或者其他的种种表情来关注你。那些注意力涣散的观众一定是哈欠连连，看着窗外，坐在椅子上没精打采等等。在主持过程中，你应该通过观察你的观众的行为，如果观众席中有这种症状的苗头，你应该果断地作出决定并及时的与观众进行互动，你可即兴地添加什么或删除什么，总之，你要让欢乐女神重新降落在观众席里。

当主持人取得更丰富的与观众进行眼神的交流技巧后，他们就可有效地来掌握和控制现场气氛、主持节奏，提高自己主持质量与水平了。

三、表情、肢体语言训练四法

下面的训练将帮助你认识自己的表情、肢体语言。通过训练，你可以测试你在主持时，你的表情和肢体语言的运用是否恰当？这些训练将帮助你有效地表达自己的思想，有利于你的主持潜能得到充分发挥。

学生课堂训练场景

训练一：当众说话 2 分钟[①]

在这个练习里，我们将选出五个学生到教室外去准备练习。剩下的学生则作为观众坐在教室里。教室外的五个学生准备好练习后将依此走进教室，站在教室中央，说话两分钟。他们必须告诉大家他们的名字、三件关于他们自己的事情以及他们的生日，然后离开教室。五个同学依此进行，说完后就离开。

在教室里作为观众的学生不必注意他们说的是什么，但要注意观察他们身体的动作和语汇。比如，他在说话时，他的手在干什么？两手是交叠在一起的，还是放在身体两侧的？他的身体是稳稳地站着，还是习惯性地来回摇晃？他是否借助了手或表情表达了他想要说的话？他是在笑还是在皱眉……作为观众的同学要把你观察到的情况记在一个小纸条上。这纸条很重要，写的是你观察到他们每一个说话者的身体语言信息。你作为观众一定要把注意力放在这上面。为集中你们的注意力，当说话者进入教室并站稳后，你们再转身观察他们。

五个当众表达的学生，说三件自己的事情时，可以说自己在学校的事，也可以说你最喜欢做的事等，时间是两分钟，希望你的两分钟是具有想象力的两分钟。

五个学生表达结束后，要把观众观察到的信息及时反馈给他们。可以把观众观察他们写的纸条给他们看，并告诉他们观众对他们所说的话不感兴趣，对他们所表现出来的身体语言却感兴趣。告诉他们观众的纸条来源于他们的仔细观察，并

① Gavin Levy *112Acting Games*，第 19 页，*Meriwether Publishing Ltd, Publisher*，2005 年版。

不是为了取乐。但是，为了分享每个观众观察到的不同情况，现在可以请观众依此来评说这五个学生的表现。评论完后，可以问这5个学生：你知道你说话时喜欢从一边摇晃到另一边吗？你意识到你的手在不停地动吗……

下面我们开始这个小练习：我们让学生来到教室，请他们说一些简单的事，我们一起来观察，注意这些学生，他们在公众表达时，他们的身体有多少不安的动作。

然后，我们要向学生讲解，首先他们需要自觉地意识到他们在紧张时这些不安的动作会经常出现。但是，经过训练，过一会儿，即便他们不努力地去意识，他们也能控制自己的身体了。

训练目的：

1. 帮助学生认识自己

这个练习，我们是要向学生解释主持人必须要清醒地意识到，他在当众说话时，自己的肢体在做什么。举例来说，他也许会解释："当我站在观众面前展示自己的时候，我因为紧张，并不知道自己的身体会来回摇晃……"

2. 鼓励学生开拓视野

当我们安排学生到教室外去作准备时，学生往往会花很多时间，去思考他们所想表达的内容以及怎样把这些内容表达得更完美，而忽视他们该怎样去表现这些内容。等他们重新回到教室，满怀信心地把那些准备好的内容呈现给观众后，收到的反馈却是出乎意料的。这种落差会使他们开始意识到事情原来不是他们所想象的那样。问题出在哪呢？一般会出现两种情况：一种是他们没有表达好他们所想表达的内容，尤其是表达内容涉及到"潜台词"、"专业术语"、"双关语"等；第二种是他们的肢体语言和口头表达没有协调一致，使他们传达的意思发生偏差，导致观众错误的理解了他们所想表达的内容。让我们来举例说明，当演员第一眼看到剧本中的台词，要求她对另一个角色说"我爱你"时，她表现出的可能只是初浅的爱的情感和感觉。等她读完剧本，深入了解剧情后，她会发现"我爱你"这句话背后还蕴含了"我恨你"这个意思。这也就是说演员在说"我爱你"这句话时，要用表情及肢体语言，实际传达给观众的是"我恨你"的感觉，这和原来表现的爱的感觉完全不同。主持人也经常会遇到此类情况发生，有时候，文本给你的台词，你不能照着上面直接念出来，而是要根据当时的规定情境、节目的宗旨，并结合你恰当的表情、肢体语言去传达准确的信息给观众。这个练习的目的，就是要鼓励学生不仅能迅速修正自己以往不准确的表达，而且还要学会如何去探索、开拓文本以外的深意，创造性地提高自己的表达方式。

学生课堂训练场景

训练二：成为“机器”一部分

训练提示：我们不需要花很多的时间去具体解释这个训练，而是要让学生自己去发现他们正要做的事。

我们先请一个志愿者上来，让他面对大家。这时，我们向他说明，他是某部机器的一部分。同时让他来选择，他自己将要成为那台机器的某一部分，以及如何将该机器的那部分呈现出来，他将不断重复这个动作。当然，他也可加入声音，这样他会更形象地使他成为那台机器的一部分。最后，他必须保持这个动作直到整个团队组员加入并完成这台机器的整个运作，看上去很有趣吧，我有点跃跃欲试了。

游戏开始了，班上的其他同学开始迅速地加入刚才这位同学的所表演的“机器”的一部分，记住，你们必须相继加入并表现。需要注意的是：你即将加入的那部分，应该是这台机器至关重要的一部分，并且你们加入后，必须得让这台机器还能继续有效运转。但是，重要的是被你补充的那部分必须是与前面不同的。当然，你也可以用你的声音促使其有效运转，毫无疑问，你也可以跟着大家参与，并且去呈现一些没有声音的动作。

这个游戏很棒不是吗？它既是个训练也是个令人兴奋的游戏，我们通过这个训练，可以和学生讨论是什么让机器工作？机器又是怎么工作的？学生在身体力行地参与了游戏，并分头讨论后，他们可能会给出一个完全不同的答案。这样的练习可以给我们收获很多不同的、带有奇思妙想的“机器”。下面让我们来总结一下。

训练目的：

1. 有意识地去发展自己的肢体语言

首先，这是一个关于肢体语言的出色练习。我们通过练习，学生可以学习怎样用声音去配合他的肢体，这样，我们不就可以培养学生去观察台上的主持人，是怎样利用他们的肢体去完美配合他们的主持了嘛。尽管我们这个练习不是特别针对团队的练习，但是通过这个游戏，我们每个学员的表现都应该意识到他自己所做的和其他人所做的，是有关系的。这样，才能使他们整台机器的各个装置连接起来并进行有效运作。

2. 去成为“机器”整体的一部分

在这个训练中，我们看到的是组员整体的意识。每个学生都是根据自己的判断、自己的动作来补足这机器余下的部分，使得这架机器正常工作的。如果一个学生加入的是一个随意的动作，那可能会影响到整台机器的运转以及整组队员的有效发挥。这个训练就是要帮助学生去除他们身上的那些“特立独行”的部分，要让他们学会作为团队的一份子，如何和别的组员一起去有效地完成工作、完成属于“机器”的使命。

训练三：肢体语言动态训练[①]

前香港演艺学院戏剧学院院长蒋纬国认为肢体动作有四种训练方式：浮动式、飞跃式、挤压式、刺激式。以下是他带领学生分别进行的四种肢体训练。

浮动式训练：每人伸展着自己的身体，做柔软、平和、顺滑、漂浮的形体动作。大家可以感受自己是一颗小树苗，慢慢地成长，也可以感受其它的浮动方式。如果你是颗小树苗，那么，你要用浮动式的动作，慢慢地感受周围，感受小树苗的成长。直到你变成了参天大树。之后，你要保持心态，原地转一圈，并试图跟旁边的人打招呼。

飞跃式训练：夸张地展示自己的身体，可以跳起来，寻找不同的飞跃式的方式。

① 卢昂主编：《国际导演大师班2010英国卷》，第250页，上海书店出版社，2011年版。

上海戏剧学院国际导演大师班训练场景

挤压式训练：大家好像在推动什么东西，使劲儿地推。头上好像有什么东西压下来，使劲儿地顶。之后，请大家想象，自己在一个非常压抑的盒子里，用全身的每个部分，使劲儿地挣脱。

刺激式训练：假设自己的身体是带刺的，你想要刺任何东西。

训练提示：做完每一个练习，请学生回顾一下刚才的肢体训练，引起了他们什么联想？

关于"浮动式"的训练，做过游戏的学生联想到了：水草、风筝、梦境、郁闷、失魂落魄、白云、柳条等。

关于"飞跃式"的训练，学生们联想到了：飞禽、激情。努力地尝试之后有种无力的感觉等。

关于"挤压式"的训练，学生们发现这个训练非常有戏剧性，他们联想到了：压迫、浓缩、发泄、黑暗等。

关于"刺激式"训练，他们联想到了崩溃、调情、快感等。

训练目的：主持人肢体的可能性是无限的，只是还没被激发出来。因此，这个练习会让学生用自己的身体去探测一下自己的肢体到底有多大的可能性。

在戏剧中有肢体戏剧。肢体戏剧的规律中有一些关键词，首先是肢体语汇。作为主持人，要善于运用各种肢体语汇来表现自己，提升自己主持的水平和表现力。在肢体戏剧中，如何把文本中的台词和语言，用比较明确的、富有感染力的肢体动作表现出来，激发观众观看的热情，这是需要花工夫的。主持人主持也是如此。

怎样引起观众的兴趣，怎样保持他们观看的兴致，怎样用无声的语言与有声的语言去巧妙对接，这是需要训练和思考的。有时候，非写实的概念，完全可以用肢体语言表达出来，这就是肢体语言训练的魅力所在。

学生课堂训练场景

训练四：雕塑练习

探索了自己肢体的可能性后，我们要请学生在舞台上用自己的肢体各自构成画面，合在一起，成为一个雕塑的群像。我们看看大家是否会用自己的身体来表达一种情感、一个画面。

首先，我们请大家自己选择一个中心，大家围着这个中心站好。你们可随意地在自己的位置上做一个姿态，像雕塑一样不要动。

随后，请每个参加训练的学生为自己设定一个人物、年龄、身份、个性等。据此，做一个"雕塑"的形象。大家可以各自摆好人物造型，然后静止。做完后，请左边的学生保持姿势不动，右边的学生放松下来一起来观察左边的"雕塑"，然后进行模仿。模仿后，请左边的学生来考察另一个自我的"雕像"并进行分析。看看这个"雕像"是否准确地传达了自己的情感。反之亦然。请大家互相猜测各自的肢体动作所呈现出来的语汇是否是对方所要表现的内容和情境。如果做得不对，那么，是哪里出了问题呢？

学生课堂训练场景

接着，我们来给“雕塑”注入生机、赋予情感。如题目为：快乐。大家可以通过各自动作的姿态看出每个人对快乐的不同理解。记住，训练时做的动作不是为了仅仅是给大家看，而是为了自己去摸索出新的东西，寻找到如何去体现快乐的方法，并准确地用身体去进行表现。题目是可以更换的，如：疑虑、急切、示爱等。当别人在做练习的时候，你要想想自己内心的逻辑是什么。当我们在看的时候，也要去想想对方的逻辑是什么。然后，进行比较和评点，这是一个非常有趣的体验式的训练。如果你要增加雕塑练习的难度，当然，你可以充分地打开你的想象力，调动你自己身体的所有潜能来进行练习。比如题目是：梦、恐惧、欲望、流言等。听到题目，学生可有两分钟的时间考虑。考虑清楚了再来呈现。

当学生摆出一个个雕塑的时候，我们就像进入了现代艺术馆。每个活体雕塑都有自己独特的造型，都能形象地表达出他们自己对梦、对恐惧的理解。在选择造型的时候，要特别慎重，因为这既是你通过肢体要呈现的一种语言，也是你自己对舞台、对空间的一种选择。当然，当你做的不够完美时，你也可以通过别人对你的评点来进行完善。你其实也可以用声音去表现，如果需要的话，你可以要求。总之，一切皆有可能。

训练目的：通过雕塑练习，我们要求学生要尽量去打开自己、突破自己，尽量去发挥自己的想象力和创造力。雕塑的变化越丰富，学生的肢体动作语汇也就越丰富。这样,主持人站在台上便能随心所欲而不逾矩,利用自己丰富的身体、表情语汇便能赢得观众的掌声。

四、手势语言

一般而言,手势语言是指双手、双臂和手指的运动。日常生活中,我们有意识地运用手势来描述事物或突出重点。在身体语言中,手势语言被运用得最为频繁。当一个人说“大概这么高”或“差不多这么圆”时,我们看到的是和语言相伴的手势。同样,当一个人说“把那个东西放下”或“听我说”时,我们会用一个手指、用拳头重击或其他一些手势强调要说的话。如果你在与人交谈时,习惯用手势来强调你的语言,那么,你在主持时自然也会用手势来帮助你更好地传情达意。反之,如果你在日常交谈中从不用手势,那么,你在主持时最好也不要夸张地用手势来“说话”。否则,观众看了也不舒服。你可以把手紧扣身后,或抓住话筒,或把你的手放在口袋里,或拿张稿纸卷起拿在手中……这样,观众也看不出你的丝毫“破绽”和紧张。

关于手势,这里有幅广告画很有说服力:第一次世界大战时,基奇纳元帅伸着食指、直视前方,他表达的是:“你的国家需要你”![1] 表情坚毅,手势坚定。你可想象这个动作,对你可能也会产生影响呢!因为,手势的确会说话呢!

以下列举了九种人类最普遍、最常见的肢体语言,如果不看文字说明,你猜猜这些手势语都是什么意思?(详见下图)对于主持人来说,面对不同的观众对象,他们在场上由于某种原因不能用有声语言及时地来表达自己,但一些手势动作往往能表达他们的心境。善于观察的主持人,就要懂得这些手势语汇,并能适时调整节日方向和稳定嘉宾情绪。

应注意的四种手势语言[2]

手势一:拉衣服。

含义:这是在重复。

动作:听者抓住衣服的一部分,握于手中,然后用力向前或朝一侧拉之。

背景:实为一个表示厌烦的信号,用手拉衣服模仿的是听

---

① 林语堂著,杨永德整理《怎样说话与演讲》,第261页,文化艺术出版社,2010年版。

② 戴斯蒙德·莫里斯著,梁豪译:《身体语言》,第34页,第36页,第37页,第63页,上海三联书店出版社,2003年版。

者所渴望进行的行为，亦即将自己拉离这个令人厌烦的说话者和场景。

手势二：拉衣领。

含义：我露馅了。

动作：食指用力拉衣领，使之松开。

背景：一个无意识的姿势，“局促不安（feeling hot under the collar）”一词即来于此。一边撒谎，一边担心谎言被识破，以致体温略有上升。身体燥热产生不适感，于是手下意识地去拉衣服。

手势三：抓袖口。

含义：焦虑不安。

动作：用手整理衬衣袖口。

背景：一个无意识的动作，显示某人稍感紧张。最多见于正式场合：在接受主人致意前，来访的权贵显要必须走过一定的开阔场所之时，感到不安时，他弯起一只手，抓住或摸弄另一只手的衣袖口（或手表、袖口）。这样做，他无意中制造了一道防御性“障碍”，横挡于身前。而这一“横过身前”的防护物能使他增加安全感。女性也会做此动作，只不过会去稍稍调整另一只手上的提包的位置。此类动作被称为“屏障信号”。

手势四：手指“说话”。

含义：喋喋不休。

动作：伸出一手，掌心向下，拇指与其余四指一开一合。

背景：此为对嘴巴开合的简单模仿。用于表示某人话太多或说话时间过长，或者讲的闲话太多。

当然，以上四种手势语汇都会发生在不同的交流语境中，对于主持人而言，只要善于观察，就会及时发现，这将对节目的目标走向起到积极作用。

肢体语言是平衡语言活动的必要条件之一。当一个主持人在镜头前、舞台上充分展现自己的时候，肢体活动和语言活动通常会不断地交互进行。理想上，这两种语音应协调一致、浑然一体，以达到主持人在主持过程中的绝佳状态。

第四章　主持人的个人训练

在你主持时，你或许会发现，了解一个人对另外的人说话时，将会发生什么是很有帮助的。不管用哪种语言交流，其中都会包含有七大要素：主持的人、说话的内容、渠道、观众、反馈、干扰和主持场合。在这里，我们依次来看看，一位主持人面对观众主持节目的时候，这七大要素是如何起作用的。

第一节　主持交流的七大要素

一、主持的人

节目交流是从主持人说话开始的。如果你拿起话筒给观众讲话，你就是主持人。当然，观众在讲的时候，你也必须是一个很好的倾听者。在公众场合，你一般会在没有中断的情况下完成你的主持任务。

作为主持人，你的主持成功与否往往取决于你自己——你所做的准备工作、你的主持方式、你对观众的敏感程度等。成功的主持人不仅需要有一定的主持技巧，他还需要有对这项事业的热情、天赋以及执着的精神。

1. 要热爱主持

一个合格的主持人，首先要热爱你的工作。只有你热爱了你的工作，你才能成就你自己的辉煌。

主持人主持节目首先要做到心中有情，要有为观众服务的热情、真情。只有心中有情，你才能演绎好你的节目；只有心中有情，你才能情有所动、声情并茂，感染观众。

主持人主持节目不是为了出风头、成名，而是为节目传递信息、为大众服务。主持人是整场节目的串联、灵魂，是节目整体气场是否能吸引观众的关键一环。

拿电视节目主持人为例。他们是在电视屏幕上与广大观众见面、交流的，在出镜前，他（她）必须把自己的生理、心理状态调整到最佳状态，怀着强烈的主持欲望，才能调动自己的情感力量和身体能量，并将这种情感力量和身体能量充分燃烧，力争感染观众，与观众达到情感上的共鸣。这种调整情感（身心）、调整呼吸、调整形体的准备方法与演员上场前的准备有点类似。我们知道大凡优秀的演员，在上场演出前都是不能被打扰的，因为他们正在慢慢进入角色、进入角色所需要的规定情境中。与主持人所不同的是，演员出场是为了角色的需要，而主持人出场是为了节目、观众的需要。

董卿在谈到主持人成功的秘诀时，也认为热爱是她取得成功的关键："我沉迷于工作。我生活当中所有的快乐、所有的满足感、所有的幸福感几乎都是在舞台上获取的，当舞台上的灯光亮起的时候，当镜头对准你，当无数双眼睛看着你的时候，那一刻特别的欣慰。一旦离开这个环境，生活的一切都变得好像不那么重要了。我可以素面朝天出门，随便吃一点东西。我狂热地迷恋从一个舞台到另一个舞台的感觉，已经到了像飞蛾扑火一样的狂热。每天睡上几个小时，就会精力百倍。我的外表给人的感觉是稳重，但我内心深处的那种力量却生生不息，仿佛生命所有的一切都是为了那一刻。我喜欢这种压力之后的完美释放，即使精力到达极限。"①

人的未来，都是自己塑造并自我成就的。除非你自己对你主持的内容有兴趣，否则你别指望他对你的主持产生兴趣。如果你真正为自己的主持内容很激动，那么，可以肯定，观众也会跟着你一起激动。你可以学习到所有有效主持的技巧，但是，要使这些技巧真正发挥作用，你必须首先有情要表达、有话要诉说，这样，你在屏幕上才能迸发出热情的火花。

2. 要有天赋

光凭借对主持工作的热情和热爱，你不一定就能成为一个好主持人。要知道，一个人如果没有这方面的天赋，那她（或他）就等于入错了行，要得到观众的认可几乎很难。

美国著名脱口秀主持人奥普拉·温芙蕾很小的时候就展现了她在主持上的天赋。她5岁能在教堂发表演说，19岁就成为纳什维尔WTVF电视台唯一的一位女性主播，也是该台第一位黑人女主播。22岁，被调到主持"与百姓说话"（People Are Talking）这一晨间节目。第一集刚播完，她觉得自己就会成功。她说："感谢上

---

① "欲望烧饼"新浪博客 《央视十大美女主持人成功的秘诀》，2008年10月12日。

帝！我终于找到了我命中注定要做的事，就像呼吸那么自然。”[①]

找到自己喜欢的工作并又完全能展现自己的人是幸运的。北京电视台著名主持人元元在谈到自己的成功秘诀时，也认为天赋是她取得成功的首要条件：“天赋这个事，尽管向大家一问可能更多的人都认为靠勤奋，但是我认为天赋也是不可少，如果你并不适合做一件事，还在上面死用劲，会往相反的方面走。我可以做主持人的工作很幸运，它的确是发挥我长项的地方，如果让我当一个会计或者说让我做一个和数字相关的工作，我觉得我就是一个‘庸才’或者是‘蠢才’。所以我希望每个人认识自己的长处什么，短处是什么，发挥自己的长处并在这方面的努力，这样更容易取得成功。”[②]

总的来说，主持人这个职业目前在中国还处于发展阶段。但是，大凡成功的主持人，在35岁前差不多都已经崭露头角了。张爱玲说过，出名要趁早，说的大概就是这个道理。否则，你用了很大的劲儿，碰了一鼻子灰，反而得不偿失。

有了天赋也并不等于你无需奋斗了。天赋加勤奋才能成为天才。鲁迅先生曾说过，哪里有天才，我是把别人喝咖啡的工夫都用在学习上的。俄国作家克雷洛夫也说过，才能一旦让懒惰支配，它就一无可为。写出经典小说《约翰·克里斯多夫》的法国作家罗曼罗兰说得更妙：很清楚，前途并不属于那些犹豫不决的人，而是属于那些一旦决定之后，就不屈不挠不达目的誓不罢休的人。在这里，除了勤奋之外，他还说到了执着。当然，执着的精神对主持人来说也同等重要。

3. 要执着

主持人工作，因为在公众面前呈现，因此，你偷不得一点儿懒。你稍有懈怠，观众就觉得你可以“下课”了。那种认为主持人只是凭“脸”吃饭的观点，在媒体收视竞争激烈的今天已经站不住脚了。现在，各大台都要求有专业背景的主持人加盟自己的队伍。那种“领导说你行，你就行”的主持人，最终还得经过观众的检阅。主持人这行，观众说了算。观众认可你了，你才是最有成就感的。因此，主持人表面看起来既风光、体面又能出名，其中付出的辛劳，只有主持人自己知道。

北京观众喜欢的主持人元元认为，执着心是自己之所以能取得今天成就的关键所在：“我做主持人十多年，并不是像坐着观光电梯一样，扶摇直上。大家看到我的收获，但是我背后是付出了十分的努力，经过很多的波折、坎坷，怀着一种自

---

① 珍妮特·洛尔著，林达译《奥普拉·温弗瑞如是说》，第30页，海南出版社，2000年版。

② “欲望烧饼”新浪博客《央视十大美女主持人成功的秘诀》，2008年10月12日。

信——我想我能够成功、能够成为一个优秀的主持人。我觉得有时，老天爷在考验一个人，看这个东西你想要不想要，真的想要还是假想要，所以往往你坚持一下，你就可以得到。在这点我觉得我自己像'猫'，我认为猫是比较执着的，在猫捉老鼠时，它可以守着老鼠洞，眼睁睁盯着老鼠洞看着老鼠从那里出来，一盯盯好几个钟头。电视这个媒体的特点是'铁打的营盘、流水的兵'，也就是说，人员流动非常快，有很多同事来了又走了，当他们再回来时，他们看到我就感叹说'你还在坚持'。他们认为我很能坚持，我也认为'坚持'的确是我取得成功的要素。"①

人人都渴望成功，但并不是人人都能如愿以偿。凡是能执着努力、坚持到底的人，就能获得观众的认可。被评为央视十佳主持人之一的董倩对此也深有感悟："我从不吝惜花在工作上的时间，因为自己'笨'，理所当然要努力。我不给自己任何懈怠和轻慢工作的理由。也许我的聪明就在于我知道自己'笨'在哪里，同时，把自己的长处发挥到极至。"②

4. 要善于创造和把握机会

热爱主持工作、有主持的天赋、有执着的精神，也不一定就能走上直播台。其中，还有一个重要的环节便是：要善于创造和把握机会。

当主持人不是你想当就能当的。有的学生眼高手低，有节目找他，他还要挑三拣四，任由机会溜走。等坐了几年冷板凳了，才突然恍然大悟。但为时已晚。主持人不比医生、教师等其他行业，年龄越大，别人越信赖你。在中国，四十岁开始做主持人的是少数。因此，当机会来临时，你千万不要错过，否则，你很难成就自己。

董卿在谈到自己能从一个地方台成功晋级到中央台主持的经历时说："我抓住了每一次机会，不辜负每一次对我的选择。"她聪明地抓住了每次给她的主持机会并付出努力，最终创造了属于自己的辉煌。

曾被评为央视十佳主持之一的管彤对此也深有感慨："对于我来说，成功是一个循序渐进的过程，认真对待自己的工作，抓住机会，就会水到渠成。"

美国总统里根给日本首相中曾根曾经讲过一则笑话："有个人被洪水困在屋顶上，一个好心人划船经过，问他要不要帮助逃生，他拒绝了，说他相信上帝会救他。不久又来了一艘摩托艇，但也被他拒绝了。后来又有一架直升飞机前来救援，同样

---

① 元元《成功主持人的秘诀是天赋和执着》，来源：人民网(北京)，2008年7月1日。网址：http://media.163.com/08/0701/11/4FP0A68E00762B72.htm。

② "欲望烧饼"新浪博客《央视十大美女主持人成功的秘诀》，2008年10月12日。

没能成功。这个人最后被洪水淹死了。在天上,这人抱怨上帝没救他。上帝回答说:'我派了两艘船和一架直升飞机都被你拒绝了。'"[①]

这笑话虽然是用于政治场合的,但是,对未能把握机会的人也是一个警醒。居里夫人说过,机遇从不光顾没有准备的头脑,弱者坐待良机,强者制造时机。培根也说,一个聪明人所创造的机会比他所发现的机会更多。机会来了要抓住,机会不来,自己也要善于创造机会。问题是,你顿悟到这些了吗?

二、说话的内容

主持人在节目中说话,说什么是需要仔细考虑清楚的。在节目中说话,不同于日常谈话,说话的内容首先要根据观众的需求而定,其次要根据节目的设置而定,最后还要根据节目的场景、主持人的状态而定。不是想说什么就说什么,想怎么说就能怎么说的。随便说话,或者说话随便,都会给主持人带来极大的负面影响。作为媒介角色、文化角色、社会角色的主持人,说话总是要把握好一个度,说话的内容是要经过筛选和过滤的,并不是有什么就能说什么。主持人要像取景器一样,从无边无际的生活中拣出真金,从无序中寻找有序,从无形中寻找有形,从无意味中寻找意味。严格来说,主持人是广播电视媒介的把关人。根据把关理论,把关人并非天马行空,他不仅要受到媒介组织及其规范的约束,而且还要受到整个社会文化背景的影响。但是,无论如何,对于受众来说,观众要听的是一次经过思考的表达,是一场真诚的交流盛宴。

不同的节目风格,说话的内容也不同。拿新闻节目来说,说话就要根据新闻的内容、新闻的规范和新闻要求来说新闻。主持人在新闻节目中说话要显得客观、公正,要按照新闻事实来说,它既不能夸张,也不能感情用事。而娱乐节目则相反,它可以生动,也可以略显夸张、凸显个性,只要能活跃场内的气氛,主持人适度地进行夸张地演说和表演,都无伤大雅。要知道,有时,主持人在场内出色的即兴发挥既能化解尴尬的场面,还能给观众留下深刻的印象呢!因此,娱乐节目主持人平时善于积累故事和笑话,关键时刻就能发挥作用。而对于服务类节目来说,主持人说话的内容就要根据其服务的内容来定了。随着很多购物频道、求助热线的开通,广播电视媒体的服务也走进了千家万户的生活中。有求法律咨询的,有求医问药的,也有求助心理咨询的、购物的、维修的,等等。这就要求主持人必须做到热心、耐心、

① 《参考消息》,1985年2月10日。

细心，根据受众所求助的内容来解除他们的烦恼。在炎炎夏日，可能要送清凉；在腊月寒冬，可能要送温暖。在其他季节也要像服务员一样，急人所急，为人所想，真诚地为受众搭建好服务的“桥梁”，发挥主持人的“纽带”作用。总之，针对不同的节目内容，主持人要善于把握好节目分寸，充分尊重你的受众。这样，你才能最终赢得受众对你的认可。

主持交流的目的是把想要传达出去的信息转化成为实际交流出去的信息，这一点，很多主持人都容易忽视。要知道，恰当地传达出你的语言信息是很不容易的。

1. 你必须控制好节目时间，在允许的时间段内进行充分地交流。如果是谈话节目，你还要和嘉宾进行充分地沟通，确保在节目控制的时间内完成节目任务目标。

2. 你必须做一些资料编辑工作，选择具体故事或实例来表达你的思想。节目开始前，你必须事先准备好很多材料，以备你即兴主持时使用。一名优秀的主持人需要做好功课，将主持内容烂熟于心了，最后才能信手拈来，凸显主持过程的自然、完美。主持人叶惠贤说：“在台上看似即兴的东西，其实我早有准备。吃这行饭，心中常备粮是根本。”他床头的《唐诗宋词》都被他翻烂了，就是因为每晚睡觉前，他都会习惯性地去翻阅，时间久了，自然也就能出口成章了。一个优秀的运动员处在高度的竞技状态，才能破纪录。同样，一个优秀的主持人处在高度的“临战”状态，才能使即兴发挥到“晴空一鹤排云上，便引诗情到碧霄”的境界。①

3. 你必须理清自己的思路，使观众顺着你的情感发展而不致于走神。如果在舞台上，歌唱家在台上演唱，你如何去组织语言来让观众顺着你的思路继续去欣赏表演呢？你可尝试用以下八个角度去捕捉灵感：①晚会的主题与节目的关系；②歌唱家的装束；③歌唱家的表现；④歌唱家的经历；⑤歌曲的背景；⑥歌词的内容；⑦观众的反应；⑧此节目与下一节目的关联等。有了这些角度，你怎么串联，观众都觉得你是用了心的，所说的内容和场上的气氛非常吻合，观众也就顺着你的思路和情感往下观赏节目了。另外，对于谈话类节目主持人来说，谈话脉络必须要清晰。主持人在说话前，心中要有一个大纲，即，我这次说话要达到几个目的。然后，在说话之中，顺序一一落实。对没有达到目的，要继续沟通，直到达到为止。这是说话的原则，不可不坚持。一个谈话类节目主持人是否成熟以及有思想，关键是通过他的谈话内容透露出的信息来决定的。而毫无逻辑、杂乱无章，东一榔头、西一棒子的提问或发言是没有人喜欢听的，也对别人没有任何借鉴意义。这就如同

① 叶慧贤《荧屏的瞬间——叶慧贤即兴主持100例》，第2页，上海人民出版社，1998年版。

演员在舞台上表演,演员要始终抓住这个角色的行动任务,这样他才能组织有效的舞台动作去创作角色,观众也才会被他所创造的人物形象所感动。如果演员忘记了自己的舞台动作(行动),那么他在舞台上的表演就像木偶一样没有生命力,观众也不明白此时的舞台上到底发生了什么!

4. 你的想法必须用语言表达出来,遣词造句必须准确、清晰、恰当和生动。有些主持人说话,只凭感觉,想当然地就说出了自己日常的想法,结果引来了不必要的麻烦。如江苏卫视的嘉宾主持人乐嘉,因出席《超级演说家》首播节目,在节目中对台上一位 12 岁的小男孩即兴进行点评。乐嘉先是连声夸小男孩的可爱,随后又补充自己不是恋童癖:“我不是迈克尔·杰克逊”此话一出,立即引起众多网友和迈克尔·杰克逊粉丝的网上质疑。毕竟,迈克尔·杰克逊的“娈童案”,在奥普拉对杰克逊做全球直播的访问中第一次向全球观众澄清了,最后,原告也是以撤诉、庭外和解的方式而告终。作为主持人,乐嘉对此事的不了解导致失言,搞得自己很被动。后来,他虽然在节目结束后立刻在微博上澄清,称由于自己的无知对 MJ(迈克尔·杰克逊)有所不敬,并向大家道歉。他表示自己不了解事情的全部真相,“以求死之心不奢求原谅”。并在微博中向观众发愿:“①向所有 MJ 喜爱者致以诚挚的歉意;②我热爱 MJ 的音乐且敬重他的音乐贡献;③我愿从此刻起,努力消除有可能人们对 MJ 的误会;④在公众平台上说话我会更谨慎。”[①] 主持人是公众人物,在公共平台说话尤其要注意,对不清楚的事件宁愿不说,也不要去犯错,遣词造句务必准确、恰当。

又如 CCTV—10 主持人在主持《我爱发明》时,由于说话不当,居然引起了小网友的质疑:“今天我看中央台的 CCTV—10 的《我爱发明》时发现主持人说错话了,他说:‘我们发明了外星人’,这句话是病句,因为外星人是已经有的物种,只能说发现,不能说发明。”[②] 主持人在台上说错话,就会贻笑大方。因此,主持人在任何公众场合的说话,还是谨慎为好。

5. 除了用语言表达信息外,你还必须依靠嗓音、姿态、手势、面部表情和眼神发出一个信息。主持人是靠嗓子吃饭的,因此在练声时也要注意保护嗓子,不要出现声带小结等情况。姿态、手势以及面部表情和眼神的配合要协调,要使人舒服,要落落大方。设想一下,你的一个同学准备主持一个婚礼。可是在她全部的主持过

① 周萌《超级演说家》首播话题十足,乐嘉为说错话道歉,腾讯娱乐综艺新闻,2013 年 8 月 2 日。
② 小金豆博客《说错话的主持人》,http://blog.sina.com.cn/s/blog_6cd02d3d0100l5ou.html。

程中，她一直在婚礼仪式上情绪不高，花费很长时间思考她想要说什么，看着鲜花拱门，并不停摆弄手上的话筒。她想说的是“我们必须为新人的幸福送上更多的掌声”，但她实际传达出来的信息却是“我没有做好主持的准备”。主持人的任务之一，是确保非语言的信息不得对语言信息造成损害。因此，这些非语言信息在我们表达时，给语言信息造成的干扰，我们就要注意。这些细节，我们将在本章的第三节详细叙述，这里就不再赘述了。

三、渠道

渠道是信息得以沟通的通道，是主持内容传递的路径、语言信息传递的媒介。当你打电话给朋友时，电话就是你和朋友沟通的渠道。

对于主持人来说，与观众沟通的渠道主要是电台、电视台以及现场渠道三种。由于传递的媒介不同、路径不同，我们就要依据不同渠道的特点来寻求最有效的沟通内容和沟通方法。

1. 广播电台

电台可以通过直线电话与观众进行沟通和互动。在电台，观众看不到你，只能听到你的声音。你的声音必须要动听、悦耳，语言必须要纯正、自然。你必须通过声音和节目内容的魅力牢牢吸引听众。

为了吸引听众收听节目，电台经常会采用电话热线这一渠道和方式，让听众积极地参与到节目中来。但是，问题也就随之产生。听众的层次各不相同，难免会有异常情况发生。因此，无论是电台导播，还是电台主持人，在热线电话的内容与质量把关方面必须要做到细致严谨。尤其是主持人必须要在第一时间明确对方参与节目的意图和态度，对其交流的内容作出快速判断。如判断迟缓，给对方以可乘之机，造成的后果将不堪设想。“湖南电台主持人罗刚被开除”的案例，就应引起大家足够的重视。

【例】湖南电台——主持人罗刚被开除

2003年2月25日0点16分，湖南人民广播电台经济频道主持人罗刚正在主持《心灵之约》节目，导播示意下一个电话是一位自称是日本人的听众，想与主持人谈谈有关人际交往的话题。电话接进，对方自称小原劲太朗，说有一篇文章想在广播中朗读(后来查明这是一个假日本人)。罗刚同意并“保证”在三分钟时间内不打断他。此后，在七分半钟左右的时间里，这名假日本人开始了对中华民族的大肆攻击,“支那猪”之类的侮辱之词不时出现。

在节目进行的这七分半钟时间里,一直在监听的经济频道当班领导两次(分别是节目进行到2分多钟和5分多钟的时候)电话指示导播郑义和罗刚立即中断这个电话,但没有得到执行。

节目播出后,200多个听众的电话打到110,打到政府部门,要求严惩肇事者。这种强烈的愤怒情绪,如果没有有关方面的控制和疏导,完全有可能以一种极端的方式爆发。

2月26日晚9时30分左右,长沙市公安局在湖南人民广播电台有关人员的配合下,在麓山南路中南大学附近将假冒日本人的犯罪嫌疑人梁少南抓获。

梁少南,湖南省沅江市草尾镇人,37岁,初中文化,曾在长沙一家高校就读。后游走于长沙河西高校,向学生贩卖文具用品。

2月27日,长沙市公安局直属分局以涉嫌侮辱罪对梁少南刑事拘留。6月14日,长沙市人民政府劳动教养管理委员会决定对梁少南劳动教养2年。

有关部门认定该事件是一起严重的政治播出事故。面对侮辱中华民族,伤害中国人民感情的言论,作为主持人罗刚、导播郑义既不采取果断措施,及时停播节目,又拒不执行当班领导的明确指示,客观上为侮华、反华言论提供了宣传舆论阵地,造成了不良的严重后果。

有关部门决定,对罗刚、郑义给予开除处分,对湖南人民广播电台经济频道总监和主管副总监给予免职处分,对湖南人民广播电台主管副台长给予警告处分。对湖南人民广播电台经济频道给予黄牌警告并罚款10000元。①

中国电台对主持人要严格的要求,国外电台亦是如此。

【例】美一电台主持人被开除

美国一名音乐节目主持人史达(Star),因对竞争对手、另一音乐节目主持人Envy的华裔血统妻子及4岁女儿发表种族歧视和性别歧视谈话,被该电台开除。

据北美《世界日报》援引美联社报道,史达是清晰频道公司(ClearChannel)调频105.1电台音乐节目主持人。在5月3日到8日之间,他在电台节目“*Star & Buc Wild Morning Show*”里,公然发表对另一音乐节目主持人Envy及其家人的不当谈话,引发华裔市议员刘醇逸和其他民选官员的强烈抗议。

据悉,史达在节目中说,他愿出钱500美元给任何提供Envy女儿学校资料的

① 《湖南电台——主持人被开除》,YNET.com北青网,2003年7月25日。

听众，并称她是半个吃捞面的小家伙。说到 Envy 妻子时，他说："我终于找到他的斜眼、淫妇太太的资料了。"

对此，清晰频道公司说，"完全无法接受"史达的言论，并将其辞退。①

看来，不管是哪个国家的电台，对于主持人这一重要的媒介角色来说，首先就要具备一定的政治意识和法律意识。电台是公共平台，不是个人空间，主持人对自己个人在公众平台上发表的任何言论都要负责任的，这不仅是电台这一特殊岗位的要求，也是主持人作为特殊社会角色必须要做出的表率和榜样。

2. 电视台

电视这一与观众沟通的渠道的特点是传递的信息量多且形象、明确，观众不需要耗费太多的精力便可理解，更不需要通过联想便可直接把握内容。因此，电视节目主持人在着装和行为举止上尤其要注意。

A. 着装

着装对电视节目主持人来说，不是可有可无的东西，而是主持人必备的素质之一。电视节目中主持人的着装，也是一种无声的语言和态度。作为公众人物，他们的服饰潜移默化地影响着电视主持人的形象，也直接影响节目的总体质量，有时也会成为观众换频道的重要理由。

【例】中央电视台新闻节目一位知名的主持人在一次主持节目时，却穿了一件米色的半袖衫。那衬衫的衣料过薄，在灯光照射下能看出里面的垫肩。另一次，中央电视台《实话实说》栏目的主持人穿一件棕色钩针织的大花型连衣裙装，从上到下的钩花，让人想起许多人家中沙发上铺就的东西。

可见，着装能直接反映出主持人的审美意识。主持人对待着装的态度不能太随意，也不能太讲究；既不能乱穿衣，也不能使衣服喧宾夺主。服装搭配的原则总的来说还是应该符合节目的风格，配合节目的场景、灯光，创造出整体和谐的美。比如，新闻类节目主持人的着装应端庄严肃，一些比较正规的服装，如西装与套装裙适合她们。平时要注意多准备几款款式各不相同的衬衣与外面的服装相配，以在平稳中求变化。而经济类节目主持人的着装相对可以活泼一些。在正规套装的基础上，在服装的色彩、款式上可多些新意，给节目带来一些温馨和惬意。如表面暗色的质料，可配以亮丽的织物，相映成趣。款式与印花方面，以格子、条子和波纹

---

① 络云《美一电台主持人被开除》，人民网——《人民日报》（海外版），2006 年 5 月 16 日。

为主，加以素净的中性色调，如白色、蓝色、黄色和绿色，给人以饱满的感觉。而文化专题节目与文艺晚会的主持人的着装，要尽量选择既高雅又不失浪漫风格的，这类节目主持人的服装选择余地最大，但切忌穿过于宽松的衣裙，那样看上去会显得慵懒和俗气。

总之，电视主持人的着装应该从多方面、多角度去考虑，不能单纯就一件衣服来论穿着是否好看。另外，和主持搭档的着装配合也有讲究，不能是你穿你的，我穿我的。主持人着装时，既要体现节目特色，又要注意不喧宾夺主。若节目的重心被转移，那便失去了主持人注重着装的意义了。[①]

主持人所选择的特定服装也应时常能帮助你更好地完成节目。你在主持时的心理状态、自我意识和外表所显示的一切，都会强烈地被你的穿着所影响。即使是外景主持，你也应该试着穿着符合外景节目特色、自己个性的服装，然后，注意因而产生的特殊气氛。假设你穿的是一条很紧的牛仔裤，一件松垮的长毛衣和一双旧球鞋去录外景，那么你也要注意这些元素与你的节目及节目环境对你的心理及观众会造成怎样的影响。

衣着，对于主持人这个职业角色太具有影响了，所以主持人万不可忽视这些细节，衣着的不恰当的搭配，可能让观众拒绝接受你的节目。相反，精巧而得体的着装会引起观众的广泛模仿，更别说你的节目的吸引力了。主持人作为一个职业角色的生命力的产生，必须借助周遭的环境、气候、时间、节目的诸多因素、人与节目的关系，以及观众需求和眼前需求的完美配合。一个主持人所说的每一句话的生命力，都必须借助这些因素巧妙的组合。这些语言都是传达主持人意愿的信使。

B. 举止

主持人在公众舞台上的一言一行，会被万众瞩目。因此，主持人的行为举止必须得体大方。《中国广播电视播音员主持人职业道德准则》规定，播音员主持人在工作和生活中要始终保持良好的仪表和文明举止，自尊自爱，树立良好形象，维护媒体公信力。

如今媒体直播在调查公众视听率的同时，也在考验着主持人的体力。主持人只要稍有懈怠，就会被公众放大。如央视一女主播在播新闻时，只是打了个哈欠，就被观众定格、拍了照片并上传到了网上。照片边上还打上“央视女主播在全国

① 参阅麦风博文《电视节目主持人的服装》，http://blog.sina.com.cn/s/blog_692c1c8a0100jlf9.html.

13亿观众面前‘打瞌睡’”这样的字幕，令其非常尴尬。另一位央视男主播在主持CCTV-4的一档节目时，说着说着，突然感觉嘴唇很干，想用口水“湿润”一下嘴唇，随即添了一下自己的嘴唇。这刹那间的举动，居然也被网友拍下并晒出其“口吐一条血红色的舌头，舔着自己的嘴唇”的照片，很囧！

C. 念错字

即便是主持人也有念错字的时候，有些字比较生僻，主持人必须要弄清楚，一旦犯了常识性的错误，观众就可能“饶”不了你。

【例】中央电视台大牌栏目主持人镜头前再出丑

《媒体广场》主持人长啸竟然把山东的“兖州”给念成了“滚州”。2007年1月13日晨6:20分左右，在中央电视台的早晨《朝闻天下》节目里，中央电视台的大牌栏目主持人长啸，在主持《媒体广场》读大报的时间里，有一条是关于山东兖州领导《把资源留给后人》的新闻报道，其中这个“愣头青”长啸，竟然当着全国几亿观众的面前，大声豪气地把个山东的“兖州”（yǎn），愣是给念成了“滚州”了，真的让人瞠目结舌啊！

老长的胆量真让人佩服，而他的语文功底却也真的叫人无话可说了。

前不久，他就这样把电脑“蠕虫”病毒，给念成了“懦虫”病毒。说明他不但是个“文盲”，而且还是个“计算机”盲，要不然的话，怎么会连电脑的“蠕虫病毒”都弄错了呢？

老长啊，你能不能要点儿强啊？再别出这样一类的低级错误了吧。

中央电视台也是真不容易的，什么样的人都能混进去当上主持了。你们的领导层们能不能给那么些不靠谱的人，每个人都发一本《小学生字典》啊？让长啸们在出镜之前，把稿件上的生僻字都逐个地查对一遍，再不然就用同音的别字给标记上去，别再出丑了……①

可见，主持人在公众前的语言必须规范、标准。很多播音员、主持人有个良好的工作习惯，那就是把《新华词典》放在播音台下，凡碰到吃不透的字、词便拿出词典查找、验证。亚里士多德曾经说过：优秀来自于良好的习惯。只有平时养成良好的习惯，台前播音和主持才能做到准确无误，咬字发音才能做到稳、准、清。

---

① 中央电视台大牌栏目主持人镜头前再出丑，http://blog.sina.com.cn/s/blog_4a2caccc010007o9.html.

主持人在公众媒体上出现，印入观众眼帘的是他的整体形象，因此，主持人应该不断地完善自己，为观众提供好语言的范本。

3. 现场

此外，现场主持是主持人主持的另一个渠道。现场的环境、气氛，观众出席人数，观众人群的特点……这些因素都能影响到主持人的正常发挥。因此，在主持前，主持人都必须摸清这些情况。你不妨问一下活动主办方：观众都来自于哪里？他们的文化背景怎样？他们对什么比较感兴趣？年龄结构如何？所有这些问题你最好熟悉。到了主持现场，你还要提前熟悉一下你所主持的环境、舞台、观众席。测试一下话筒、音响效果、播放软件、硬件等设施，看看这些是否能正常运转，是否会有卡壳、停机现象等。总之，现场主持是需要不断累积经验的。每次主持的现场，观众都不同，其他软、硬件设施的准备情况也会有不同。另外，如果在室外主持，你还要考虑到天气、温度、光线等其他自然因素的变化。但如果你作好充分准备了，那你会把一切不利因素转化成积极有利的因素，这时候，你就可以上场接受一切挑战了。相信，每次现场主持的经验将会是你人生的宝贵财富，你将会从此获益的。

四、观众

观众就是接受主持信息的人。可以说，没有观众，就没有主持人。主持人说话的全部目的就是为了观众。没有观众，主持人的工作几乎等于零。

新闻节目主持人白岩松就特别注重观众的感受。有一次，他在江西财经大学演讲，有报道说：

2010 年 12 月 18 日下午，央视名嘴白岩松在江西财经大学演讲，学生们蜂拥而至，气氛热烈。一上场，白岩松就热情地问候道："各位财大的同学，下午好！"这时，他忽然看到还有很多挤在会场外面的人，便关心地问道："外面还有多少人？冷不冷？能听得清吗？如果你们愿意，台上可以容纳 300 多人。大学应该不拘一格。"在热烈的掌声中，外面的听众欢呼拥入，讲台上也坐满了人。白岩松环视一下，说："好了，接下来，就让我出声，你们就不用出声了。"

在获得观众回应后，白岩松才开始他的演讲。由这个报道可见他对观众的重视程度。

当然，高明的主持人在获得观众回应后，还要尝试去建立观众的期待，然后再去打破。要知道所有的观众都期待新奇、变化的内容。主持人只有满足观众的这种心理期待，他们才有可能得到观众的积极反馈和喜欢。

台湾著名作家李敖曾来到内地，在北京大学举行演讲，一开讲，他就说："各位终于看到我了。"全场几百名学生起立鼓掌。随即，他又说道："今天来演讲，我没带讲稿。记得罗马教皇说过：'演讲的时候不能用稿子，用稿子表示记不住。如果演讲者自己都记不住，又怎么能让听众记住？这样，演讲就失败了。'"说到这里，为了证明自己的"清白"，李敖掀开西装上衣，展示给大家："大家看，没有稿子，也没有小抄。"此举引起了一片笑声。李敖很快接着说："但你们不要以为我很有信心，我也很害怕。我最害怕四种人：一种是根本不来听演讲的，一种是听了一半去厕所的，一种是去了厕所永远不会来的，一种是听演讲不鼓掌的。"李敖的话音未落，学生们就已经乐翻了天，掌声一片。

开讲五分钟，李敖的演讲已深深吸引了所有的观众，并使观众对他演讲的内容充满期待。

要吸引观众，主持人必须要了解自己的观众。知己知彼，才能"百战不殆"。要知道，观众的思维框架和主持人的思维框架往往会有不同。例如，我们请班上的20个同学来描述一个杯子，你很有可能会得到20个不同的描述。每个人都是不同的个体，每个个体都可能具有完全不同的思维框架。对于主持人和观众来说，一样的信息，读解的角度也可能完全不一致。因此，主持人在主持前，必须要认真地针对你的观众群体去做好相应的准备。要成为一个受欢迎的主持人，你必须以观众为中心，一切为观众服务。美国的约翰·西德尔，当他还没有主编某国杂志的时候，他讲过下面一段话：

"人们大都是自私的，他们所感兴趣的，主要的还是他们自己。他们绝不会留意于铁道应不应该归国有，但是他们却极愿意知道怎样可使他上进、怎样可使他得到更多的薪金？怎样可以使他能够获得健康。所以，如果我做了该刊物的主编，我就要告诉大家：怎样注意他们的牙齿？怎样沐浴？怎样在夏天乘凉？怎样去找寻职业？怎样对付属员？怎样购置房地产？怎样增强你的记忆？怎样这样和那样，人们永远对人生的故事发生着兴趣，所以我要请富人们详细地述说着他怎样去经营房地产而赚到百万？我要请几位社会上著名的银行家和各种事业的领袖，述说他们怎样从困苦的境遇而能够挣扎到有钱有势的地位？"

西德尔的这番话究竟有没有价值呢？他说了这话没有多久，便做了该杂志的主编，于是该杂志真的不胫而走，有了惊人的销量，从数万突增到二十万、三十万、四十万、五十万而一直到达高峰二百万，为何会达到这样呢？这就是西德尔能够注意读者的兴趣，并抓住了读者心理的缘故。[1] 我们主持的时候，西德尔的主张可以给我们作为一定的参考。你是否取得所希望的结果，取决于观众对你所说内容的兴趣、理解以及态度。如果你没有激起观众对你主持内容的兴趣，如果你没能用让他们能够理解的方式来主持，如果你没能使观众关心你的节目，那么你几乎没有机会达到你的目标。

五、反馈

主持人在电视上主持节目所进行的是单向交流，他无法听到坐在电视机前观众的直接反馈，除非节目中设置观众直线连接这个环节。一般而言，无论是电视台还是电台，开通直线电话，为的就是要获得观众的直接反馈。反馈是为了节目，而节目最终是为了观众的收看、收听。没有反馈的节目，视听率就是零。

现场主持、与观众的现场互动是直接反馈。有时，节目主持人在现场直接和观众进行互动、交流，恰恰是最能使观众融入到节目中来的一个不可缺少的环节，这对主持人和观众之间建立起良好的主客关系来讲，都是极为重要的。要知道，观众是主持人不可或缺的精神光源。

现实生活中，仍然有很多种反馈是我们不知道的。有时候，我们需要通过视听率报告和节目的调查问卷才能获得。观众是否喜欢你的节目？听众是否被你的节目所吸引？他们是否会按时收看、收听你的节目？他们对节目的关注程度到底如何？他们是否会向别人说起你的节目？作为主持人，我们可能要去关注这些反馈，并作出相应的调整。从某种意义上说，受众的反馈会直接或间接地影响到我们所热爱的主持工作。

节目要取得好的效果，多征求反馈意见是很重要的。主持并非是为了自我欣赏和陶醉，这一点是确定无疑的。因此主持人要尽可能地听取观众的反馈意见，不能固执己见。主持人的工作是一个综合性的工作，还需要其他人员的合作，说到底是一个团队的合作。主持人还要善于听取团队中其他人员的反馈意见，如摄像、灯光、导播等。总之，优秀的主持人总是能倾听各方面的建议，结合各方的意见来对自己的主持不断做出调整。

和任何交流一样，反馈同样也受地区文化的影响。如果节目播出后，南方地区的收视率很高，而北方地区的收视率很低，那你会得出什么结论？你应该懂得反馈

① 参阅林语堂著，杨永德整理《怎样说话与演讲》，第 222 页，文化艺术出版社，2010 年版。

的内涵才能作出合适的应对。而这一切都需要做好充分地准备。

六、干扰

干扰是对主持交流的阻碍。当听众打电话给媒体时,有时会出现串线、杂音,这就是一种干扰。节目主持中有两种干扰。一种来自于外部,是外部干扰;一种来自于受众自身,是内部干扰。空调散热片发出的噪音、汽车经过的喇叭声、轰鸣声、室内外温度的变化等都属于外部的干扰。观众因某种原因无法专心听你主持,或因你的主持无法吸引他的注意力等,这都属于内部的干扰。无论是外部的干扰,还是内部的干扰,主持人都应该从容应对,以不变应万变。

在电视录播或直播现场,导演会主控好一切外部因素,而观众的注意力就要靠主持上场来调整了。对于主持人自身而言,自己的身体状况、自己的主持心情也会出现一些干扰,这也属内部干扰一种。总之,内部干扰,是需要主持人及时调整并采取应对措施的。对于观众,主持人可以采取观众问答、互动、游戏等形式来吸引场上的注意力;对于主持人自身的身体状况、情绪等干扰因素,主持人也要当机立断。主持人是个公众角色,自己的思想情感、身体状况如果实在难以胜任这一角色的,要提前反馈给主办方。但是一旦接受了任务,即使出现再大的干扰,当众主持时也必须要恪守主持的道德原则,排除掉一切内部干扰的因素,从容应对场上的主持。

在调动观众注意力技巧方面,本书第二章第二节中,我们详细介绍了一些游戏,你可以在现场给观众做,这样不仅能集中他们的注意力,对你的主持也很有帮助。

七、主持的场合

场合是指主持的时间和地点。主持总是在某种场合中发生的。演播室主持有演播室主持的特点,场外主持有场外主持的规律。了解自己在哪个场合主持,这对主持人很重要,这也关系到主持人该如何适合场合着装、说话、与观众互动等。

主持的内容是否符合当时的场合,将决定主持的成败。我们知道,求婚最好是在一个浪漫的场合进行,如在烛光晚餐中进行等,因为这样一个诗情画意的场合有利于你向对方表白。相反,如果你选择一个餐厅求婚,周围嘈杂的说话声、音乐声、汽车喇叭声等很容易将你充满感情的语言覆盖掉。常言道:说话要注意场合,场合不对,前功尽弃,说得一点儿也没错。有些话如果场合不合适,宁愿不说。主持亦如此,节目内容、说话内容都要根据场合来调整,这样才能事半功倍。

相对于在媒体上主持而言，现场的主持对场合的要求比较高。作为主持人，你要问清楚你主持的具体位置，是室内还是室外，是广场还是会议室，是雨天还是晴天，是小房间还是大舞台，是一对一还是一对多……场合的大小、舞台的有无、观众的多寡，对于主持来说，这里面都有很大的讲究。可以这样理解，当你知道自己在什么场合主持之后，你就可做好一切准备，使你的主持要适应场合的需求。一个能驾驭现场的主持人，一定是对主持的场合了解得很透彻的主持人。对主持场合的掌握，可帮助你避免临场前的一切慌乱。到了现场，你就只要借助麦克风，便可以在较大规模上和观众进行一次日常对话了。这样，你的主持就轻松多了。

第二节　主持表达和批判性思维

一、什么是批判性思维

下面有四个场景，试想一下，有没有在你身上发生过呢：

场景一：某天下午，风和日丽，我的心里也是充满着喜悦。此刻，我喝着下午茶与朋友讨论问题，但是，随着讨论的深入，我发现我们之间的观点完全不对头，天哪！问题出在哪儿？我知道自己的观点是正确的，我能肯定他的论点一定是建立在错误的基础上，但是，我现在就是没有充分的把握指出他具体错在哪个环节？

场景二：我在学期论文上花费了很大的工夫，但我还是不满意。感觉不太连贯，可就是说不出哪里出了毛病。

场景三：我要挑选一台计算机，但所有的广告商都在说自己的品牌是最新潮的，最可靠的。面对眼花缭乱的众多计算机品牌，我究竟该买哪一款才好呢？

场景四：在大学，选举学校学生会主席，很多竞争者都不错。他们走马灯似的轮流上台演讲，他们都向支持自己的人承诺，一旦自己当选，一定不会辜负选举他的学生们的期望，在任期内竭诚为学生服务，而且把未来、把一切都描绘得那么美好。场面相当热烈，就如同美国的总统竞选。但是，我仍然还是举棋不定……

上面这四种场景你是不是很熟悉呢？在日常生活中，你或你的朋友可能会碰到类似的情况吧？如果是，那你也许会在我们的主持表达课上得到一些及时的帮助。在课堂上，我们除了帮助你建立起自信，我们还可以通过一些针对性的练习，帮助你如何严谨地去思考问题。英国物理学家牛顿说得好："我并没有什么办法，只是对一些问题用了很长时间去思考罢了。"我们发现，要成为严谨的思考者是需要技巧的，就拿我们的主持训练来说，这些技巧会帮助学员在主持节目现场表达流畅，并训练他们的批判性思维习惯。

什么是批判性思维？在某种程度上它关乎逻辑。例如，有的人讲话内容空洞，苍白乏力；有的人讲话，文不对题，自相矛盾；有的人讲话不得要领，不知所云……给听众造成云里雾里的感觉，以上这些都应该引起我们的高度重视，在实践中加以避免。这些问题涉及到相关的逻辑推理问题，比如区分事实与观点，判断一些事情的前因后果、内在的联系，据此可以推断某种事情的可信度。我们评估某种表达的内容是否可靠，也是基于以上生活逻辑的判断。比如，我们在表达时要注意关注："我为什么要说？我怎么去说？我正在说什么？""我是如何来根据事实向人们推断我自己正在说的这个问题的正确性。"在节目主持实践中，任何主持人在当众说话时，他们的讲话内容都应是精心准备的，绝对不是漫无目的地"跑火车"。我们需要不断地提醒自己，研究你将要登场的稿子，不要迷失在华丽的辞藻上，而是注重你今天要讲的主题和内容。我们今天同观众主要讨论什么？要十分仔细地研究表达内容的结构以及内在的逻辑关系，要敏锐地把握住表达内容的灵魂。这样你才能紧紧抓住问题的要害，把讨论的问题引向深入，并以此为突破口，进一步挖出深层次的问题，这些都是需要有批判性思维才能做到的。以著名的新闻案例为例，美国历史上著名的"水门事件"，就是新闻记者不断深挖、追问相关背景材料的结果。新闻追查，最终导致时任美国的总统尼克松下台。力求要养成这种批判性思维，力求养成这样的良好习惯，就是要多问几个"为什么说？""怎么说？""说什么？"的问题，要不断地反思自己、问自己："我所讲的到底是什么？""对方讲的到底是什么？""我和他们所讲的内容是否和节目话题匹配"，等等。就像研究解剖学的初学者一样，我们要先从骨骼系统的结构开始：人体共有206块骨头，分为头颅骨、躯干骨和四肢骨三大部分。骨之间还通过关节、肌腱韧带和骨缝互相连接，形成完整的骨骼系统等。所以，主持人在公众面前讲话，必须仔细分析自己的表达内容，就如同演员需要仔细分析剧本一样，只有这样你在舞台上的语言才会有的放矢，才能在舞台上完成合适的动作任务。

加利福尼亚大学强调学生必须学习批判性思维，他们提出了如下要求：

"设计批判性思维这一教学的目的是获得对语言和逻辑这一关系的判断力，这个判断力会发展学生们分析、批判和提出见解的能力，归纳和演绎推理的能力。从对知识与信仰的明确表述出发，通过坚实可靠的推理，得出事实性结论或判断性结论。成功的批判性思维教学应该使学生获得起码的区别事实与判断、信仰与知识的能力，具备进行基本的归纳和演绎的技能，这包括判断语言和思维中正式和非正式的谬误的能力。”①

广义上来说，批判性思维就是系统和有组织的思维能力——能够清楚地看出各个观点之间的关系的能力。

1. 开场、结尾，是智慧的显现

我们经常在电视上看到有的栏目在讨论某个话题时，现场还请来了相关专家和嘉宾，这就要求主持人在讨论时要紧紧把握谈话主题，特别是在节目各个环节的衔接中更需要注意这个问题。如果想在访谈节目的开头就打开嘉宾的话匣子，那么，节目开场话题的设计就显得尤为重要，要知道在这样一个快节奏的时代，能否让观众的遥控器在最初的几秒钟锁定在你这个频道，这决定了你这档节目的成败。记得有档谈话节目是这么开场的：

“最近啊，又到了毕业时节了，有些同学可能就犯愁了，这一毕业就等于失业，这话一点儿也不夸张。您看，现在大学生这么多，就业岗位又如此的少，真是就业之难，难于上青天啊。不过，有这么一群人，他们另辟蹊径，选择了自主创业。而我们今天的嘉宾不但是自主创业，而且在上学期间就选择了自主创业，真可谓是捷足先登啊，接下来，让我们倾听她的故事，掌声有请我们今天的嘉宾。”②

“毕业就等于失业”这句话是民间对于毕业生就业率不佳的一种抱怨，作为主持人，就不能转述。这样的转述，一来显得主持人说话很不严谨，二来也不利于节目的传播。另外，“就业之难，难于上青天”这句话的比喻也不恰当。毕竟，还是有不少毕业生能找到工作的。没有客观的依据，主持人就不应说出这样的话。显然，在这一段开场白中，主持人没有把握好自己的媒体立场，有些语言不是主持人职业角色的语言，而是平时私下场合说的话。节目主持人的职业身份实际上是几重社会角色交叠而成，在传播中应当恰到好处地体现出“媒体立场、受众角度、个人感悟”三者的融合。而该节目中只考虑到个人感悟，不经思考，脱口而出，结果，露了个大刺。

另外，我们也经常看到观众和嘉宾在节目中各抒己见，有的甚至是在争论，节目结束时，主持人也没有对话题进行总结、归纳。常言道，“孔子闻韶，三月不知肉味”，一句特别好的结语往往也能起到韶乐的作用。访谈结束时，主持人要有把看似“散谈”的访谈内容收拢的技巧。用一句巧妙的话为访谈节目收尾，能起到画龙

---

① 李建强、李书春、何美兰、郭爱竹译《辩论与论辩》，第1页，河北大学出版社，1996年版。

② 2012级播音与主持专升本学生 张拴拴《演播空间与处理》访谈稿。

点睛、深化主题的作用。我们常发现有些主持人无法把控嘉宾的谈话方向，他们要么在节目中仰视嘉宾，不知所措，要么草草收场，忙于应付。对于节目的既定目标，既没有做足功课，也没有自己的思考、自己的观点。在一些专业性比较强的谈话类节目中，主持人更是捉襟见肘。这样的主持人，缺乏的正是批判性思维能力。而优秀的访谈类节目主持人往往能够敏锐地发现问题，对节目发展的方向不仅能及时作出正确判断和纠正，还能融合自己的个性为节目做出精彩的总结性陈词，既充分展现了访谈者的个性和经历，又发人深省，给人以体悟和情感的共鸣，使观众对节目留有持久的印象，以至余音绕梁，三日不绝。

2. 思想，则是一种能力

批判性思维不仅能帮助你在采访中不断发现新的话题，还能在这样的话题讨论中碰撞出火花，产生新思想。

对于新思想，人们常说现在世界上很少有什么新思想，仅仅是一些重新组织的想法而已，就如同一百年前德国哲学家尼采说的那样“上帝已经死了”。然而，我们知道新思想不仅仅是一种观点，而是一种能力。它是一种发现的能力、一种思考的能力、一种创新的能力。

那些伟大的思想家、科学家和发明家都会在人们的日常生活中发现不平凡的事情，并将它重新组织起来以形成新的思想，这是一种批判性思维。

如，从树上掉下来的苹果，让科学家牛顿想出了“万有引力定律”，虽然这是在哥白尼、伽利略和开普勒等科学家研究的基础上得出的定律，但牛顿一直坚持不懈的进行思考和科学实验，那个苹果也恰好就成了压倒骆驼的最后一棵稻草。

我们虽然不是科学家，但我们依旧可以训练自己的批判性思维。那么如何做到呢？我们要怀疑、要探索、要对大自然的一切充满好奇，然后，要善于发现！相信，只要你能坚持和执着，保持你的特立独行，你才能有真正的创造。没有自由的灵魂就没有真正的创造，现在到处标榜的那些创新也都不过是作秀而已。

另外，主持人重新组织的想法可根据你的受众、你的节目主题以及具体的目标来确定。

你必须通过你的调查研究，找到有用的材料，使你的想法得以清晰和富有创造性的传达。你还必须评估支撑这些想法所用的材料，确保它们真正能够支持你的观点。你可能需要问自己一些这样的问题：“我举的例子是否具有代表性？”“我使用资料的方法是否正确？”“我引用的材料是否具有权威性？”“我选择的嘉宾是否是高质量的……”就像评判别人引用的材料一样，客观评价你自己，这便是批判性思维的另一种表现形式。

3. 一切知识均从疑难中产生

如果说到这里，你对批判性思维的概念还不甚明了，那么，我们就一起重温一下古希腊思想家苏格拉底的故事。批判性思维起源最早可追溯到2500年前的苏格拉底，他认为一切知识，均从疑难中产生，越求进步，疑难越多，疑难越多，进步越大。苏格拉底曾作过著名的演讲："我是世界上最智慧的人"，但他的论证是："**因为我知道自己一无所知，所以我是世界上最智慧的人。**"他承认自己本来没有知识，而他又要教授别人知识。所以，**他教授给别人的知识并不是由他灌输给人的，而是人们原来已有的；人们在心里怀了"胎"，不过他们自己还不知道**。他认为自己就像是一个"助产婆"，帮助别人产生知识。苏格拉底的"助产术"集中表现在他经常采用的"诘问式"的形式中。

【例】苏格拉底与学生美诺的对话

美诺(苏格拉底的学生)：您能告诉我吗，苏格拉底，美德究竟是由教诲获得还是由实践获得的；或者如果既不是由于教诲，也不是由于实践，则人之有美德是否由于自然，还是由别的什么方式?

苏格拉底：……我很惭愧地承认，我对于美德简直什么也不知道；而当我对任何东西，不知道它的"什么"时，如果能知道它的"如何"呢?如果我对你什么都不知道，那么我怎么能说你是漂亮的还是不漂亮的；是富有的还是不富有的呢?你以为我能够吗?

美诺：确实不能够。……

苏格拉底：……凭神的名义，美诺，请你慷慨地告诉我，你说美德是什么，因为我将很高兴发现我是弄错了，而你……确实有这种知识；虽然我刚才说过我从未见过有人有这种知识。

美诺：要回答您的问题，苏格拉底，是没有困难的。让我们首先拿一个男人的美德来看——他应该知道如何治理国家，并且在治理工作中如何来有利于他的朋友和损害他的敌人，并且他也必须留心不要使自己受损害。一个女人的美德，如果您想要知道的话，也可以很容易地描述出来；她的责任是在管理她的家务，和看管屋里的东西，以及服从他的丈夫。每种年纪，每种生活情境，不管是老是少，是男是女，是奴隶还是自由人，都有一种不同的美德；有无数的美德，并且对它们都不缺少定义；因为美德是相对于我们每个人在我们所做的一切中的行为以及年纪的。

对于罪恶也可以这样说，苏格拉底。[①]

……

在苏格拉底和美诺的对话中，我们可以看出批判性思维的方法就是逻辑分析的方法。通过辨析，美诺会对美德的概念达到更为清晰的认识。除此以外，苏格拉底还采取了归纳、定义的方法等。归纳：即从个别事物中找出共性，通过个别的分析比较来寻找一般规律；定义：即把单一的概念归到一般中去。

苏格拉底教学生的确从不给他们现成的答案，在下一个案例中，他采用反问和反驳的方法使学生在不知不觉中接受他的思想。请看他和学生之间一场有趣的对话。

【例】苏格拉底与学生的对话

学生：苏格拉底，请问什么是善行？

苏格拉底：盗窃、欺骗、把人当奴隶贩卖，这几种行为是善行还是恶行？

学生：是恶行。

苏格拉底：欺骗敌人是恶行吗？把俘虏来的敌人卖作奴隶是恶行吗？

学生：这是善行。不过我说的是朋友而不是敌人。

苏格拉底：照你说，盗窃对朋友是恶行。但是，如果朋友要自杀，你盗窃了他准备用来自杀的工具，这是恶行吗？

学生：这是善行。

苏格拉底：你说对朋友行骗是恶行，可是，在战争中，军队的统帅为了鼓舞士气，对士兵说，援军就要到了。但实际上并无援军，这种欺骗是恶行吗？

学生：这是善行。

……

类似以上的对话，还有很多，在这里就不一一例举了。苏格拉底的教学方法可以启发人的思想，使人主动地去分析、思考问题，他用辩证的方法证明真理是具体的，具有相对性，在一定条件下可以向自己的反面转化。下面我们再说一个中国西南联大“三剑客”的故事。

---

① 王太庆译《柏拉图对话集》之《枚农篇》，商务印书馆，2004年版。

【例】西南联大的"三剑客"

当年在西南联大物理系有一个著名的三人小团伙叫"三剑客"。这是物理系的三个最优质的学生,杨振宁、张守廉、黄昆。这三人后来都是世界物理界的著名大师。黄昆有以他名字命名的定律。他们三人成天讨论不休。从茶馆到马路上,深夜甚至几乎遇到"打闷棍"的拦路抢劫者。他们三人在昆华中学任教,分一个教师的职位,勤工俭学。所以一直争论到昆华中学给他们的宿舍里,躺下了,又爬起来点蜡烛,照书,翻出来,哪几条,哪几句话,继续争论。"三剑客"的故事,杨振宁自己也反复讲,他的意思是说,和同学成为对手,争论中学习、所得,甚至超过老师所给予的。①

可见,批判性思维的训练在平时就可以训练,随时随地随兴。问题是你要找到你的对手、你的方法。

4."推理和质疑",这才是关键

简单来说,批判性思维就是以逻辑方法为基础,结合人们日常思维的实际,集中地系统地思考表达内容的逻辑关系、事实是否明白客观以及事实与观点的区别。

主持人作为公众人物,对一般事物的看法和态度要有清晰的认识,对是非标准也要有非常明确的态度。说理要透彻,说事要明晰。

从古至今,重视批判性思维训练的思想家也不乏少数,如培根、孟德斯鸠、伏尔泰和狄德罗等。他们都注意到,要做到对社会批判,批判者必须首先认清楚自己在思想上的优势和缺点。马克思最喜欢的座右铭就是"怀疑一切"。思想家们都非常重视思维的训练,他们进行交流的观点都必须进行严格的分析和批判。他们认为,所有权威所提供的信息都必须经受住来自各方面的严格的推理和质疑。请记住"推理和质疑",这才是关键!

如果你的主持表达结构混乱,你会发现你的思想内容也一定是混乱不堪的。反之,你的结构是有条理的,那么,你的思路也一定清晰,脉络也会顺畅,你的主持表达就会精彩纷呈。我们在这里学到的不仅是技巧,更多的是可以帮助大家在很多方面成为给人印象深刻的思考者。当你用心准备的主持稿能清晰表达自己的思

① 参阅张曼菱的北大讲座实录:《你们事业还没有开始,人生就如此无趣》,2014年3月29日。

想时,你就会增强逻辑和准确思考的能力。当你用心研究论据和推理的作用时,你就会逐渐成为一名不折不扣的辩手。当你掌握了这些能力后,你就会对别人的主持进行正确的评价。

我们再回到最初的几个场景。

场景一:昨天那朋友,敏锐的批判性思维能够帮助你直击对方论点中的要害吗?

场景二:学期论文,完整的结构和清晰的大纲可以使你的论文更连贯吗?

场景三:购买计算机,广告是信息的可靠来源吗?也许你应该更多考虑自己可以接受的价位和想要的功能?

场景四:学生会主席选举,把候选人的话过滤一遍,他们是根据可靠的论据得出有效的结论的吗?

如果你能充分重视主持表达内容的严谨性,你就会增强自己批判性思维的能力。这也是主持人的公众表达从一开始就被认为是教育的一个至关重要的部分原因。

二、批判性思维训练

辩论最吸引人的是对知识的追问和对真理的探究。

从表面上来看,辩论赛仿佛是一种高级的智力游戏,然而它所引发出来的知识与智慧,特别是辩手们表现出来的个性的风采和整体的青春魅力,却能超越辩论本身。

在生活中,我们需要激情的感染,需要头脑的碰撞,哪怕是瞬间的也好,它会给我们的生活带来别样的色彩。我们无法想象一场没有激情的辩论会是怎样的。

1. 1995 国际大专辩论会

1995 年 8 月中下旬的 1995 国际大专辩论会,无疑是华语世界,也可以说是文化中国的一件盛事。这次比赛由来自汉城、新加坡、台北、南京、香港、洛杉矶、波恩和悉尼 8 所大学的辩论骁将参赛,他们在中央电视台展现了他们内容丰富而技巧高明的辩才。

对于这次辩论赛,选择辩题的宗旨主要考虑依据以下三点原则:

A. 具有相当的文化性,体现国际大专辩论会的“国际”与“大专”高等学校的色彩;

B. 非意识形态性,避免某种不必要的尴尬;

C. 辩论空间的开阔，双方的阵地相互对峙。纵深度大体相当，不至明显偏颇，由此，都可以滔滔万言、旁征博引。因此，此次大赛的辩题内容集中在以下三个方面：

① 中国传统文化中的经典命题。

② 社会发展中为人们所关注的话题。

③ 关于人本身存在着的需要思考的问题。[①]

1995 国际大专辩论会由中国中央电视台和新加坡电视机构共同主办。8 支辩论队伍在 6 天的比赛中，分别进行了四场初赛和两场半决赛，各队都有出色的表现，可谓精彩纷呈。然而，辩论会的大决赛，却使辩论会达到了高潮。

【例】1995 国际大专辩论会决赛内容

（正方）知难行易——南京大学

（反方）知易行难——辅仁大学

主持人杨澜：……正方南京大学队四位辩手分别是：

一辩钟婳婳同学，社会学系三年级；

二辩郐建敏同学，法律系四年级；

三辩韩璐同学，经济系二年级；

四辩杨蔚同学，中文系一年级研究生。

反方辅仁大学队：

一辩顾振豪同学，法律系法学组三年级；

二辩林立书同学，法律系财经法学组三年级；

三辩刘伯彦同学，大众传播系新闻学三年级；

四辩林正疆同学，法律系财经法学组三年级。（掌声）

我们今天的评判团由海内外的知名学者组成。这 5 位成员分别是：中国政法大学法律系江平教授。（掌声）哈佛大学中国历史及哲学教授、美国人文社会科学院院士杜维明教授。（掌声）中国文艺理论徐汇会长、华东师范大学王元化教授。（掌声）耶鲁大学东亚语言与文学系主任孙康宜教授。（掌声）上海戏剧学院余秋雨教授。（掌声）

各位观众，“知难行易”与“知易行难”是传统文化意义上的经典命题，历代的

---

① 余培侠主编《唇枪舌剑：1995 国际大专辩论会全景扫描》，第 11 页，北京华龄出版社，1997 年版。

诸位贤哲们都为此发出过深深的感叹,也留下了许多著名的论断。在现实生活当中,“知”与“行”究竟孰难孰易,每个人根据自己的人生体验都会作出不同的回答。希望今天的8位辩手在这个问题上也会做出令人信服的论述。作为正方的南京大学队的辩论立场是:“知难行易。”而作为反方的辅仁大学对的辩论立场是:“知易行难。”双方的立场由抽签而定。

首先我们欢迎正方一辩发言,时间3分钟。

正方一:谢谢主席!尊敬的评委,各位嘉宾,来自宝岛的对方辩友,大家好!洪荒久远的50万年前,在我们脚下的这片土地上生活着我们的祖先北京猿人。沧海桑田,斗转星移,告别了茹毛饮血的过去,他们学会了钻木取火。火的运用是跨时代的大发现。然而,直到一百多年前,科学家才揭开了机械能转化为热能规律,从而科学地说明了钻木取火的真正奥秘,这就无可辩驳的证明了我方立场:知难行易。所谓“行”是人对外界事物作用的过程,包括对“知”的运用;所谓“知”是指对“行”的认识,解决做什么,为什么做和怎样做的问题。“知”既是一个过程,又是一个结果。所谓“知难行易”,是说求知得知难,行动使用易。知难行易与说说容易做起来难的言行观“风马牛不相及”,切不可混为一谈。我方主张知难行易,理由如下:首先,认识发生学告诉我们,行先知后,知难行易。人一生下来便会行,所谓:“手之、舞之、足之、蹈之。”但要成为像对方辩友那样才学渊博的翩翩君子,寒窗十年苦,谈何容易。个人求知无穷尽,人类探索亦无止境,“钻之弥深,仰之弥坚。”孔子他老人家到了晚年还坚持学习《周易》“纬编三绝”。可见求知难哪!其次,辩证法告诉我们知行密切相关。人类的行为是一个不断行不断学的过程,其中,知是关键。无知之行只是简单重复。有了“知”,才有了自觉行为;有了“知”,才有了开拓引进。“知”作为行的认识、概括和总结,是行路明灯,是行动指南。掌握了行的认识和方法才会有成就。“知”,只有长期艰苦探索才会小有所成,因而“知”比“行”显得更难。再次,日常经验告诉我们,“行”之不易,归根到底是不知或知之不足。俗语说得好:“会者不难,难者不会。”说的就是这个道理。一旦掌握了行的知识和方法,行起来必然如庖丁解牛般游刃有余。总而言之,知行相比,知难行易。谢谢各位!(掌声)

……

从正方一辩的立论,我们看到了她清晰的思路和确凿的论据,看到她是如何用灵活的语言、明晰的观念以及相当丰富的例证来建构“知难行易”这一基本陈词作为辩论的基础的。下面,我们再来看看反方四辩在经过双方自由辩论后,如何来作总结性陈述的。

反方四辩：大家好！中国人真是了不起！怎么说？因为中国人能用一个字象征很多种含义。怎么说呢？今天对方辩友所说的“知”，实际上是一种“知”跟“行”结合出来的产物。今天所谓的真知是要经过不断地行动出来的“知”，那个中间“行”的过程，指的是“知的过程”，那不是“行”。然而，各位，让我们来想想看，究竟为什么我们要讨论这样的题目？讨论这样的题目的真谛应该是让大家站在同样一个立足点，来比较纯粹的认知跟实际的行动这两个哪一个比较难。对方辩友却想要用颠倒的方式告诉我们说，追求真理的过程叫做“知的过程”，不叫做“行的过程”。然而，请问各位，爱迪生发明电灯用了好几种金属的过程，难道不是一种行的实践吗？他目的是为了印证他的理论，不是吗？我们想告诉对方辩友，任何理论存在的目的都在于它要能够解释世界。然而，我方一开始所强调的道德良知的“知”确实是“知”易“行”难哪！今天，难道大家能够说去杀人的人那一瞬间他不知道他是不应该杀人吗？不，他知道。只是那一瞬间，他被他的欲望以及冲动冲昏了头脑，他忘了不能去杀人。而对方辩友的说法是：只要你在犯错误，你就不知道噢！只要你做错了，你就不是真知噢！那我们就不晓得了，一个人如果要获得真知恐怕真的是所谓盖棺论定，到他死的那一刹那去检验他的过去历史，哪一件事情是他从来没做过的，他才是真知。这样，是公平的吗？（掌声）再者，我们就科学知识上的“知”来讨论，到底是“知易行难”，还是“知难行易”？在座各位，谁不知道圆形是什么形状，然而现在给你一支笔，你能够用手画出正圆形吗？（掌声）这就是标准的“知易行难”哪！即使给你的是圆规，也会因为颜料的深浅、线条的粗细不同而画不出科学上的正圆形。这难道不是“知易行难”的最佳写照吗？诚如今天我们在刚刚的辩论过程中所告诉大家的，如果对方辩友以没有犯错误来对知不知作为概念的话，那么，今天抽烟的人是不是要等到死的那一刹那，他真的流下了最后一滴泪珠的时候，对方辩友才要说“他真的知道了”。（掌声）然而，当他拿到烟盒的时候，看到“吸烟有害健康”的时候，他其实不知道，他是视而不见，听而不闻。这样合乎在座的各位的经验法则吗？我们希望告诉大家的是，孔子曾经说过：“名不正则言不顺，言不顺则事不成。”今天我们把纯粹心灵上的体验与认知跟实际上的行动之间的难易比较出来后证实了“知易行难”的命题。然后，我们下一步要做的是：正因为“行”比较难，所以坐而言不如起而行，大家一起来实践。如果像对方辩友所说“行易”的概念的话，大家其实不必去探讨“行”的法门，大家只要去蛮干就好了，因为“行”是那么容易嘛！道理之间应该如何小心谨慎不用去管它了嘛！因此，综上所述，我们发现，第一，对方辩友在“知”跟“行”的概念之间没有办法准确地划分。对方辩友还想要告诉大家追求“知”的过程，那是“知”，那不是“行动”，纵使你拼命在做，那叫“知”，那不叫“行动”。第二，用“知易行难”的方法比较能够解释世界，用“知难行易”的方法就能够给人类较多启示。因此，我们要告诉大家，这样的观念出现是理所当然且势在必行的。谢谢在座各位！谢谢大家！（掌声）[①]

从上看出，反方四辩在辩论中有深入的分析和浅出的阐述，思想相当深刻而且妙语连珠，逻辑也非常严谨。在此次辩论会中，林正疆也因在32名辩手中积分最高，而荣获此次辩论赛的“最佳辩论奖”。

辩论的过程就是我们训练自己批判性思维的过程。从辩论赛中，我们不难发现，批判性思维方面的能力被再次证明了它是充分发挥个人在社会事务中的有效参与的能力以及从事竞争性较强的职业活动所必需的知识技能。

节目主持人有时也要使观众接受一件难以置信的事情，那么，他的语言必须要有说服力，使其无懈可击。

辩论的过程是质问与论证的过程，是对某个辩题作出合理判断的追求的过程，对过程的学习就是我们训练的基础。辩论这一基本的语言训练，就像它诞生时那样，学习和应用它，便是训练我们批判性思维的最好方法之一。

辩论的形式很简单，两队分成正反方，一队四人，依次阐述各自的立场，然后有一个自由辩论的交锋，最后总结陈词。可就是这样近乎简陋的讲台，我们听众能感受到疾风暴雨般的激情的涌动，甚至能看到“短兵相接”的激烈场面以及辩手们抑扬顿挫、波澜起伏、极尽变化且充满智慧的语言风格及批判性思维。尤其在自由辩论的交锋时刻，我们更能看到他们辩论风格以及雄辩的风采，它会把辩论推向高潮，让观众在这惊心动魄的辩论中获得了异样的审美享受。

如果你还觉得不过瘾，那么，下面在半决赛中的自由辩论部分，你可以再来体验一下辩手们的雄辩风采和即兴应变的素质。

【例】1995国际大专辩论会半决赛第二场（自由辩论部分）

辩题：

（正方）社会秩序的维系主要靠法律

① 余培侠主编《唇枪舌剑：’95国际大专辩论会全景扫描》，第378—380页，北京华龄出版社，1997年版。

（反方）社会秩序的维系主要靠道德

正方：南京大学

反方：香港中文大学

……

主持人杨澜：通在自由辩论这个阶段，双方各有5分钟的发言时间，必须交替发言。先从正方开始。请。

正方二：请问对方辩友，有一句话叫“禽兽不如”怎么解啊？就是说在社会上很多人连狼都不如，所以没有办法教化啊。请对方辩友告诉大家，社会，有哪一个国家的社会秩序主要是靠道德来维系的呢？（掌声）

反方三：请问对方同学，“禽兽不如的人”是“道德的人”，还是“不道德的人”呢？（掌声）

正方三：对方辩友说来说去，道德教化的还是那些有良心的人，可是对那些没良心的恶棍怎么办呢？我们想请对方辩友再一次回答我方二辩的问题。（掌声）

反方二：我倒要请问对方辩友了，良好的社会秩序的判断标准是什么？

正方四：对方同学一再回避我方问题。比如说他们找来找去也找不到哪个社会的社会秩序是由道德来维系的。我再请问对方同学，法制是当今社会的大势所趋，请问何为法制？（掌声）

反方四：法制是现代社会的道德需求，如果没有现代社会，你知道什么叫法制吗？（掌声）

正方一：对方同学说法制是现代社会的道德要求，那就是说法律等同道德，那我们今天还有什么可辩的呢？再次请问对方同学，法制的含义是什么呢？（掌声）

反方三：法律当然不等于道德。请问对方同学，一个社会风气差的社会是秩序社会吗？

正方二：所以呀，对方辩友说来说去还是一个道德是一个风尚层面的问题嘛。我们要请问对方辩友的是法制这个概念，就是说要以法律为主辅之以道德、宗教、习俗等各种手段综合治理，这才是主之以法、辅之以德的概念啊！

反方四：对方同学，“法律”不等于“法制”，“法律制度”也不等于“法律治理”。（掌声）

正方二：对方辩友说得好。那么我们就再来请问对方辩友第二个问题，那就是到底由谁来维系一个社会的秩序呢？（掌声）

反方一：让我们来看看今天《人民日报》所刊登的消息吧！中国和新加坡的

领导人希望加强精神文明建设的交流啊！（掌声）

正方三：可是我们也知道香港“九七”就要回归祖国，我们听说就要颁布《基本法》，可没有听说要颁布“基本道德”呀！（掌声）

反方一：如果没有香港人奉公守法的道德观念，《基本法》又如何切实履行呢？我深深地记得对方的三辩同学在前几天的辩论场上曾经说过：在我一张伶牙俐齿之下是一颗善良美好的心灵。（笑声）那么为什么不说是颗“法律心灵”呢？（掌声）

正方三：对呀！我的善良心灵是要大家认识我才知道的，可是现在大家都知道我是首先是一个守法的好公民呀！（掌声）我倒要再一次请问对方辩友，你们说社会秩序维系只要靠道德，那么维系的主体究竟是谁呢？（掌声）

反方三：那么请问对方同学，今天你奉公守法，究竟是怕法律惩治你呢，还是出于你内心的约束呢？（掌声）

正方四：对方同学意思就是说，维系社会秩序的主体是人民吗？那我倒要奇怪了，你我都是人民，那是我听你的呢，还是你听我的呢？（掌声）

反方四：每个人的心目中，都有他自己的崇高的道德法则，难道这一点还需要我来告诉其他别的人吗？（笑声，掌声）

正方一：但是维系社会秩序的主体只能是国家，否则我们人人都能维系，那还要国家干什么？要政府干什么呢？

反方三：那是国家秩序，不是社会秩序啊！对方同学。（掌声）①

……

五分钟自由辩论的时间很快就结束了。通常而言，观众在自由辩论部分是觉得时间过得最快的地方，辩手们激情碰撞出的智慧火花感染着观众。相比较而言，辩论大赛的自由辩论部分，更能激发学生的即兴反应能力。学生如果能经常参加辩论会，相信他的逻辑推理能力、问题分析能力以及头脑的反应能力也会得到不断提升。

2. 辩论训练

下面的辩题可用来训练和培养学生的思辨力。

辩题一：

正方：女性比男性更需要关怀

反方：男性比女性更需要关怀

---

① 余培侠主编：《唇枪舌剑：1995国际大专辩论会全景扫描》，第344—346页，北京华龄出版社，1997年版。

辩题二：

正方：在校大学生创业利大于弊

反方：在校大学生创业弊大于利

辩题三：

正方：个人的命运由个人掌握

反方：个人的命运由社会掌握

辩题四：

正方：发掘人才需要考试

反方：发掘人才不需要考试

辩题五：

正方：网络对大学生影响利大于弊

反方：网络对大学生影响弊大于利

辩题六：

正方：青年成才关键是自身能力

反方：青年成才关键是外部机遇

3. 写作训练

写一篇短文，其中列举出下列诸方面的近期事例：

a. 你所参加的某一校内组织的辩论赛。

b. 你所参加的某一校内组织的小组讨论。

c. 你所见到的一次有说服力的校内演讲。

3. 讨论训练

我们就下列观点可以举行一次课堂讨论。例如：你认为是什么原因促使他们做出这样的结论？你同意他们的观点吗？

观点一："有知识的人对公共问题一般具有思路敏锐、坚定信念，清楚和有说服力地阐明观点这些标志。我们大学师生的任务是致力于这些标志所代表的高标准教育。正式辩论是衡量这些标志的标准。所以，我们很高兴其他学术机构的众多代表加入我们的行列。"

观点二："没有哪位大学生会决定他二十五年内的学习计划，在当今知识爆炸的时代，专业问题很容易被忘记，人们必须不断地学习。但是，今天每个成年人都必须能够清楚地交流，明确地阐明观点、推理以及区分关键事实与大家所熟知的普遍看法。"

观点三："训练一个人独立思维，迅速作出结论，有逻辑性地清楚回答问题以及总结观点的能力，辩论是独一无二的方法。辩论活动培养并且很好地培养人们的这些能力。"

以上三种训练方法都只是初级的。毫无疑问，辩论是训练批判性思维的最有效方法，如果你有时间，就要多创造机会给自己练习。要知道优秀的节目主持人无一例外都是表达流畅的主持人，他们的思辨能力都是经过反复实践才获得的。奥普拉在少年时代就展现出了演讲的天赋，在学校时就已经加入了国家辩论队。在她大学三年级的时候，她还成为了学校里的最佳辩手，在美国第 71 届共济会上，她又赢得了加州帕洛阿尔托的斯坦福大学的全国比赛。另外，从辩论赛中脱颖而出的中国主持人也有姜丰、路一鸣、郭宇宽、樊登等。姜丰是 1993 年首届《国际大专辩论赛》中独占鳌头的"辩论高手"。据说，她就是在此次大赛中一举成名，而后才成为央视《文化视点》的主持人、制片人的。对于这一额外的收获，她直言不讳地说自己很幸运，"我整个的道路和职业都与 1993 年那场辩论赛相关。过去从来没想过当电视节目主持人，从复旦大学毕业的，学西方美学的同学没有人分到过中央电视台，倒是做文字记者或者到出版社都是有可能的。"[①] 而路一鸣、郭宇宽、樊登，这 3 位曾经为西安辩论队带来过辉煌的年轻人，1999 年代表西安交大参加国际大专辩论赛，以雄辩天下的气势一举夺得冠军。多年后，当年的辩手有的也都博士毕业，并且都成了"漂"在央视的主持人。他们先后为央视《道德观察》、《商界名家》、《对话》、《成长在线》等栏目担任主持，赢得了业内人士和观众的认可。因此，如果你具备辩论方面的才能和天赋，而且刻苦努力，我们相信假以时日，你也一定会迎来属于你的辉煌时刻！

第三节　有效主持的掌控训练

刚开始做主持人时，你也许会担心："我应该怎样表现才显得更为自信？""我的语速应该是快还是慢？""什么时候应该停顿？""眼睛应该看向哪里？"观众如果不喜欢我该怎么办……"这些担心都是正常的。因为缺乏主持经验，你才会出现这些问题。对于这些问题的解答，其实并不固定，每人都有自己的成功方法和经验，每人的方法和经验也都不一定相同，这主要是由每场主持的对象和场景不同

① 成岚(责任编辑)："狮城舌战"一举成名、复旦姜丰："辩手之花"，东方网，2005 年 9 月 26 日。

造成的，你很难去评价哪些方法好，哪些方法不好。对于以上问题的解决，你必须自己去摸索、实践，然后才能找到属于你自己的一种方法。总的来说，主持是一门实践的学问，你必须到实践中去反复锤炼，只有这样，你才能提高自己的现场掌控能力。在这里，我们介绍给你的是一些基本的方法和技巧。本节中的“有效主持的掌控”，包括“用热烈的情感去激发观众的情绪”、“用你的眼睛与观众进行有效的交流”、“用你的声音去唤起观众对你的注意”以及教你“如何去引起观众的兴趣”等。相信通过这些基本训练，你会慢慢懂得并掌握一些基本的方法。那么，现在就请你开始跟着一起练习吧！

一、用热烈的情感去激发观众的情绪

我们认为，主持最吸引人的是在于主持的过程，而不在于结果。而主持过程中最为重要的，并不是你外在的形式，而是你的精神。如果你的精神是饱满的，你上台来给观众的感觉是有内涵的，那你马上就会引起观众的注意力，获得观众的喜爱。我们传统的戏曲艺术，要求演员上台亮相时，必须要有精、气、神，必须要赢得观众的喝彩声，说的就是这个道理。哲学家狄德罗说：“没有感情这个品质，任何笔调都不可能打动人心。”相信能够征服观众的主持人，都是对观众怀有感情的，对节目怀有深情的，都是从心灵到心灵对观众进行说话，这样，才能引起彼此感情的共鸣。不难想象，主持人要是虚情假意地面对观众，那么他面对的将会是一场灾难，因为观众的眼睛是雪亮的。只要你怀有一颗真诚的心，对节目和主持工作怀有高度的责任感和使命感，不知不觉间，你的内心深处会升腾起一种崇高感。否则，你的主持事业有可能把你带进死胡同。

法国著名演员亨利·路易·勒坎在致伏尔泰的信里曾写到：“演员第一重要的是心灵，其次是理智，是精美的形态动作刻画。”① 可见，心灵和情感对于演员和主持人是何等的重要！纽约著名的演说家李特登说：“人们都愿意说自己只受理智的支配，但其实整个世界，都是被情感所转移的。一个人如果努力装作严谨或极伶俐，那是会很容易失败的；但是，一位真正怀抱坚定信念和梦想的演讲者，他是绝不会失败的。”② 马丁·路德金便是一个例子。

① ［俄］鲍·阿尔佩尔斯等编，孙德馨译《俄罗斯名家论演技》，第153页，中国戏剧出版社，1985年版。

② 林语堂：《怎样说话和演讲》，第187页，文化艺术出版社，2009年版。

【例】我有一个梦(马丁·路德金)

……

朋友们,今天我要对你们说,尽管眼下困难重重,但我依然怀有一个梦。这个梦深深植根于美国梦之中。

我梦想有一天,

这个国家将会奋起,实现其立国信条的真谛:"我们认为这些真理不言而喻:人人生而平等。"

我梦想有一天,

在佐治亚州的红色山岗上,昔日奴隶的儿子能够同昔日奴隶主的儿子同席而坐,亲如手足。

我梦想有一天,

甚至连密西西比州——一个非正义和压迫的热浪逼人的荒漠之州,也会改造成为自由和公正的青青绿洲。

我梦想有一天,

我的四个小女儿将生活在一个不是以皮肤的颜色,而是以品格的优劣作为评判标准的国家里。

我今天怀有一个梦。

我梦想有一天,

亚拉巴马州会有所改变——尽管该州州长现在仍滔滔不绝地说什么要对联邦法令提出异议和拒绝执行——在那里,黑人儿童能够和白人儿童兄弟姐妹般地携手并行。

我今天怀有一个梦。

我梦想有一天,深谷弥合,高山夷平,歧路化坦途,曲径成通衢,上帝的光华再现,普天下生灵共谒。

……

时隔这么多年,马丁·路德金那地动山摇、响彻云霄的演讲,依然能震撼到今天的观众。这是对自由、平等的呐喊和呼唤!是让你热血沸腾的演讲!试想,如果我们的主持人也带着这样一颗热忱、真挚的心来与广大观众对话,你怎么可能会遭受失败呢?!无论你主持的是什么节目,只要你的话语发于内心,来源于你对观众、对节目的热爱,你对于观众的影响力就会像黑夜里的一把火炬一样照亮人们的路途。即便你可能会在修辞上犯一些小错,那也无伤大雅。有时候,一点小错误可能是节目的一段可爱的小插曲，它有可能使观众和你走得更近，拉近观众与你的距离。总之，“动人心者，莫先乎于情”。只要你是真诚的，在情感上、态度上做足了准备，养足了精气神，你就有可能去激励别人、感染观众，最终获得节目的成功。

二、用声音的魅力去感染观众

主持人是用语言、用声音来表达情感的，因此，主持人要在自己的语音、声音上花足功夫，做到先声夺人。作为一个优秀的节目主持人，吐字首先要清晰，传达必须要准确，这是对主持人语音的基本要求，也是主持人在上岗前必须具备的声音条件。

现在，国家对节目主持人上岗的基本要求是要达到普通话等级考试一级甲等的标准。这个标准是对全国省市广播电视台主持人通用的标准，每个学生在大学就读期间都可以申请普通话等级考试。各地的语言文字委员会也有相应的测试点。社会考生如果感兴趣，也可以通过网上报名参加考试。当然，要达到普通话一级甲等的标准是有难度的，你可能要考几次才能达标，但是，凡是要致力于主持人事业的考生，最好要达到这个最高标准，语言的准确、规范发音，可能帮你敲开希望的大门。即便你将来不做主持人了，你也可以干配音工作，用你的声音为观众服务。

另外，大量的艺术语言训练也是非常重要的环节。例如音调、音高的变化和控制，或高升、或降仰、或平直、或弯曲等，都要根据主持特定的内容和意义来自然地运用。包括语速、语调、节奏等也都需要根据情感的变化来过渡，过强或过弱、过快或过慢等都要根据当时场景的需要来表现，增强你语言、声音艺术感染力。总之，用自己经过特殊训练的声音来吸引观众，是主持人必须训练并要充分加以注意的内容。如果你天生具备一副好嗓子，又会运用后天训练的艺术控制力来征服观众，那是再完美不过了。

说好普通话，只能说明你在声音上达到了作为播音员的基本要求。但并不等于说，你就可以成为一名主持人了。对于主持人来说，讲好普通话只是万里长征走完的第一步，说什么、怎么说，才是主持人最为重要的内容。下面的游戏将试图帮助你发现自己的声音内容是否有足够的魅力去吸引观众。

【例】尝试用各种方法来证明你声音的魅力

游戏训练：疯狂地说

我们请三个学生参与到这个游戏里来。请他们来到教室中央，让他们分别坐在三把椅子上,面向观众。一个学生坐中间,另外两个学生分别坐在他的左右侧。这个练习的前提条件就是让坐在左右两侧的学生必须在同一时间里通过疯狂地说话,来吸引那个坐在中间的同学的注意力。中间那位同学无需做什么,他只需要按照自己的兴趣去和他们对话,他甚至可以不理会那个他不喜欢的同学。左右两侧的同学不但要用自己声音的魅力来想法设法的吸引他,同时还要根据对方的兴趣来不断的调整自己说话内容等。整个练习时间需要5分钟至10分钟。

这时坐在台下的观众可以一起来观察,我们来看看中间的那位同学和谁对话更多一些,以至于渐渐把另一个同学给冷落了。坐在左右两边的同学谁与中间的同学对话多,谁就赢得了这个游戏的胜利。

开始! 左右两侧的同学为了争取中间那位同学的注意,马上从一开始的坐姿,渐渐成为站姿; 从一开始的面向观众,转成为面朝中间的那位同学……他们自己身体姿势的这些变动是允许的,只要他们不大声喊叫、不用他们肢体动作来拉扯中间的同学就可以。要知道,主持人在台上是禁止这些不文明行为的。你尽量用你的声音、用你语音的魅力、你说话的技巧,甚至唱歌等其他艺术手段来吸引对方。你可以从"我今天过得很差"开始说起,你也可以从提问"你今天过得怎么样"开始。你当然也可以不断变化话题来吸引对方的注意……简而言之,吸引对方的方法有很多种,你可以尝试任何方法来证明你声音的魅力。

训练提示: 刚开始,两个人在同一时间说话,现场可能会有点乱,但由于你不能对对方大声喊叫,也不能拉扯对方,你就不得不全神贯注于你所说的话,并利用你想得到的最有效的方法,去唤起对方对你的注意,否则,这个游戏你就输了。对方对你讲的话如果不感兴趣,那你就要思考如何讲话才能引起对方的兴趣了。

三、如何引起观众的兴趣

引起观众的兴趣有很多技巧和方法,首先一条便是你讲的话要能引起观众的好奇心。

1. 你是否用了疑问句

深受广大电视观众喜爱的《百家讲坛》栏目,自从开播以来受到了各个年龄层观众的喜欢,如果你细心研究就会发现,它每一集都会用一个个疑问展开,像讲故事一样,引人入胜,令你欲罢不能。而且 ,讲得深入浅出,栩栩如生,如同说评书、说故事一样。很多知识水平不高的人也能听得懂,看得懂,也都有收获。比如《刘心武揭秘红楼梦》中,刘心武便用很多个疑问句吸引你顺着他的思路往下看:

①曹家与清朝乾隆皇帝究竟是怎样的关系？曹雪芹如何将纷繁复杂、时局变幻的故事写进《红楼梦》的？

②秦可卿的原型究竟是谁？曹雪芹为何将她的身世遮遮掩掩、欲说还休？

③贾元春贵为皇妃，这样一位特殊而又神秘的女子，却最终难逃悲惨死亡的命运。她到底何时死的？真的被人害死的吗？害死她的人又会是谁？她的死亡经历了哪些惊心动魄、扑朔迷离的故事呢？

……

这些疑问都引起了观众的强烈的好奇心，吊足了观众的胃口。这就是悬念的营造。那么，当你主持时，最好是在你刚开始主持的时候，不妨也尝试一下这个方法。这时候，观众是对你最有期待的时候，如果你能把他们的好奇心引出来，比讲一段幽默故事效果还要好得多。

现在，我们不妨再举几个经典的例子。

【例】新闻记者如何开头讲劳伦斯的故事

美国著名的电影新闻记者罗威尔·汤姆斯，他讲述汤姆斯·劳伦斯上校在阿拉伯的历险故事，开头就说："有一天，我经过耶路撒冷的基督街的时候，碰到了一个身上穿着东方君主的华丽的衣服，腰间挂着一柄仅有穆罕默德的子孙才佩带的金质的弯刀的人，可是，这个人的外貌，一点也不像阿拉伯人。因为，他的眼睛是蓝的，而阿拉伯人的眼睛永远是黑色或是棕色的。"①

这一段话，一定可以引起你的好奇心，你一定愿意听下去，究竟这个人是谁？他为什么要装作阿拉伯人的打扮？他做了些什么？后来又怎样？你很想明白这些问题的究竟，你自然会屏住呼吸，全神贯注地一直听下去了。你也许还会通过电影《阿拉伯的劳伦斯》去一探这个"一战"时的英国英雄劳伦斯的真实故事。

用疑问句来引发观众的兴趣是新闻常用的写作技巧，新闻记者一般在写导语时常用这一技巧。因此，如果用训练新闻记者写导语的技巧来训练主持人，这也是一个不错的训练方法。

2. 你是否引用了名人名言

名人是大家都知道的，只要你提起了他的名字，一定可以在观众席里引起一阵

① 林语堂著《怎样说话和演讲》，第 270 页，文化艺术出版社，2009 年版。

躁动，当你在主持的时候，引用一个大家都知道的名人的语录，大家对你接下来要讲的内容会产生兴趣的。下面同样是讲述英国陆军情报军官劳伦斯的历险故事，美国的大演说家谭尔·贾耐基却是这么说的：

“路易乔治曾说，劳伦斯上校是现代最浪漫而又最潇洒的人物之一……”①

引用名人的话，有着两种好处：第一，引用了一位名人所说的话，那是永远有着极其重要的价值的；第二，引起了人们的好奇心，劳伦斯为什么要浪漫？他又怎样的潇洒？这个人究竟是一位怎样的人物？为了要满足好奇心，所以你也就对其所讲凝神注意了。

又如，1962 年美国第 35 任总统约翰·肯尼迪，在美国加州大学伯克利分校发表的演讲：《你属于学生中的哪三分之一》，开头部分就引用了两段名人名言：

伍德罗·威尔逊教授曾经说过：“大学毕业的每一位同学都应成为国家的栋梁、时代的精英。”

俾斯麦公爵对这一观点进行了更为详尽的阐述。他认为，从德国大学毕业的学生中有三分之一过度用功，难成大器；另外三分之一花天酒地，毫无建树；而剩下的三分之一将成为德国的主宰者。

我不知道今天在座的同学们属于哪三分之一，但是我相信我是在与这个州，甚至是这个国家未来的领袖讲话，你们能够清醒地认识到自己在公共利益方面所肩负的责任。②

这个开头，有两处是值得称赞的：一是引用名人之言，已经引起了大家的注意；二是两句引用名人的话之间还有递进的关系，大家在脑中不能不有一会儿的思索：我究竟属于学生中的哪三分之一呢？观众在问自己这个问题的同时，就已经产生听下去的兴趣了。

下面，是另一个例子，题目是“事业的成功”，你看这句名言引用是怎样的巧妙啊！

“著名大心理学家霍巴德说：‘全世界愿以金钱和荣誉为最优奖品去赠给一件事，这件事是什么呢？就是创造力。什么叫做创造力？我将告诉你，就是不必用人指示而能够做出恰当的事情来……’”③

---

① 林语堂著《怎样说话和演讲》，第 270 页，文化艺术出版社，2009 年版。

② 梁安滨编译［美］Rory Zimmerman 审校《震撼人类心灵的励志名家演讲》，第 21 页，中国宇航出版社，2011 年版。

③ 林语堂著《怎样说话和演讲》，第 273 页，文化艺术出版社，2009 年版。

这里引用名人的话，有几处是值得称赞的：一是引用名人之言时，用了疑问句，已经引起了大家的注意；二是这句话很奇特，大家在脑中不得不思索一下。如果主持人说了“只去赠给一件事”，便略略地停顿几秒钟，那更会产生悬念，使人有着急要你说出赠给谁的要求，那主持人便把听众的心给抓住了；三是你设了两个问题，究竟送给谁？有和大家共同讨论的趋势，大家当然要来思索一下的。大家一时的思索，不能立刻有了答案，你就替大家说明是“创造力”，并且为创造力下了一个定义，听众听到这里，心中像是被熨斗熨过了一般的十分服帖，你再说下去，他们是很容易接受了，而且对你的所讲，每一句都加以深切的注意了。

引经据典来主持节目，这样的例子举不胜举。总之，引用名人名言来引发观众兴趣，不仅能加强观众对你的印象、建立起你的话语权威，还能有利于观众去理解你所说的内容，赢得观众对你的信任和尊重。

3. 你是否会讲故事

故事是人人爱听的，不过这里所说的“故事”是一种确切的事实，并不是向壁虚造的幽默故事。2009 年，美国国务卿希拉里·克林顿在耶鲁大学发表演讲，题目为《敢于竞争　勇于关爱》，其中就非常动情地讲述了一个真实的故事，来证明自己竞选美国参议会议员对她来说是个重大的决定：

我之所以会去那里是因为比利·简·金准备在 HBO 频道为一个叫做《敢于竞争》的女性体育节目做宣传。该节目旨在宣传“第 9 项体育运动”，宣扬在政府的资助下能够为女性提供体育锻炼的机会。

尽管我在学校并不很擅长校内的体育活动，但是我却是女性体育运动的坚实拥趸。经过别人的介绍，我同这位年轻的女士相识。在我上前同她握手之前，显然她已经在报纸上看到了人们关于我是否该参加竞选的报道。当我称赞她刚刚做的演讲很精彩时，她紧紧握住我的手并对我说：“敢于竞争，克林顿夫人要敢于竞争。”

她的话鼓舞了我，要知道竞争有时候真的很残酷，尤其在公开的竞争中，你可能在众目睽睽之下遭遇惨败，并且你永远不知道明天等着你的是什么……①

美国国务卿希拉里·克林顿于 2009 年突然造访母校耶鲁大学，并被授予耶鲁大学荣誉学位。当她出现在耶鲁大学的毕业庆典上时，全场爆发出热情的欢呼。在她的演讲中，你会发现她是如此的平易近人、如此地真实，她的故事似乎很一般，但就是这么平常的故事，却被她信手拈来，鼓舞了在场的所有学生。毫无疑问，她

① 陈茜编译《改变未来命运的世界名校演讲》，第 3 页，中国宇航出版社，2011 年版。

的演讲取得了巨大成功,成为《改变未来命运的世界名校演讲》的首要范例。

从希拉里的演讲中,我们也发现了这样一个事实:如何使你所讲的故事和观众有着十分密切的联系,这也是有效掌控主持的方法之一。我们每一个人,都十分关注自己的利益。大学生在校学习、将来就业等都存在竞争,希拉里选取《敢于竞争 勇于关爱》作为演讲题目,无疑很贴近大学生的生活和个人利益,他们自然会凝神听讲。利益涵盖的范围很大,我们的生命、我们的名誉、我们的钱财,这都是我们最注意的。如果把我们主持的内容引到观众都普遍关注的利益上去,那是足以引人注意的。

另外,用惊人的事实、偶然的事件、新闻的故事作为主持的内容或开头,也会是个不错的选择。

"美国是世界上最坏的罪犯,这句话虽然极可惊异,但也确系事实。克里夫来城的杀人犯竟比伦敦多六倍,窃犯按照人口的比例来计算又比伦敦多了一百七十倍。克里夫兰城内每年被抢或是被窃的人数,竟比英格兰、苏格兰和威尔士三处被抢的总数还要多。纽约城的凶杀案,竟多于整个的法国或是整个的意国、德国,这种可悲痛的事所以弄成这样,原因就是对于罪犯不是严加处罚的缘故。"①

如果你说的不是事实,或者故意夸大事实,那么,这也是对你不利的。主持人是公众人物,说话尤其要谨慎,不能随口乱说,不能为了讨好观众、吸引观众而杜撰、虚构故事。万一这不是事实的话,观众非但不爱听,而且对你以后所说的话也不再会相信。

4. 你的表达方式是否新颖

优秀的主持人从不选择大而泛的内容,因为观众真正需要的是独到的见解,他们希望主持人可以从某个特定的角度来剖析问题,而不是客套话,人云亦云。主持人也不必追求惊世骇俗的观点,只需要表达出你思想中最微妙的部分即可。主持人在形成了自己的观点后,接下来就是用新鲜的表达方式来呈现。典型的例子如乔布斯接掌苹果公司后 1997 年的经典广告——"不同凡响"表达方式,其主题在海报中选择了爱因斯坦、马丁·路德金、甘地等著名人物,旁白是:

这里有一些特立独行的人,他们乖戾无常、桀骜不驯,与当时的社会显得极不协调,对事情有着非同寻常的看法。你可以引述他们的观点,也可以与他们的见解不同;你可以引以为荣,也可以鄙视他们,但你唯一无法做到的是忽视他们。因为

① 林语堂著《怎样说话和演讲》,第 275 页,文化艺术出版社,2009 年版。

他们改变了世界，推动了人类社会的进步。在当时的社会，他们被视作为疯子，而现在则被我们称为天才。

主持人的表达争取做到简洁、鲜明，让人记忆犹新，那你就成功了。

5. 你的用语是否规范

在广播电视节目中，主持人是公众角色、媒体角色、文化角色，因此，主持人说话、用语一定要规范，不能太随意。即便是想要贴近受众，以便赢得受众好感，也要谨慎用词。

6. 你是否会结尾

一场主持，当“起，承，转，合”都恰到好处地完成时，也就应该是完美收局的恰当之时，如果此时继续“恋战”，就会使整台节目的艺术效果大打折扣、甚至是前功尽弃，这当然是令人非常惋惜的。

说话如同写文章。优秀的文章，结尾之处往往会给读者留下深刻的印象，或给读者留下无限想象的空间。文章开了个好头，理应有个漂亮的结尾来收场。所谓凤头豹尾，说的就是这个道理。如果你的结尾像小脚女人的裹脚布一样又臭又长，就会令人反胃。

有两种情况在主持时是需要注意的。第一种情况是出现在访谈节目中。如果访谈嘉宾对访谈主题不了解，很想借访谈机会来展示自己在某个专业方面优势的话，往往会滔滔不绝。此时，主持人若不采取果断措施，收回话题，会使节目延宕、冗长、乏味，令观众疲劳。另一种情况是关于主持人的。有些主持人在节目中喜欢炫耀自己，节目快要收尾了，还在不断表现自己，说了过多与节目无关的话，结果可想而知。总之，要使观众欣赏你的主持，你就应当在恰到好处时停止，见好就收，这不仅是度的把握的问题，也是主持人主持修养的问题。

7. 成功演讲的 20 条黄金法则

以下是成功演讲的 20 条黄金法则，你可在主持前用来借鉴：

成功演讲的 20 条黄金法则[①]

① 尽可能地收集与节目有关的资料和信息。

② 熟悉演讲场所的准确位置及能够利用的各种辅助设备。

③ 从主办方处要一份活动简介。

④ 三思后，再动笔写你的串联词。

① 林语堂《怎样说话与演讲》，第 276 页，文化艺术出版社，2009 年版。

⑤ 动笔之前组织好串联节目的结构。

⑥ 以说话的语气写串联词。

⑦ 给初稿计时，按规定时间改稿。

⑧ 使用好简单的工具，让它为观众服务。

⑨ 估计一下可能出现的问题。

⑩ 在一位好朋友面前预先说一遍。

⑪ 反复练习。

⑫ 学会一套自我放松的方法。

⑬ 穿适合自己的衣服。

⑭ 留有充分的时间赶到现场。

⑮ 开始之前检查一遍所有的装置。

⑯ 事先不要吃饭或喝酒。

⑰ 多带一份演讲词。

⑱ 走上台时，面带微笑。

⑲ 坚持用眼睛与观众交流。

⑳ 将演讲如生命一样地去展现。

对于初学主持的人来讲，多练习演讲，也是一种有效的训练方法。毕竟，演讲与主持都同样要面对公众、同样要与公众说话，从某种程度上讲，一个优秀的演讲者往往也具备了一个成功主持人的基本素养。

总之，只要有人存在，就少不了人与人之间的交流，不管你是主持人还是别的从业者，只要你的生活需要与人交流，你就应该注意语言交流的艺术，主持人更是如此。有效主持的掌控需要你在实践中不断地进行总结和思考，你会从中不断受到启发的。

第五章　主持人的群体训练

第一节　语音训练

主持人最基础的训练便是语言训练。如果你的语言准确、清晰，表达流畅、生动，你便具备了成为一名主持人的基本条件。但是，你的语音有缺陷，你的表达不严谨，那么，就不能奢望你语言的表现力和感染力了。在公众面前说话和在家人面前说话毕竟不同，你不能张口即来，信口胡说。哪些话该说，那些话不该说，都是要经过慎重考虑才能说出口的。

本节的训练内容是不同类型节目的主持人应掌握的最为基础的训练。这些训练适用于任何没有主持经验的人，它们不仅能帮你纠正你的语音问题，还会帮你树立良好的公众形象，并帮你建立起在公众面前流畅表达自己的信心。

一、基本语音训练

1. 常见的语音缺陷类型及绕口令训练

A. 前后鼻音不分

后鼻音容易说成前鼻音，前鼻音着重强调了又容易念成后鼻音。

（一）

天上一个盆，地下一个棚，
天盆碰地棚，地棚碰天盆。
地棚倒，天盆碎，
是地棚赔天盆，还是天盆赔地棚？

（二）

东洞庭，西洞庭，
洞庭山上一根藤，
藤条顶上挂铜铃。
风吹藤动铜铃动，
风停藤定铜铃静。

（三）

八百标兵奔北坡，炮兵并排北边跑，
炮兵怕把标兵碰，标兵怕碰炮兵炮。
八了百了标了兵了奔了北了坡，炮了兵了并了排了北了边了跑，
炮了兵了怕了把了标了兵了碰，标了兵了怕了碰了炮了兵了炮。

这个绕口令训练除了前后鼻音的训练外，还有双唇音的训练，常练习很有效。

B. 平、翘舌不分

zh、ch、sh 与 z、c、s 不分。

（一）

知道就说知道，
不知道就说不知道。
不要知道装不知道，
也不要不知道装知道。

（二）

四是四，十是十，
十四是十四，四十是四十。
不要十四说四十，
也不要四十说十四。
谁要说准四十四，
就请谁来试一试。

（三）

你会撕我的字纸，就来撕我的字纸，

你不会撕我的字纸，就不要胡撕乱撕撕了一地纸。

（四）

树下有四十四个石狮子，树上结了四十四颗涩柿子。

树下四十四个石狮子想吃树上四十四颗涩柿子，

树上四十四颗涩柿子偏不让树下四十四个石狮子吃树上的四十四颗涩柿子。

C. 有尖音

j、q、x 的发音部位明显靠前，近似 z、c、s 的发音部位。

（一）

七巷有个漆匠，西巷有个锡匠，

七巷的漆匠偷了西巷锡匠的锡，

西巷的锡匠拿了七巷漆匠的漆，

不知是七巷的漆匠偷了西巷锡匠的锡，

还是那西巷的锡匠拿了七巷漆匠的漆。

（二）

稀奇稀奇真稀奇，

麻雀踩死老母鸡。

蚂蚁身长三尺六，

八十老头车里坐。

D.n、l 音不分

（一）

有一个食铺，门朝南。

门上挂着蓝布棉门帘，

摘取蓝布棉门帘，
食铺门朝南。

（二）
老龙恼怒闹老农，
老农恼怒闹老龙。
农怒龙恼农更怒，
龙恼农怒龙怕农。

E. h、f 音不分

绕口令训练
红凤凰，
黄凤凰，
粉红凤凰，
花凤凰。

F. 合口呼发音不到位

山上五株树，架上五壶醋，
林中五只鹿，柜中五条裤。
伐了山上树，取下架上醋，
捉住林中鹿，拿出柜中裤

G. 舌面音发音不到位

哥挎瓜筐过宽沟，
光顾过沟瓜滚沟，
隔沟够瓜瓜筐扣，
瓜滚筐空哥怪沟。

饶口令训练是针对不同方言语音缺陷的部位来训练的。比如江苏、四川等地的 N、L 不分，上海、江苏等地的前后鼻音不分等。下面的训练是语音的综合训练，大家可以由慢到快、循序渐进地进行练习。

2. 语音综合训练

学好声韵辨四声，阴阳上去要分明。

部位方法需找准，开齐合撮属口形。

双唇班、炮、密、买、坡。

舌尖当、抵、纳、零、丁。

舌根高、口、轰、横、护。

舌面积、奇、笑、千、精。

翘舌主、称、深、热、照。

平舌资、曹、扫、在、僧。

擦音发、憨、西、师、四。

送气爬、台、苦、气、撑。

开口哀、欧、儿、日、争。

合口蛙、舞、摔、船、广。

嘴撮徐、鱼、寻、全、月。

齐齿衣、留、桥、变、英。

前鼻恩、音、烟、弯、稳。

后鼻昂、迎、中、拥、声。

咬准字头归字尾，不难达到纯和清。

绕口令训练熟练后，要加以适当地背诵。为了使绕口令背诵得有趣、生动，你也可以加上一定的节奏进行练习。但同时也别忘了吐字的饱满和准确。要知道你若一旦养成错误的发音习惯，再纠正就难了。练习时，也不能盲目图快，否则，事倍功半。你的绕口令若能达到有声有色、有板有眼、有腔有调的效果，拿来作为观众即兴的小节目与观众分享，也是不错的选择。

二、口腔体操

相信很多同学都有这样的感觉，如果让你早晨主持节目，你的嘴部肌肉，包括你的舌头、口齿都不太灵活。我们必须打开口腔，做一下口腔体操，才能使我们的"嘴皮子"得以放松。然后，你就可以进入演播室进行播音与主持了。

1. 唇操训练

发“哇”音：将嘴唇尽量向两侧展开之后放松，再展开，再放松，反复进行。

发“哦”音：双唇成“O”形，之后放松，反复进行。

发：“爸”音：口唇成半张开状态并迅速闭合再张开，反复进行。

2. 舌操训练

伸、卷训练：张开嘴，舌体尽量前伸之后尽量向上贴近鼻尖，之后保持1—2秒钟，然后再前伸、缩回。反复进行。

上、下训练：口型保持张开，舌尖抵上牙齿龈，舌体前伸，反复训练。舌尖抵下牙齿龈，舌体前伸，反复进行。

绕唇训练：舌贴上唇中间，齿龈外面，顺时针绕一周，逆时针绕一周，反复进行。

口腔体操可在语音训练前做，也可单独训练时做，根据自己的习惯和主持场合而定。总的来说，口腔体操也是放松自己的一种训练方法，主持人常在工作前用来练习。

三、说新闻训练

说新闻，最早源于美国哥伦比亚广播公司(CBS)的沃尔特·克朗凯特，他是Anchorman（新闻节目主持人）的第一个载体①。在上世纪五十年代初期，美国第三十四届总统大选时，美国三大广播公司激烈的新闻竞争中急需一位在复杂的新闻节目中处于中心位置的权威人物来报道新闻，这个人要有把所有的新闻报道串联在一起、并能高度概括的能力，而沃尔特·克朗凯特是当时CBS的最佳候选人。

我国观众第一次看到的主持人说新闻，大概要属陈鲁豫在香港凤凰卫视报道“911”事件时了。在直播报道这一新闻时，她直接把英文翻译成中文，说给观众听。后来，凤凰卫视的《新闻早班车》等栏目也采用了这个方式来说新闻了。

“说新闻”主要区别于传统的“播新闻”，前者是“说”，后者是“播”；前者较为主观，后者较为客观。随着时代的发展，观众越来越喜欢听主持人“说”，而不是听主持人“播”。主持人的个性特征，在“说新闻”的过程中，逐渐被观众接受和喜欢。

---

① Anchorman的英文意思是指“在接力赛中(新闻竞争)跑关键的最后一棒的人”。这一棒没有“主持、指挥、掌管”前三棒的意思，只是体现了一个竞赛群体的战术配合；体现信息传播的“接力性质”和在“最后一棒”的决定性效果。Anchor原意是指泊船时固定位置用的稳定的锚，沃尔特·克朗凯特无疑使这个词的意义发生了改变。瑞典索性把“克朗凯特斯”（cronkiters）称为新闻节目主持人。

而“播新闻”的形式逐渐变少。

说新闻，需要主持人对新闻有敏感度，对热点有知晓度和准确的判断力。在选择、判断、辨识的过程中，主持人要有良好的辨识能力和语言驾驭能力。这些能力的掌握需要长期专业的训练和学习。

【例】敬一丹“说新闻”

原稿：“语言是人类交流的基本工具，但是对于那些因患喉癌做了手术的人来说，他们最大的痛苦就是有口难言。”

敬一丹的“说新闻”稿：“观众朋友，在我这样说着，你这样听着的时候，我们的交流就开始了，这在我们看来很平常的交流方式，对于那些因为患喉癌做了手术的人来说，却不可能，他们最大的痛苦是有口难言……”

“说新闻”是检验主持人业务水平、专业能力的新闻传播形式之一。下面的训练你可以来尝试一下。

说新闻训练

1. 请选择新近报道的国际新闻 3—4 条，进行“说新闻”的练习。
2. 请选择新近报道的当地民生新闻 3—4 条，进行“说新闻”的练习。
3. 请选择近几天的文化娱乐新闻 3—4 条，进行“说新闻”的练习。
4. 请选择近几天的体育新闻 3—4 条，进行“说新闻”的练习。

说新闻的目的是传播信息，让人们及时了解新近发生的新闻。不同的传播媒介，拥有的受众群体也不同，因此，主持人说新闻往往要根据受众的特点，包括受众的习惯来说。在说的过程中，还要加入你自己的思考、自己的态度，这样的传播才会生动而有效，主持人的个性也更容易在你说新闻的过程中让受众家喻户晓。

第二节　自我介绍训练

主持人若要在公众面前从容镇定地表达自己，一般要从主持人自我介绍的训练开始做起。懂得介绍自我的主持人，也是懂得如何去介绍节目的主持人。一个连自己都介绍不好的人，你很难想象他能把别人介绍好，把节目介绍好。若要胜任各种类型的节目主持工作，主持人的自我介绍是他面对公众、面对职业生涯的开始。

善于“自我介绍”是主持人必备的基本素质。这也就不难解释为何主持人大赛中的首个环节便是主持人的自我介绍。如果你的“自我介绍”没有新意、没有创意，那么，观众就很难记住你，评委给你的分数也不会很高。要想在高手林立的赛场上取得胜利，平时的积累和训练就显得非常重要。要知道，“自我介绍”出彩了，你很有可能就能直接实现你的梦想。央视新闻主播胡蝶便是在2007年“白象杯”第五届CCTV电视主持人大赛中脱颖而出的，她在总决赛现场的那段自我介绍，令人印象深刻。

【例】2007年“白象杯”第五届CCTV电视主持人大赛

“白象杯”第五届CCTV电视主持人大赛本着“为中央电视台‘21世纪战略发展后备人才库’储备具有潜质的新生主持人才，推出与国家电视台地位相符‘德艺双馨’主持人”的宗旨，按照“公平、公正、公开”的原则在全球范围进行选拔[①]。全国主持人的选拔赛在经历了半年、四个环节的比赛后终于迎来了总决赛。选拔赛共有17国家和地区的5172名选手报名参赛，经过视频筛选、北京定评、地方面试、初赛、复赛、决赛之后，一共有10位选手最终闯入了总决赛。

总决赛的第一环节便是自我介绍，而自我介绍是选手从初赛到总决赛的每轮比赛中都必先面对的环节。如何使自己在首轮较量中胜出？如何使评委、观众获得最为美好的第一印象？自我介绍当然是选手在总决赛制胜环节中“先发制人”的关键一环，而这一环节的成功完全取决于选手平时的积累与场上的即兴发挥。

以下是总决赛场上的第一、第二位选手的自我介绍：

03号选手的自我介绍：“说实话，站在这儿我很累，真的！就像我上学时参加的800米长跑，最后疲惫得连自己脑子都转不动了，根本意识不到什么得分、什么名次，甚至连比赛本身都不那么清晰了，但是我知道我必须坚持跑完，为了我已经走过的路，也为了一直在为我加油的我的同事、朋友还有亲人。我是曹琳琳，谢谢你们！”

---

① “白象杯”第五届中央电视台电视节目主持人大赛全面启动，央视国际 www.cctv.com，2007年04月29日 11:59，来源：CCTV.COM

这个选手的自我介绍,传达给观众的是一种疲惫感。选手本人很累,观众自然也感到疲惫。她的得分果然不理想。

再来看第二个上场的选手。

05号选手的自我介绍:"我是五号选手孙延夫,这已经是我第四次站在这个大赛的舞台上,这让我想起了我一开始来到这个舞台之前,我对自己说:我可以拿不到奖杯,但是我一定可以成长!今天我也会用自己的努力向大家证实我一直都在努力着、成长着!"

如果说第一位选手说出的仅仅是自己的感受而没有顾及到场上的观众的话,那么,第二位选手的聪明之处便是提到了观众:"我会用自己的努力向大家证实我一直都在努力着、成长着!"然而,这样的表达还不够有力,因为场上的每一位选手其实都在"向大家证实"他们的实力,这句话还不足以表达出他与其他选手的不同之处。结果得分虽然比前面选手高,但也没能让评委感觉意外和欣喜。

胡蝶是总决赛赛场上第三位上场作自我介绍的选手,且看她的告白:

06号选手胡蝶的自我介绍:"又一次站到这个舞台上,我仿佛有了新的感悟。脚下这个箭头是我们人生的坐标,而身旁,有朋友们的力量,前方是老师们塑造的榜样。我终于明白了,箭头为什么要冲向前方,因为,那是未来,那是没有终点的召唤!"

这段自我介绍从容、大方,用"脚下的坐标、身旁的朋友(选手)、前方的老师(评委与央视一线的播音员、主持人)"来衔接、贯穿,受众面全部带到。方位词严谨有序,手势语准确到位。笑容自信、说话缓慢;态度诚恳、语言积极;结尾又掀高潮,效果可见一斑。短短几句话,技压群芳,给人留下了深刻的印象。尤其值得一提的是,参赛的所有选手,没有一个想到要利用赛场地面的箭头坐标作为主题来发挥。结果显示,坐在选手"前方的"的8个评委和50位中央电视台一线播音员、主持人以及100名观众评议员们都给胡蝶投出他们宝贵的一票,在第一轮自我介绍环节中,胡蝶就此拔得头筹,事半功倍。不得不承认,这是个极为精彩的自我介绍。

这段自我介绍时间不到一分钟,总结成功的原因主要是以下三点:

a. 即"地"起兴,凸现主持人的即兴反应能力。

b. 注重受众效应，表现出主持人场上驾驭观众的能力。

c. 主题明确，层层递进，结束留有余味。

相信胡蝶在做这段自我介绍前在心中肯定打好了腹稿，组织好了语言，最后成功地进行发表。因此，自我介绍脱离不了以下三个步骤：

A. 准备自我介绍

学生第一次向公众介绍自己时常犯的错误之一，是想一次讲太多话。你应该选择有限的几个要点，清楚地表达出来。要知道，你不可能把你的一生都告诉大家，更好的方法是专注于一两点、一个故事或一两件事，这些可以说明你是什么样的人。另外，也不该把话题限制在太过专业的话题上。

具体步骤：

1. 自我介绍要先**确定主题**，然后，发挥你的创造力，把自我介绍稿写出来。如果没有可能，就请你打好腹稿，以避免临场慌乱。

2. 应该想办法让你的自我介绍**神秘且有悬念，形象且又生动**。

除了神秘和悬念之外，听众还会对**危险的情形、冒险和戏剧性的东西**产生兴趣。比如你曾参加过漂流、登山等探险活动，这些活动会是自我介绍的良好素材。应该想办法把一些精彩瞬间纳入在自己的介绍里。同时，你还可以调动自己丰富的想象力和绘声绘色描述性的语言使自己的“介绍”生动有趣，令人难忘。要知道，丰富和充满细节的描述总是生动有趣的，远远胜过一些枯燥的语言和抽象的概念。当然，如果你有丰富的幽默感那更是会锦上添花。当然，**幽默要使用得恰当，这样才会出现给人意想不到效果**。幽默应该在自然而然地从表达的内容中流露出来，而不是事先可以设计好的。如果你平时不是一个富有幽默感的人，最好还是做一个诚实和热情的“自我介绍”，而暂时把幽默抛之脑后吧。

写好讲稿、准备腹稿都不是件易事。但是，这样做却可以避免现场犯错或遇到一时说不下去的尴尬场面。相信自己，只要平时多加练习，临场便能急中生智，妙语连珠。

B. 组织自我介绍

不管主题是什么，你的“自我介绍”都应该具备三个主要部分——开场白、主体和结论。开场白要做的第一件事就是要引起注意、唤起听众的兴趣。你可以提一个问题，做一个引人入胜的陈述，或者用一段引文来做到这一点。所有这些方法的目的都是要营造一个令人意外的戏剧性开场白，使听众听到你的开场白便着迷了。

【例】高青同学自我介绍的开场白[1]

各位同学，你们好！

随着时代的发展和科学技术的进步，当今时下有一种流行的产品，被称为高清数码产品。如高清电视机，高清照相机等。我的名字呢就和“高清”这两字同音，但是“清”字无水，高山常青。

要抓住听众的注意力，使自我介绍生动活拨，最忌讳的是“照本宣科”式的平铺直叙。我们可用“比喻”、“排比”等修辞手法，也可用“悬念”设置、“抖包袱”等方法让观众对你的自我介绍充满期待，让他们自始至终的保持“兴奋”，这样你就会牢牢把握住现场的节奏，吸引现场的全部注意力了。

【例】林嘉欣同学的自我介绍[2]

儿时，我非常内向。我觉得我那时像深井里的水那么封闭、那么安静。可是，当思想和想法渐渐地积累到一定程度时，我突然发现我想要表达、想要诉说了！我渴望从我的深井中走出，渴望去与别人沟通交流。于是，我选择了主持专业，一个帮助自己与外人能顺利沟通的专业。

刚开始，我很紧张、很惶恐，像刚从深井里打上来的水一样，七上八下。离开自己熟悉的世界，虽有表达的冲动，但缺乏勇气，那种感觉就像英国影片《国王的演讲》里那个起初有着严重口吃的乔治六世。接着，我觉得自己像一壶正在煮着的水，开始冒一点小气泡，里头酝酿着很多的能量。现在，我虽然还不能像乔治六世那样最后站在演讲台上向广场观众发表讲话，但我相信学习主持的这段经历，的确帮助了我更加成功地释放自己。我还想吸收更多的热量，释放更多的能量。

我不知道我这壶水最终是否会成为一杯唇齿留香的茶，还是会成为一杯香醇浓厚的咖啡，抑或仅仅是一杯解暑的白开水。我不知道其中的答案，但我觉得在我到达我理想的温度和状态之前，一定会不断调试自己，就像卡耐基说过的：“经验，环境和遗传造就了你的面目，无论是好是坏，你都得耕耘自己的园地；无论是好是坏，你都得弹起生命中的琴弦。”这就是现在的我，林嘉欣，一个仍然腼腆，但正在

① 上海戏剧学院继续教育学院 2010 级播音与主持专业学生高青的自我介绍开场白。
② 上海戏剧学院继续教育学院 2010 级播音与主持专业学生林嘉欣的自我介绍。

努力和你沟通，也渴望被你倾听、被你了解的林嘉欣。

你可以有多种方法来介绍你自己，有戏剧性的、有幽默感的、有设置悬念的、也有选取你某些人生片段的。你可以讲一个小故事，也可以设计一个与观众互动的游戏。你可以以情动人，也可以用一系列的排比句和真情、离奇的故事来引人入胜。

【例】徐缘缘同学的自我介绍①

大家好，我叫徐缘缘。缘，是缘分的缘。

今天，我想给大家讲一个故事，一个发生在这间教室的故事。

差不多一年半前，来“上戏”参加戏文系考前辅导班。因为从小喜欢文学，所以就报考了这个专业。就是在这间教室，在那个晚上，她就坐在这张桌子前给我们上课。当时，我紧挨着她，与她面对面地坐在第一排。

记得那是一个冬天的夜晚，她手握着一个水杯，捧着一大堆书，走进了这间教室。课上，她给我们朗读了不同作家的散文：有鲁迅的幽默讽刺，有村上春树的生活观……其中，有许多是她自己对生命、对生活的看法。她的声音轻柔、轻柔的。我记得，第二次上课，她还朗读了我写的散文，当时我就充满了自信，觉得自己一定能够坐进这间教室，开始我的大学生活。

直到拿到录取通知书后，某一天，我上了学校的官网，读到了一则新闻后，才得知这位老师已经不在人世了，永远的离开我们了。我当时就愣住了，我还没来得及说声“谢谢”，还没来得及对她说“老师我考上了”的那句话，转眼间，就阴阳两隔了。

因此我特别觉得缘分是样神奇的东西。今天我们在这里相遇，已经是种缘分。我们能够聊天、说话、互相学习、彼此了解，更是一种莫大的缘分。

听了我的故事，相信大家也对我有所了解，我就是这样一个静静感受生活，时常多愁善感的女孩。感谢生命，热爱生活，让我们珍惜彼此相遇的缘分吧。我是徐缘缘。

当你叙事时，你必须学会利用时间顺序或主题顺序来叙事。不管利用哪种方法，你一定要在“自我介绍”的主体中限制要点的数目。如果你有太多的要点，会给听众造成很大的阻力，他们会花很大力气来辨别你的思路。

---

① 上海戏剧学院戏剧文学系2010级学生徐缘缘的自我介绍。

在两分钟的“自我介绍”中，你只能讲一个故事，一两个要点。一旦选择了这个故事和要点，你就要确保要点和故事都要集中在“自我介绍”这个主题上。用一个过渡性的陈述引入每一个要点，这样可以使重点突出。记住，过渡性陈述只为解决一件事：那就是让听众跟上你的思路。

到了结论部分，你要让听众明白你准备结束了，你要再次强调“自我介绍”的重点部分。如果有可能，你应该努力使用名人名言，或戏剧性、清晰的、富于启迪的话来结束你的“自我介绍”。

【例】武薇莎同学自我介绍的结束语①

最后，我想送上一句心理学的名言与大家共勉：有些时候，我们需要一种危机感来激发我们的潜能，唤醒我们内心深处掩藏已久的人生激情，来实现人生的最大价值。一个人的平庸，多数不是因为自身能力不够，而是因为安于现状，不思进取的结果。你在平淡的生活中埋没了你自己，就不要因此去羡慕别人头上的光环。要知道，我们每个人都有能力为自己带上最美的花冠，只是你还没有清醒地认识到这一点。谢谢大家，我将与大家共勉！

C. 发表自我介绍

如果我们照着稿件来介绍自我，我们与听众的视线交流就会被切断。这样的交流生硬、缺乏热情。因此，在你发表自我介绍时，也请注意要把稿子逐字逐句背下来，并需记住要点和能够刺激你记忆的关键词。这样的话，当你站在听众面前时，你就可以把“自我介绍”的主题通过自己的语言即兴地表达出来。

【例】牛智君同学的自我介绍②

大家好！

我来自孔孟之乡——山东。我叫牛智君，智慧的智，君子的君，希望今后能成为一名智者。孔子说过：知者不言，言者不知。意思是：明智的人不会轻易讲话的，轻易讲话的人是没有真知灼见的。《论语》有子曰：君子务本，本立而道生。意思是指：君子要追求做人的根本，根本立起来了，人生的大道自然就生发出来了。

---

① 上海戏剧学院继续教育学院2010级播音与主持专业学生武薇莎的自我介绍结束语。
② 上海戏剧学院继续教育学院2010级播音与主持专业学生牛智君的自我介绍。

作为90后的我，不“哈韩”，更不“哈日”，就“哈中”——“哈我们中国的传统文化”。我非常喜欢《论语》这本书，喜欢孔子的学说。日本的著名文学家井上靖说：“要懂中国，必须懂孔子。”他撰写的《孔子》一书，销量不仅创下了半年时间80万册的奇迹，还成为日本历任首相的必读书籍。毫无疑问，孔子是中华民族文化的代表。我认为作为中国人、作为一名90后，更应该热爱国学，传承中华文化的精粹。通过学习古人的思想与智慧，能够让我在浮躁的社会中，更加清醒、更加深刻地认识自己。我时常用孔子的话来激励自己，那就是：“不患无位，患所以立。不患莫己知，求为可知也。”意思是：不要担忧自己没有成功的职位，应该担忧自己有没有担任职位的本领和才能。不要担忧别人不知道你的能力，只求不断地充实自己，让自己有真才实学。这就是我一个热爱国学的女孩子的内心思考。我希望大家能和我一样爱上国学，并受益良多！

你的自我介绍必须寻找到自己的特色，这其中包括你的身份、职业、出生地以及受教育等方面的情况。当然，如果有必要的话还可以说说你的性格、你的想法和人生目标。这所有的一切都要根据当时的具体情况来决定。当你要作自我介绍时，一定要提前作好准备，要有合理的结构安排、时间安排，要掌握好节奏，在规定的时间内完美地呈现你自己。①

自我介绍训练一

根据自己的爱好、理想、气质、名字等，做一个自我介绍。要求以声传情，达到与众不同的效果。

自我介绍训练二

利用一件个人物品来做一个自我介绍。道具是一只鞋子，这位同学离开讲台，拿着她的鞋子，指着鞋子上面的东西，宣称这些反映了她生命的不同方面。

自我介绍训练三

告诉大家一件有趣的故事，或者一次非同寻常的经验。要求不要照着稿子念。

---

① 参阅［美］史迪芬·E·卢卡斯著，俞振伟译《演讲的艺术》，第67—79页，复旦大学出版社，2007年版。

自我介绍训练四

请回答下列问题,要求快问快答。然后合并同类别答案,组成一篇自我介绍。

你的优点是什么?

你的缺点是什么?

你的爱好是什么?这个爱好给你带来了什么好处?这个爱好为什么没有转移?

你的烦恼是什么?

你最珍惜的是什么?

你最讨厌的是什么?

你最崇尚的是什么?

你最喜欢的格言是什么?

你平时经常想的是什么?

你做人的信条是什么?

你最大的愿望是什么?

你怎样评价自己?

你最喜欢的颜色是什么?

你最喜欢的季节是什么?

……

训练目的: 在公众前能够从容、自信地表达自己。

训练提示: 在镜头前说话,要自如,放松,和平常说话时一样,要学会科学的发声方法,使自己的嗓音富有表现力。

克服怯场提示: 积极的思考、充分的准备、想象成功表达的情形,那你就克服怯场了!因为我们发现紧张无非是以下两种情况下导致的:1.准备得不充分。2.心里有杂念。如果你准备得又充分,心中又无杂念,紧张就完全不存在了。

尽最大努力地完成训练,放松心情去体会自己,把自己想要说的话准备好、组织好、发表好,认真练习,不断尝试,你一定会惊讶地发现,你已经能在镜头面前自如、流畅地表达自己了。

自我介绍训练是节目主持人的基础训练,它不仅能充分挖掘学生的表达潜力,也能培养学生的受众意识,使学生尽快地掌握在公众面前自信展现自我的能力。

主持人的自我介绍训练也是主持人由内而外,不断净化自己、提升自己、反思自己、表现自己的一个训练过程。不同时间、不同场合、不同对象，主持人都要说出不同的内容来展现自我。一个能够清晰地在公众面前表达好思想的人，相信他也一定能胜任各类节目主持工作的。

第三节　交流训练

我们并非独自生活，而是与其他人共同生活。我们周围的人并不是与我们不相干的人，而是以各种方式与我们紧密相关的……我日益相信，爱是人间最强的纽带……至少我希望那些与我有关的人不是令我不愉快的人，同时我也希望我能使别人快乐。

——日本物理学家汤川秀树[①]

对话不仅是人的基本交流形式，是天性，而且也是文明的起源。

——美国哈佛大学教授杜维明[②]

人活在这世界上是需要与人交流的。鲁滨逊遇海难流落在一个与外界隔绝的小岛上，但他还有一个交流的对象，是他教化的土人'礼拜五'。尚无此交流对象，笛福的《鲁滨逊漂流记》恐怕也写不下去。曾任上海市副市长、中国国务院新闻办主任的赵启正和曾任中国外交部发言人、中国外交大使的吴建民，特别推崇交流艺术，两人合著的《交流使人生更美好》使广大读者充分领略了交流对人生的意义。他们认为：那些善于交流的人，容易推动自己的工作去取得成就，容易使自己处于较温暖的环境之中。充分的交流、随时的沟通一定是每个成功的婚姻、和谐的家庭所具备的。[③]他们对于交流艺术的观点以及经验，对主持人工作有很大的启发意义，是主持人需要认真学习的。因为，主持人的工作就是和别人交流，一个不善于

---

① 转引自［日］池田大作、［美］保林（Linus Pauling）著《生生不息为和平》，周伯通译，第52页，广西师范大学出版社2007年版。

② ［日］池田大作、［美］杜维明著《对话的文明》（卞立强、张彩虹译），序二，第4页，四川人民出版社，2007年版。

③ 赵启正、吴建民著《赵启正、吴建民对话录——交流使人生更美好》，作者序，第7页，世界知识出版社，2010年版。

与人交流的人，是不能胜任这项工作的。

交流是门学问，也是一门艺术，对于主持人来说首先便是要有意识地去培养自己良好的交流习惯，训练自己与人交流的才能，提高自己的交流水平。下面的交流训练将有助于你提高这方面的意识、锻炼自己的交流能力，从而更好地把握好自己工作、学习乃至生活的方向。

交流训练（一）——眨眼"杀"人

这个训练是英国皇家艺术学院原院长尼古拉斯·巴特尔的训练法。目的是让学员学会观察、接受、交流，这正适合主持人的交流训练。大家在训练过程中，必须严格遵守游戏规则。

游戏很简单：一个人会被秘密地决定他是杀手，这个人可以"杀"死整组人中的任何一个。怎么"杀"呢？用眼睛"杀"！如果有人被杀手眨了下眼睛，那他必须在三秒内表现死亡，以便给杀手足够的时间逃脱。

游戏里的每个人都可以给杀手提出挑战。怎么挑战呢？就是对他吐舌头。如果杀手被吐了舌头，那么，这个杀手必须要死。吐舌头的这个人就变成下一个杀手。如果，"眨眼"和"吐舌头"同时发生，那么，杀手也被杀死。我们看看谁能活到最后。

现在，请大家围成一个圈，手放在肩上、闭上眼睛。杀手是那个被我碰了后背的人，这个人是第一个杀手。现在，开始走动，必须要不停地走。人们总想停下来看，到底谁是杀手。但，这是不允许的。

训练提示：杀手不能连续杀人，必须等第一个倒下后再杀第二个。另外，其他人为了逃脱被杀，总是吐舌头，这也是被禁止的。要学会用你的眼睛去观察、去交流、去判断。当判断对方是杀手时，立刻吐出你的舌头进行自卫。大家尽量保持警觉。

这个训练要求大家注意力非常集中。在一个很安静的环境中进行这个游戏，会造成很有趣的气氛。你会观察到人"死"的瞬间，能量释放的过程。学员们要非常严肃对待这个练习，你将会从中得到与众不同的感觉。①

交流训练（二）——身份反串

交流是需要对象感的，没有对象的交流，是不存在的。因为交流对象的不同，交流的内容和方式也会不同。下面这个练习是为了帮助学员在交流时因对象的不

① 参阅卢昂主编《国际导演大师班 英国卷 2010》，第 142 页，上海书店出版社，2011 年版。

同而建立对象感的，以便明确我们交流的目的所在。

以下是课堂训练的录音：

老师：这个训练需要同学们分成A和B两组。A、B两组的知识地位不同，A组的每个同学要想尽办法教会B组(你的对手)做一件很简单的事情，而B组的同学完全不知道这件事情是什么，他们是特别“无知”的，甚至连完成它所需要使用的器物都不认识。所以，B组的同学要把自己放在一个无知的状态里，要非常渴望学习。而A组同学则要耐心地教他们。练习结束的时候，B组一定要“学会”做这件事情。

[练习开始了，排练厅的各个角落都传来一些听起来很幼稚、很可笑的问题。即便如此，学生们还是很专注地在进行着练习，直到老师喊停。]

第一组

老师：各组成果怎样？

A：哈，她完全回归到了幼儿阶段，什么都不会，拿着一支笔在我脸上乱画。我正在教他画画。

B：哈哈，我是会画画的，但就是要装着不会，然后他就很无奈，一直都很耐心地在教我。到后来，我都不想说我不会了。

老师：对，如果B回归到幼儿的状态是比较好的，因为幼儿时期的无知状态是最真实的。

第二组

老师：你们这组呢？

B：她教我跳《江南Style》，然后我装着自己很笨，不会跳。最后，她特别聪明，帮我摆着姿势教我跳。

A：我教他跳嘛，因为要放慢动作教他，我自己都有点乱了。于是，就帮他摆动作。

老师：那你最后学会了吗？

B：是的，学会了。我觉得她特别聪明，教我摆动作吧！我不得不跟着她做，她这么慢慢地教我，怎么教也能教出来了。

老师：这说明她教得很好。A和B的关系就像是老师和学生，老师教什么，学生就做什么。大家注意，我们观察老师是如何教的，是非常有趣的，因为她的对象感很明确——一个无知的孩子！

第三组

老师：第三组工作情况如何？

A: 我觉得特别地无力。我教她画画，提到黑色的时候，他就问我什么是黑色？提到白色时，她问我什么是白色，提到灰色，问我什么是灰色。我后来提到了手上的汗毛，他就问手上的汗毛为什么要叫汗毛，她把我原先想教她的所有东西都给岔开了。

B: 我就是给自己设定一个非常幼稚、非常无知的状态。她说的一切，只要超出我智力范围的，比如她说铅笔，我就说铅笔是什么？然后她说：是木头和里边的化学物。我说：化学物是什么东西，她无语了。然后，她说到汗毛，我就问汗毛是什么东西。只要超出我的智力范围的，我觉得我都应该问啊！

老师：所以，同学们你们想，如果特定的受众是一个4岁左右的孩子，你要跟她讲故事，真的就不能跟她说概念，而要跟他们说特别具体、生动、形象的事情和物体，这样才会惟妙惟肖，尽可能让他们懂得你的话语，并能身临其境地进入你所营造的故事氛围中去。唯有这样，你讲话、讲故事的目的才能达到。这个练习的目的就在于，根据不同年龄的受众对象，要求你们换各种方式和你交流的对象进行有效的交流。

第四组

A: 我教他写字，写1和2。因为小孩子嘛，比较喜欢吃糖，我就说1代表一块糖，2代表两块糖，但他不喜欢学这个，就喜欢吃糖。我说你学会了1，就可以吃一块糖。然后我就跟他比划，但她又问我，我怎么比划得跟她写出来的不一样呢！顿时，我就不知道该怎么办了。

B: 我觉得对方很聪明，引的点很简单。另外，她没用概念来教我，写字也不用纸或笔，是一个很自然的状态在教我。

老师：对了，同学们，其实你设定的任务越简单越好完成，因为儿童的注意力是不能长时间集中的，所以你不能长时间去教他做单一的事情的。用糖来做诱饵启发孩子学习，这点对小孩来说应该是有诱惑力的。如果B不配合，那问题出在哪里呢？你们可以到生活中去试验一下这个年龄段的孩子。观察生活，对我们主持人来说也很重要。

第五组

A: 我教他做 Excel 表格。(众笑)然后,他就是幼儿,不知道什么叫 Excel 表格,不知道电脑是什么。于是,我跟他说电脑可以玩游戏,然后他特别感兴趣,我们就开始打开电脑,他说: 屏幕亮了。然后,我就教他打字,他说他学过拼音,就开始学着打字。

B: 因为小孩是不懂 Excel 表的,她说把电脑打开,我表现的是把电脑拆开来。我们和第二组有异曲同工之妙,就是都运用了肢体语言。他们的幼儿是站起来学跳舞的,我这个老师是蹲下身来教我的。

老师: 说到把电脑拆开来——这一点特别好。我小时候听收音机时,感觉收音机怎么会有人在说话? 认为里面一定有个人,于是就想把收音机拆开来,把那个藏着的人找出来。这是很有意思的事情,因此儿童是最天真,但也是最具想象力的。

我们这练习的关键在于, B 的状态应该是有创造力的表演。B 无知的状态能激发 A 的创造力。如果 B 知晓的东西越多,练习就越无趣。对于 A 来说, B 知道那么多东西,也会让 A 受挫,并感到无能为力的。

第六组

A: 我教我的搭档拉小提琴,她坐着,比较低一点,于是我就跪下来教她。我教她怎么做,她就很配合,这样的学生我也很喜欢。(众笑)

B: 刚开始我不知道他要教我什么,就问他,他拿了个水瓶子比划,那个矿泉水瓶又太短了,不像小提琴。然后大概是我的无知激怒他了,他最后生气了就说: 你站起来! 老师真实的一面就显露出来了。(众大笑)

老师: 变得无知是不容易的。作为老师,他应该特别有耐心,一定要教会这个孩子这件事才对哦。

第七组

A: 我教她转水,水转快了之后就会有一条线(A 用力摇动矿泉水,水在里面转了起来,真的形成了一条线)。她刚开始说没有线,因为是这么转的,就转不出来,后来我们就开发出了新的办法。

B: 对,一开始的时候,我总看不出有线。我说你这没线,你自己转不好还教我呢。我知道他跟我讲的是水因急速转动形成气泡,这些气泡又组成了一条线,后来我可以看见了。

老师：那你觉得这好玩吗？不好玩的话，你可以说自己渴了想喝水。

B: 对，不好玩，后来呢，我自己再尝试的时候研发了一个新方法。我的方法跟他的不一样，但是在尝试过程中，我很开心，最后我自己就转出气泡线来了，很高兴。

老师：在这里提示一点，如果A教你的是错误的方法和动作，B也必须要接受他错误的信息。也许第二组的《江南Style》不是那样跳的，但是学生也只能跟着那样跳。

第二组的B：对，对，她跳的时候，左右手的上下位置都放错了，应该是反着放的，我只能跟着她那么学了。

老师：所以说要变得无知是特别不容易的。作为A——老师，要带学生回到孩子的感觉，这时的A就像是主持人的角色，也像是导演的角色，你们如果把B带到孩子无知的感觉，你们就赢了，说明你们真的进入了角色的规定情境。但是，如果B真正做回了孩子，他们也赢了。你们中，到底谁激发了谁的创造力更多一点呢？谁对谁的交流更多一些呢？

下面我们要换一种方式来做这个练习。现在，大家重新组合，坐下来，填满空间。A必须使用一种B完全听不懂的方言，或者创造一种新的语言来对他进行教学。假设，我们用"DaDa"代替"水"，那么，当你提到水的时候，就要说"DaDa"。总之，A要找一个能够和B沟通的方法，不能依赖语言本身。B一定是无知的状态，A一定要向B慢慢解释，试着教会他。A的任务非常明确，就是教。选择的语言，对方越不懂，你们的任务越艰难，肢体语言的表现力就要求越要丰富。

[每组的A都开始自己创造语言，他们用各自的让人听不懂的语言教会B去学会一件事情。他们中有的用韩语、有的用方言等。]

观察大家做这个练习是非常有趣的！每个人都想用不同的方式进行交流，从开始的不知所措到开始使用肢体语言交流。

第一组

A: 用手和动作进行比划，不通过语言，对方还是会明白的。

B: 挺好玩的。她还是很有表现力的。

第二组

A: 我想教她一首中国儿歌。

B: 通过她的语汇和手势，我知道那是一个小鸭子，有毛毛，会游泳，于是跟着她一起哼唱。

第三组

A: 我想教会他戴眼镜。

B: 他在推销，想把他的眼镜卖给我，然后我就试着戴。

老师：你看来很配合。如果无知的话，可以一开始对眼镜产生好奇，玩腻了，可以把眼镜扔在地上，用脚去踩踩，或者去咬它。小孩经常把什么都拿在手上舔的，以为是可以吃的。今早就有一条新闻说，有一小孩把吸铁石给吃进肚子里了，把小肠夹在当中，像三明治这样。后来经儿童医院的医生进行手术，挽救了这个孩子的生命。这则新闻的启示是，当你是一个无知的小孩时，你是可以做任何事的，我们的想象力还需要再打开一点。

A 不能因为对方看不懂，总想着要改变任务，一会儿要教会他洗澡，一会儿要教会他跳舞。但，你可以通过不同的方式去尝试让他学会做一件事情。如果想要让他洗澡，他不配合你脱衣服的话，你可以直接把他拉到水龙头底下，衣服湿了，他自己就脱了。如果东西很烫，叫他不要去摸没有用，他还会伸手摸，你就带他轻轻去触碰，让他去感受那个温度，他下次就不敢再摸烫的东西了。所以，你们自己要设身处地，投入到自己设定的规定情境中去，而不只是在那示范动作。

第四组

A: 我想教她吃一种热带水果，正设法跟她在演示怎么吃法呢?

B: 我感觉有点难猜。

老师：这说明 A 还没有做到位。

用怎样的方式来达到与对方成功地进行沟通，这往往取决于我们的口头表达的语言和肢体动作的语言。为了让对方明白自己，我们会不断调整自己的语言去与对方交流，去适应不同对象和不同场景的需要。在主持活动中，每个细小的环节都会影响到你的主持，主持人必须要学会慢慢调整自己，使自己主动去适应环境的需要。事实上，你的每次主持都要像第一次主持那样去出色地完成任务。

练习的目的在于开发大家的沟通能力，通过彼此的交流和适应，可通过对方的接受程度来评判自己的交流水平。这样的交流是检测，也是验证，通过不断的练习和尝试,你会慢慢发展起自己的语言表现力和肢体表现力的。当然,训练的方法不止是以上这两种。

主持人上场的前三十秒,至关重要。这三十秒,是你挑战观众、建立气场的关键时刻,也是观众最为注意你的关键时刻。观众可从你的身体语汇和交流语汇中读出你的很多信息。如:这个主持人是资深主持人还是初出茅庐的主持人?这个主持人讲话水平如何?临场经验是否丰富等。因此,善于当众控制并表现你的肢体语言和有声语言,是做好一个主持人的前提。斯坦尼斯拉夫斯基认为,一个好的演员,一定要让对方看到你眼睛里看到的东西,把你的感情表现出来。主持人也同样如此,我们不仅需要依靠语言去建立对象感,还要利用我们的身体、我们的情感去与观众建立起交流感。

我们的观众时常是被动的。在主持现场,为了要激发观众的想象力和创造力,主持人有时要设置一些主动的交流环节,去请教观众,与观众互动,这样才能使得场子暖起来,这就是我们通常所说的"暖场"。"暖场"一般是在观众人数众多的场合中需要,而一对一进行的交流,则要看你的采访水平和实力如何了。

交流训练(三)——采访训练

电视报道员,一方面必须是优秀的采访员,另一方面必须是能使自己的现场采访报道引起观众强烈关心的雄辩家。……他还必须洋溢"个人魅力"。

——CBS《60分钟》总编导唐·休厄特

简单地说,采访就是采访者与被采访者之间的对话,有话则长,无话则短。与日常对话不同的是,主持人的采访是公众前的对话,采访时要考虑到受众的接受与被访者的心理。因此,采访对象和采访话题的选择,不仅要考虑到自己感兴趣的话题和对象,也要考虑到观众是否感兴趣,被访者是否愿意接受你的采访。

采访的过程,事实也是采访者与被采访者之间的思想交流过程,也是两者间的智慧碰撞,对于主持人来说,更是主持人采访水平、思想水平的综合体现。

下面的采访训练是学生的课堂实践。学生是初次尝试采访,因为是首次接触采访,材料也就更显得鲜活生动。虽然,采访中间出现停顿等情况,但作为一种交流训练,这样的采访能有效地促进学生间的交流,培养学生当众采访的意识,并启发他们不断思考问题与采访问题、分析问题的能力。

第一组

采访者：同学你好。我知道你是来自松江校区的，我就想知道，是什么动力让你从那么远的校区赶到“上戏”来上主持课呢？

被访者：我来这里的话首先是因为我姐姐，她是上一届第二专业的学生。她选择了这个专业，然后她上了一年以后觉得非常好，不仅能够锻炼口才，而且以后出去到大公司招聘都可以提高自己的说话水平，这是第一。第二的话我对主持这个陌生的领域本身就很有好奇。来到这里后，的确发现很新鲜，很有效。差不多是这样的。

采访者：我了解到你的专业是会展专业，我大学一年级的时候，对会展也非常感兴趣，参加过很多的会展，看到会展上也有很多主持人，我想问问你以后的发展目标，是不是让你的本专业和第二专业结合在一起，然后变成一个专门从事会展的主持人呢？

被访者：我有这方面的考虑，因为首先我本身就是学会展专业的，如果做了有关会展方面的主持人的话，我不仅有会展方面的专业知识，而且又具备了一些主持人的素质和条件，我觉得这是非常好的一个发展方向。

采访者：你最擅长或者您最喜欢哪一方面的会展？

被访者：嗯……

[采访被迫停止]

老师：采访者刚刚问你的这个问题，你为什么回答不了？

被访者：因为这个问题太大。哪方面的会展，我一时不知道该如何回答她。

老师：好。看来，我们的提问不够具体。采访者在采访别人前，还要再做点功课才行。如果采访者不了解会展，那先得弄清楚会展方面的相关知识。因为概念如果不准确，你的问题便会不明确，对方也就不知道该如何回答你了。另外，即便采访者对会展很感兴趣，也不能随便拿着话筒就去问。因为，这样既不礼貌也容易被人反问问倒，现场会很尴尬。主持人提问，最好要问得专业，你可以不懂专业，但你的提问必须要有质量。越高端的访问，主持人的挑战越大。因为高端访问的火花碰撞，需要同样智慧的高手来对弈。最后，采访者提问的范围不能太大，要根据采访时间来设定问题范围。例如刚才的会展采访，会展涉及的面很广，会展有各种各样，采访者可以直接聚焦到自己感兴趣的会展，如乐器展、灯光展等。这样，提问就具体了。问题越具体，交流也越能顺畅。

老师：还有一个我想问两位同学，你们这些问题事前都商量过吗？

采访者：没有，我就是了解她是会展专业的，仅此而已。我觉得商量过的话，可能对方答得会更流利一点。后来问到会展的问题，她就迟疑了，因为好像说他们的专业课还没有开始？

被访者：我们这学期根本就没有上专业课，都在学校里学习。然而她刚刚问我会展的什么概念，其实我也答不出来。

老师：既然采访前已经知道问题的答案了，这个问题可以不问。因为，再问的话也问不出来。这就是为何提前让你们准备的原因。你可以就采访的大致方向告诉对方，如果对方不熟悉这个领域，你可立刻取消这个问题，由商量过的话题再引发别的相关的话题。但是，你们需要表扬的是有一个问题问得好，这个问题吸引了在场的所有观众。大家说是什么问题？

同学们：就是之前她问她为什么会选第二专业来读这个问题？

老师：是的。为什么这个问题大家都在听呢？因为这个问题跟大家都相关，和大家的经历都相似。相似的经历，能引发现场观众的兴趣，这一点是这组采访告诉我们的。

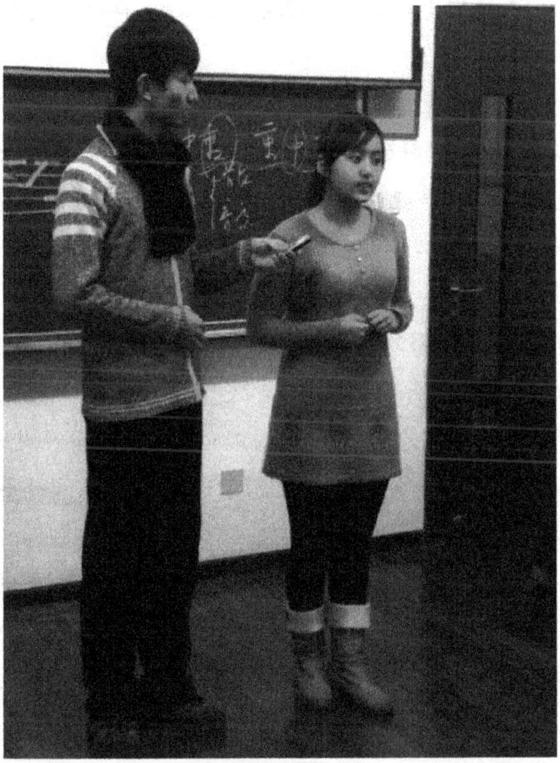

学生采访训练场景

第二组

采访者：您好，据我所知，今天是你毕业的日子，请问你有何特殊的感受？

被访者：嗯，今天我毕业了，我觉得呢……到现在我在这里已经上了……

老师：停！请问采访者现在在哪里进行采访？为什么要进行此次采访？你想过没有？采访一定要真实、客观，不能去表演。对方还没有毕业，你就不能问没有发生的事，否则，就是要对方去表演采访了，这是不允许的。

同学：重新开始？

老师：对，有话则长，无话则短。另外，要学会即兴。即兴采访，是最能产生火花的，当然也会有一定的冒险，这也是考验你平时积累的时候了。还有一点要提醒大家，就是话筒不能轻易交给对方，因为对方如果紧张的话，会紧握住话筒不放，即时，你就被动了。你既不能上去抢，也不能打断他的话。有经验的主持人，话筒一般都是自己握着的，主动权都掌握在主持手里。这样，万一发生被访者说话内容偏离了主题，主持人也顺势把话题拉回。

采访者：您好，请问您上第二专业课有什么不一样的感受吗？可以给我们分享一下吗？

被访者：有的。第一，上课的时间不同。我们用的都是我们自己的每周六休息时间来学习。本专业课学习的时间是比较密集的，而第二专业课学习的周期会相对较长。第二，选择第二专业课程的学习是单方面的选择，大家都因为有同样的梦想才聚到了一起，所以第二专业的课堂是逐梦的课堂、有爱的课堂，是一个比较难得的因爱而学的课堂。

采访者：您所说的单方面的选择是指我们主观的、自发的选择这门课，而不是说我上这个学校是被迫地接受这个课程，是这个意思吗？

被访者：对，因为像我们在经历高考的时候，大多数情况是一个双向的选择，我们考了多少分数，然后有什么样的学校愿意选择我们。选择第二专业课程的学习是我们主观的意愿，大家因为喜欢才来到了这里。

采访者：那可见你有多么热爱这门课程，所以才自动地、自发地去来选择这门课。我想请问一下，因为据我所知您在自己学校，也就是华东政法大学平常的社团，学生会活动也是挺繁忙的，我特别好奇你到底怎么样来分配自己的时间？因为你平常有一些学校的活动，而第二专业课也是要上一整天。有时候，老师还要布置作业，会不会对您平常的一些活动安排造成一定的冲突？

被访者：会，因为人的时间就这么多。但是，我想我们学习也好，生活也好，都是交叉性的，比如说我们对艺术课程最大的实践，可回归到我们日常的学习、生活中，可以去观察、体悟平时的一些活动和经历。我想他们都是相互辅佐、相互促进的。可以帮我更好地搞好学生社团的活动。

采访者：可以和我们分享一下您是怎么来分配这个时间的吗？因为有时候你也可能周六有事，不能来上我们的课，你到底是怎样合理地调配时间的？

被访者：在时间冲突上，回归本质就是一个得与失的博弈，我肯定会去根据事情的轻、重、缓、急来作一些选择。

采访者：了解了，根据事情的轻重缓急来合理安排时间。

采访者：你是法学专业的学生，撒贝宁就是"北大"法学系毕业的，你将来会像撒贝宁那样转行去做主持人吗？

被访者：可能会！这正是我来这里学习的原因所在。现在社会飞速发展，我们整个法律系统的就业形势也不容乐观。今后无论去做一个普法的公众形象，还是去做一个职业法官或律师，其实都需要有一个比较好的表达和综合形象的提升。那对于现在这课程来说，我是为了自己的将来来学习的，我想我的目标很明确。

采访者：谢谢！谢谢你接受我的采访。

老师：同学们，在这里要提醒大家一点的就是主持人概念有一个宽泛的含义，它可以主持工作。就像这位同学是学法律的，她可以成为一个很好的法官，因为在法庭上她其实就是一个法庭审判的主持人。我们不要把"主持"两字定在一个狭义的职业范围内。大家来学习这门课程不仅仅是要成为一个主持人，更重要的是能够学会与人进行良好的沟通。具备良好沟通技巧的人，可以使自己更快地走向成功。

第三组

采访者：首先我还是非常感谢这位同学能接受我的采访，其实刚刚大家说了很多关于我们第二专业的课程，有一些人说我很喜欢或者怎么样，其实我知道你也很喜欢我们主持的课程，我想知道有没有你不喜欢，或者说不太擅长的一部分，但还是要硬着头皮去做呢？

被访者：说到不太擅长，我果断想到的就是辩论，这个很让我头痛。

采访者：印象深刻。

被访者：对。

采访者：那既然我们说这课程里有你不太擅长、不太适应的部分，那你怎么还能坚持下来呢？

被访者：虽然说我不太擅长，也不太喜欢辩论，但是我觉得辩论可以锻炼我。在辩论中，我可以锻炼自己的表达能力，也可以在课堂中向辩论好的同学学习。

被访者：说到这点其实我自己非常有共鸣。我们认识了很多人，也觉得大家都很有缘分，而且我还想到这个问题，我们每星期只有这样一天交流的时间，我们看到大家很多的特点，而且，每个人都不一样。我先拿你做比方。在我的印象中，你是很认真、很严肃的，像今天这样的打扮——穿了一身黑衣服，戴了一个黑色的眼镜框，我想知道你有没有做过疯狂的事？

被访者：大多数人对我的印象都是这样的，但是我想跟你们说，我做过很多疯狂的事情。比如我小的时候袜子破了一个洞，我就会用剪刀把它剪出很多洞来，然后再穿上它，我觉得这很时尚。再比如，在家的时候，我有时候会根据自己脑子里想到的人物形象把自己打扮成那样，在屋里面说一些台词，自己会玩得很 HIGH。有时候甚至还会在屋里给自己开一个演唱会呢！

采访者：比如，你模仿过谁呢？

被访者：我喜欢的歌手，林宥嘉、蔡健雅，然后我会在家中的各个房间走、疯唱。

采访者：有道具吗？

被访者：有，什么道具都可以！床单、文具盒都可以用。我还做过那种在窗口吟诗的事情呢！

采访者：还是很有诗意的一个女生，那我想知道，你妈妈作为你的观众，怎么评价你的呢？

被访者：说到这个我还真想说一下，我妈妈开始的时候会说：一个女孩子不要这样，邻居会觉得你很吵，会影响到别人。但是后来我有时还会这样疯狂，这时候我妈就不说我了，但也不理我了，她该做什么就做什么，织毛衣或者说在那做饭、看电视等，根本就不会理我。这个时候我就觉得自己特无聊，因为没有观众了，我就会去问妈，你能不能理我一下？她只对我说一句，我已经习惯了。然后，我只能灰溜溜地走掉了。包括有时候在宿舍里面，也会自己玩得很 HIGH，在那里戴着耳麦大声唱。

被访者：是不是室友们也已经习惯了？

被访者：对，后期她们都不会理我，她们都习惯了，都不再理我了。呵呵。

采访者:(面对观众)我们看得出我身边的这个同学还是很可爱的,也有很不合常规的一面。这说明其实我们每个人都是很多元的,我们不可能看到其他人的全部,虽然我们还是有很多的交集的特点,对彼此已经有了一定的了解,可还是不能凭一面之缘去判断一个人。那我想问一个问题(面对被访者),你觉得我是一个什么样的人?

被访者:我觉得你是一个理性比感性多一点的人。

采访者:好吧!我也觉得我是一个多面的人,这个问题下次再跟你讨论。再次感谢你接受我的采访。

老师:好。我首先要表扬这位采访者,因为她是主持式的采访,她眼里有观众。她在采访过程中始终没有忘记观众,你看她的姿势、她的身体语言,都是面向观众开放的,她不是自顾自地对自己感兴趣的话题采访,而是始终在观察观众,是否跟她一样对这个问题感兴趣,所以大家才会对她的问题有反应,会对她有一个会心的微笑,这一点,我们在场的同学都要向这位同学学习。我们要采用主持式的采访,引导观众带入到我们的规定情境中来。其次,我也要表扬被访者,她很放得开,而且不拘谨,非常坦诚地告诉大家她是一个什么样的人。可以说,她很配合采访,所以这一点也是被访者的幸运。最后,我想对采访者表达我的遗憾,因为你刚才问到她很 HIGH 的时候做的疯狂的事情,可是,你并没有抓住这个机会,让她给我们也 HIGH 一下,因为她也说了她缺乏这样的观众。

采访者:我本来是想的,但是我后来怕时间不够。

老师:没关系,当听众已经融入你的采访时,你要抓住机会。有时候,我们要善于调控现场的气氛,因为。你的采访是为了观众。观众尽兴了,主持人就成功了。但还是要表扬一下你的话题掌握得很好。被访者呢,你有没有什么遗憾?

被访者:我有一个遗憾就是我觉得我还没有充分地表现我自己,没有表现得淋漓尽致,感觉不爽。

老师:对,这就是我们也遗憾的地方。另外,采访者也要注意,当你说:"那你评价一下我吧,我是一个什么样的人?"老师觉得这句话似乎有点唐突。既然你关注的是她,那就不要转移话题说自己,你在这个时候结束是最好的。

……

采访训练的实践有很多种,操作简便而实用,是训练学员进行成功沟通和交流的基本方法。总之,主持人采访也罢,主持也罢,都是从观众出发,按照观众的需求来调整自己，然后用你的真诚和智慧去感染观众，成为观众的知己。主持人在采访中不能以自我为中心，更不能居高临下。采访，不是为了表现自己，而是要挖掘对方内心的真实，这就是采访会带给我们惊喜的原因所在。在训练中，虽然，同学们只是第一次接触采访，但是，他们这样的交流与反馈带给课堂的惊喜是可想而知的。这种接触和交流，往往使他们自身获得意想不到的收获。在实践中，我们显而易见地看到了他们彼此关系的变化。随着课堂实践的深入，学生们不仅在交流中获得了知识，也在交流中赢得了友谊。把课堂实践的例子放在书中，虽然还有许多的不完善的地方，但是，真实的课堂记录或许会给我们意想不到的收获。

主持是一门不断实践的艺术，随着教学实践的深入，我们的交流训练也在逐渐增加难度，使得当众说话不再成为一个难以攻克的关口。

第六章　类型节目的主持训练

舞台与电视主持的训练差异

舞台类节目(综艺晚会)主持训练不同于电视类节目主持训练。舞台类节目主持的训练注重舞台表现,侧重主持人在舞台上的整体呈现;而电视类节目主持的训练则重点考察其在荧屏前的表现,这两者借助的媒介不同,他们的表现方式和交流方式也就不同。

1. 表现方式不同

首先在语言表现方式上。站在舞台上的主持人,为了使自己的语言清晰有力地传达到舞台下观众的耳朵里,必然要求主持人的声音响亮、表现丰富。因此,往往要在音高、音量、音准上狠下功夫,以备做到未见其人、先闻其声、先声夺人的效果。在声音的要求上,和戏剧舞台演员对声音的要求是一致的,它们都需要声音有穿透力,字词点送要清晰、传达要有力。距离观众越远,主持人的声音越要有表现力,要达到以声传情、以情感人、声情并茂的效果。观众也许看不清你的脸,但可以从你的声音中就能辨别你是否是专业人士。因此,舞台节目主持人的声音训练、尤其是台词训练是摆在首位的训练。有时为了表情达意的需要,主持人要适当地延长语音、突出重音、强调情感,以便能感染观众。舞台节目主持的语言训练和戏剧舞台演员的台词训练有相近之处,两者可以取长补短。所不同的只是演员说的是剧中人物的台词,主持人说的是节目串联词以及根据节目内容而发表的即兴语言。然而,在驾驭舞台的表现力上,两者又是相通的,这也就可以解释为何有戏剧演员专业背景的节目主持人可以很好地驾驭舞台,成为晚会中心人物的缘故。

其次在形体表现方式上。舞台节目主持一出场就应吸引到观众,把观众“震住”,让观众眼睛一亮。主持人上台亮相的一刹那,能否“压得住台”也是对主持人的一种考验。俗话说,台上一分钟,台下十年功,说的也就是这个意思。主持人只要往台上一站，聪明的观众大概就能猜出你身上有没有真“功夫”。因此，你的台风、你的气质都通过你的形体的控制力、讲话的语速等表现出来。这也就是说在上场前，你要积蓄能量，对所要讲演的内容都一一过滤，胸有成竹后，方能上场。这也就是我们常常看到的一些造诣很深的艺术家，在上场前总是在舞台角落里悄然酝酿自己情绪，而不高声阔谈的原因所在。

关于身体语言，包括主持人对自己形体的控制等，本书第三章第三节“表情语言和肢体语言训练”中已有详细表述，在此就不再赘述了。总之，舞台节目主持对主持人形体的要求、肢体语言的要求要高于电视节目主持的要求。因为这是在场上的活生生的交流，而不是通过摄像机进行镜头切换的交流。

相反，在电视镜头前主持节目，节目主持人反倒要调整自己说话的音量、放松自己面部的表情，尽量做到亲切自然，而不需要像舞台主持人那样用力地去表现自己。要知道，电视摄像机就如同放大镜一样，只要你稍一用力，就会显得夸张，电视观众就会感觉不舒服，觉得你有点做作。为使你的说话更自然、更有分寸，最简单的方法莫过于把台词口语化，把观众具像化。说每一句话，像是对自己最熟悉的人、自己的亲人说话一样，时间久了，就自然改掉说话夸张、让人别扭的感觉了。总之，影视类节目主持说话要求口语化，要像与家人聊天一样亲切自然、从容大方，使观众感受到你的真诚与亲和力。形体动作和身体语言的幅度也要有所控制，荧屏前的身体动作不能太随意，不能太懈怠，要像在家中接待贵宾一样积极而有分寸。同时，根据你谈话内容和方式来进行不断调整。

2. 交流方式不同

舞台节目主持由于直接面对舞台下的观众，因此，他与观众之间的交流是“活生生的交流”。这就要求主持人除了掌握舞台表现力以外，还要善于在舞台上与观众进行即兴的交流。比如舞台上节目与节目之间如果出现换景的时间较长、演员出场的顺序突然颠倒或出现中断、评委分数还没能及时算出等，这时就要求主持人来稳住观众的情绪，与观众进行必要的交流。你可以即兴做一首诗，也可以即兴唱一首歌、说一个小故事，当然也可以现场采访观众、与观众互动。要知道，即兴的交流，有时的确能增加主持人的魅力，凸显主持人的才华，从而达到出人意料的效果。

《梨园春》节目主持人倪宝铎以前是相声演员，因此他的舞台经验很丰富，平时积累的那些相声小段，关键时刻也总能用上。有一回《梨园春》节目现场打分，电脑突然死机了，工作人员都很紧张。这时，他就用上了他平时积累的故事，随机应变了：

“你看,它这电脑也不听话,电脑有时还不如人脑呢!电脑它毕竟是人发明的呀。有时候它一捣蛋,人也拿它没办法。下面我给大家讲个文明礼貌的故事。我们现场的观众真的都非常文明礼貌,你看我们这儿出事故了,没人起哄,大家都依然静静地在那儿听,这让我想起了前些年,有一回我坐公交汽车快到百货大楼那儿了,正准备下车。咔!那司机一急刹车,后面那男同志不自觉地推了前面那女同志一下,前面那女同志不乐意了,‘德性!’‘哎!’人家那男同志是知识分子。‘同志,那不叫德性,那叫惯性!旁边一小伙子‘哟!哟!哟!还惯性哪,真他妈的,拽什么拽!’‘哎,你怎么骂人哪,真不文明!年纪轻轻的一点礼貌都不懂。你以为我们知识分子就不会骂人吗?他母亲的。’人家骂得也文质彬彬。现场观众放声大笑,这时我一看,导演示意,电脑恢复了正常,我马上:‘朋友们,现在我们看看分数是多少……’。”①

倪宝铎的临时救场,调节了观众的气氛,节目因此得以顺利进行。由此可见,主持人的临场发挥,需要主持人具备随机应变的素质。

而影视类节目主持与观众的交流是通过屏幕、镜头进行的,是间接的交流。主持人在镜头前必须把镜头当成人,当成一个自己最想与之说话、与之沟通的一个对象,而不是与一架冰冷的机器对话。这里面涉及到你把镜头当谁的问题。如果你把镜头当作你的亲人,那也许你的一个眼神就够了;如果你把镜头当成一个恋人,那又会显得过火、不自然;如何拿捏好分寸,这需要你自己去实践、体会的。举一个例子,崔永元在节目中如果不开玩笑,那就不是他了。他如何来拿捏与观众交流的分寸的呢?他的办法就是他想要在节目中说的段子和笑话,首先让他父亲来检验。他的父亲是较为严肃,也比较严格的一个人。如果这个段子、笑话,他父亲都没有异议,那他就觉得可以在电视说一说,他于是就找到感觉了。因此,如果你把镜头当成熟人,那可能是你与观众之间最恰当的距离。你与熟人说话,就避免说套话、废话,甚至假话。因为跟熟人不好意思啊,跟熟人也不会居高临下,更不会咬文嚼字。与熟人说话的另一个好处就是你在镜头前会尽量少说那些没劲的话。这样,观众对你就会有好感。总之,在镜头前,主持人要争取做到“目中无人,心中有人”,这是播音员、主持人的看家本领。学会这个本领需要通过训练和一段时间的实践才能达到。

① 费泳《戏曲电视研究》,第234页,上海古籍出版社,2012年版。

第一节　舞台类节目的主持训练

在现实生活中，人人会说话，但为何有些人说得好，有些人说得不好呢？为何有些人的表述是那样生动，而换个人表达，意思就完全不一样了呢？若要认真推敲，里面还真有学问。慢慢地，你就会发现，那个会说话、说话生动的人，他的语言表现力是极佳的。

一、舞台主持语言表现力的训练

（一）重音、停顿、语气语调训练

1. 重音　为了将思想表达得清楚明白，在句子中，有些字或词我们会加以强调，这些被特意强调的成分我们叫它重音。重音又分语法重音、逻辑重音、情感重音。

语法重音——根据语法结构来确定的重音。

在口头表达时，我们必须把句子所要表达的“在哪里？”，“为什么？”、“如何？”、“怎样？”等要表述清楚。

【例】

纸做的玫瑰花。

宿舍的走廊里坐着一个人。

他的脸红得像个苹果。

由上可见，语法重音往往是放在定、状、补的语法成分上。

逻辑重音——你为何要说这句话，你在表达这句话的“潜台词”，便是你的逻辑重音。斯坦尼拉夫斯基说过，逻辑重音包含着“潜台词”的灵魂。它往往传达的是说话者想要表达的最真挚、最本质的含义。

【例】

我知道你会唱歌，（别人不知道）

我知道你很会唱歌，（你不要再骗我了）

我知道你很会唱歌，（别人是否会不知道）

我知道你很会唱歌,(唱的不是一般水平)
我知道你很会唱歌。(其他的会不会我不知道)

【例】重音设定的讲述训练

练习下面的独白,注意确定和表达重音:

金子!黄黄的、发光的、宝贵的金子!它可以使黑的变成白的,丑的变成美的,卑贱变成尊贵,老人变成少年,懦夫变成勇士。这黄色的努力可以使异族同盟、同宗分裂;它可以使诅咒的人得福,使害着癞病的人为众人所敬爱;它可以使窃贼得到高爵显位,它可以使鸡皮黄脸的寡妇重做新娘,即使她的尊荣可以使身染恶疮的人见了呕吐,有了这东西也会恢复三春的娇艳;它可以使冰炭化为胶漆,仇敌互相亲吻;它会说任何一种方言,使每一个人唯命是从。它是一尊了不得的神明,即使它住在比猪窠还卑劣的庙宇里,也会受到人们的膜拜顶礼。(选自莎士比亚《雅典的泰门》)

2. **停顿** 停顿有语法停顿、生理停顿和心理停顿之分。根据标点符号所作的停顿,是语法停顿。停顿的时间长短完全根据不同的标点符号来表现。逗号,停顿时间短一些。句号,停顿时间长一些。惊叹号除了有句号相同的作用外还表示语气的加重,所以它停顿的时间与前一个字收尾有着联带关系。省略号表示意犹未尽,所以最后一个字要采用渐弱加停顿的手法,给观众造成字音断而意不断的感觉。冒号是引述别人的话,需要作硬性的语法停顿。除此之外,讲完一大段话需要停下来喘口气继续说的,这是生理停顿,因为思想、情感的变化所引起的停顿是心理停顿。主持人如果能很好地控制自己的气息,生理停顿和语法停顿往往会结合起来进行停顿,观众听起来也有比较流畅的感觉。心理停顿通常能起到逻辑重音的效果,不同的人读同样的文章,起到的效果也往往不同。有时,人们也会把心理停顿称为情感重音。

【例】报菜名

蒸羊羔、蒸熊掌、蒸鹿尾儿、烧花鸭、烧子鹅、卤猪、卤鸭、酱鸡、腊肉、松花、小肚儿、腊肉、香肠儿、什锦酥盘儿、熏鸡、白肚儿、清蒸八宝猪、江米酿鸭子;罐焖鸡、罐焖鸭、山鸡、兔脯、菜蟒、银鱼、清蒸哈什蚂、烩鸭丝、烩鸭腰、烩鸭条、清拌鸭丝、焖黄鳝、焖白鳝、豆豉鲇鱼、锅烧鲤鱼、清蒸甲鱼、抓炒鲤鱼、抓炒面鱼、软炸虾腰、软炸鸡；炝白虾、炝青虾、炸面黄、炝竹笋；汆银鱼、熘黄菜、芙蓉燕菜；炒虾仁、烩虾仁、烩银丝、烩海参、烩鸽蛋、炒蹄筋；蒸南瓜、酿倭瓜、炒丝瓜、酿冬瓜；焖鸡掌、焖鸭掌、熘鲜蘑、熘鱼脯、熘鱼肚儿、熘鱼骨儿、熘鱼片、醋熘鱼片、三鲜苜蓿汤；红丸子、白丸子、苏造丸子、南煎丸子、干炸丸子、鲜虾丸子、三鲜丸子、四喜丸子、葱花丸子、豆腐丸子、一品肉、马牙肉、红焖肉、白片肉、樱桃肉、米粉肉、坛子肉；炖肉、大肉、松肉、烤肉、酱肉、酱豆腐肉、烧羊肉、烤羊肉、涮羊肉、五香羊肉、煨羊肉；汆三样儿、爆三样儿、清炒三样儿、烩虾子儿、熘白杂碎、三鲜鱼翅、栗子鸡，煎汆活鲤鱼、板鸭、筒子鸡。

3. 语气语调

语气语调在语言交流中担负着传达情绪情感的任务。它是由语速的快慢、音调的高低、音量的大小、力度的强弱、语调的(上行、平行、下行)走向，作为物质构成的。这些构成语气语调的诸多因素相互配合，幻化出人们喜怒哀乐、千变万化的情绪情感。而语调的走向我们可以称它为语势。语势可分为上行语势、平行语势和下行语势三种，它们在表达情绪情感方面各有自己不同的基本涵盖。上行语势一般可以表面欣喜、欢乐、轻松向上的情绪。平行语势则可表现比较平和、安详和冷漠等情绪。下行语势可表现庄重、沉痛、愤怒等一类情绪。当然，这里讲的只是就一般情况而言，是一般规律。在实际工作中语势还有许多复杂的变化，比如人们有时也用上行语势冷嘲热讽表现某种轻蔑的情绪，但是无论怎么变化都是从基本含义衍化而来的。

【例】练习下面的散文，注意确定和表达重音、表示停顿及各个人物的语气语调。

落花生

我们屋后有半亩隙地。母亲说："让它荒芜着怪可惜，既然你们那么爱吃花生，就辟来做花生园罢。"我们姐弟几个都很喜欢——买种的买种，动土的动土，灌园的灌园；过不了几个月，居然收获了！

母亲说："今年我们可以做一个收获节，也请你们爹爹来尝尝我们的新花生，如何？"我们都答应了。母亲把花生做成好几样食品，还吩咐这节要在园里的茅亭举行。

那天晚上的天色不大好，可是爹爹也到来，实在很难得！爹爹说："你们爱吃花生么？"

我们都争着答应："爱！"

"谁能把花生的好处说出来？"

妹妹说："花生的味道很美。"

哥哥说："花生可以制油。"

我说："无论何等人都可以贱价买它来吃，都喜欢吃它。这就是它的好处。"

爹爹说："花生的用处固然很多，但有一样是很可贵的。这小小的豆不像那好看的苹果、桃子、石榴，把它们的果实悬在枝上，鲜红嫩绿的颜色，令人一望而发生羡慕之心。它只把果子埋在地底，等到成熟，人们才把它挖出来。你们偶然看见一棵花生瑟缩地长在地上，不能立刻辨出它有没有果实，非得等到你接触它才能知道。"

我们都说："是的。"母亲也点点头。爹爹接下去说："所以你们要像花生，因为它是有用的，不是伟大、好看的东西。"我说："那么，人要做有用的人，不要做伟大、体面的人。"爹爹说："这是我对于你们的希望。"

我们谈到夜阑才散。所有花生食品虽然没有了，然而父亲的话现在还印在我的心版上。（选自《许地山文集》）

（二）单白、独白、对白训练

单白、独白和对白的训练是经常用来训练舞台演员的台词功夫的。演员在舞台上的语言表现力如何，完全取决于这个训练的内容。舞台节目主持人由于要在舞台上表达自己，经过此环节的训练，才能更好地掌握自己语言的节奏和语言的重音。也就是说，经过舞台表演训练之后，再来训练主持人在电视机前的说话，就有可能使主持人在台上、台下都能收放自如地与观众进行交流。这样，也就能够较好地达到当前社会对节目主持的各种要求。即便今后不能从事主持人工作的学员，因为受过这样的训练，也能较好地去担任影视剧及专题片的各种配音工作，成为一名出色的配音员。

【例】

《复活》卡秋莎 单白训练

（怒）您说什么？要跟我结婚？哈哈……什么，什么？您要不跟我结婚就对不起上帝？……上帝！（正式语气）公爵先生！我又从您的嘴里听到上帝了，（斜角，抱双臂）可那是多么残忍的、吃人的上帝啊！（整理披肩）我倒是记得那天晚上的事了，您要听吗？

我从您姑母那里听到了你要从前线回来的消息，我是多么欢喜，多么高兴啊！我相信您一定会到我们村子来的。（恨）可是，您给您姑母的电报却说有公事要到彼得堡去。这可把我急坏了，我决心到车站见您一面，我怎能不见您呢？肚子里的孩子已经好几个月了。（快说）我打听到你们的火车是夜里两点钟到我们这儿，我等您姑母睡了，我就换了一双胶鞋，把围巾蒙着头，提起裙子就赶到车站去了。

那是一个好闷热的晚上啊！大颗大颗的秋雨，下一阵儿又停一阵儿，路上一两尺远的地方就看不大清楚，树林子里黑的跟炭炉子似的，平常很熟的道也走迷糊了。等我赶到车站，（响铃音效）已经响过第二遍铃了。我一跑到月台就赶到头等车那边去。

车厢里是雪亮的，桌子上点着手臂粗的蜡烛，天鹅绒的安乐椅上坐着两个军官在打扑克，我一眼就看见了您——那靠着椅背同人家笑着说话的不正是我日夜想念的人吗？我一看见您，就用冻僵的手敲向那窗子！（响铃音效）第三遍铃又响了，火车就要开了，我急了，一边用手敲着窗子，一边把脸贴在玻璃上，但我靠着的那节车厢也动起来了！我就一面望着车子里面，一面跟着车子走……正在这个时候，我看见您站了起来，并朝着窗子走来了，我的心扑扑直跳，我以为您该叫我了，可谁知道（哭腔）您是过来放窗帘的。

正在这个时候，（火车音效）列车长推开我，跳上了车。我还是沿着月台上湿淋淋的地板跟着车子跑，月台跑完了，我就一滑一滑的跳下台阶在平地上跑啊，跑……（紧缩）风是那样的厉害，我头上的围巾快吹掉了，……头等车已经走了，二等车也走了，三等车也很快的过去了……，在那风雨中，我拼命追呀，追呀……一下子跌倒在泥土里，（坐）我坐在那里放声大哭……，我想：啊！他走了，待会火车来了，我就钻到车子下面去，就什么都结束了……

正在我打着这主意的时候，我肚子里的孩子突然地动了起来，我那时真是好为难啊！死吧，为了这个小东西，我又怎么能死呢？我只好慢慢地站起来，凄凄凉凉地走回去了……（对他）喔，不到一个月，我就被你姑母赶出来了。

（结束音效）从那天晚上起，我才认识了你们的上帝，认识了男人！（转）我再也不受上帝的骗了，也不再受你们的骗了！（对他走去）十年前，我做了你快乐的牺牲品，如今，你又想用我来拯救你的灵魂吗？哈哈……公爵老爷！现在，我是一个女犯人了，您用不着到这种地方来，请回去吧！……走开！我讨厌你，讨厌你的

脸,你的样子,你的眼泪,什么都是假的,什么都是假的!我恨!我恨我那时候为什么没有死!(哀怨地哭泣)

【例】

《王子复仇记》哈姆雷特独白训练

生存还是毁灭?这是个问题。究竟哪样更高贵,去忍受那狂暴的命运无情的摧残,还是挺身去反抗那无边的烦恼,把它扫一个干净?去死,去睡,就结束了。如果睡眠能结束我们心灵的创伤和肉体所承受的千百种痛苦,那真是生存求之不得的天大的好事啊。去啊,去睡;去睡,也许会做梦!唉,这就麻烦了,即使摆脱了这尘世,可在这死的睡眠里又会做些什么梦呢?真得想一想,就这点儿顾虑使人受着终身的折磨。谁甘心忍受那鞭打和嘲弄,受人压迫、受尽侮蔑和轻视,忍受那失恋的痛苦、法庭的拖延、衙门的横征暴敛,默默无闻的劳碌却只换来多少凌辱。但他自己只要用把尖刀就能解脱了。谁也不甘心呻吟、流汗,拖着这残生,可是对死后又感觉到恐惧,又从来没有任何人从死亡的国土里回来,因此动摇了,宁愿忍受着目前的苦难,而不愿投奔向另一种苦难。顾虑就使我们都变成了懦夫,使得那果断的本色蒙上了一层思虑的惨白的容颜,本来可以做出伟大的事业,由于思虑就化为乌有了,丧失了行动的能力。

在这段独白中,哈姆雷特将自己的人生架构在了一系列的矛盾之上:沉默还是爆发?果敢还是颓废?复仇还是等待?生存还是毁灭?他直率地将这类问题置于自己的独白中和读者及观众讨论。

这段独白的经典,不仅在于哈姆雷特将自己的生活上升到了哲学思考的高度,更在于哈姆雷特从此赢得了重生。“默然忍受命运的暴虐的毒箭,或是挺身反抗人世的无涯的苦难……这两种行为,哪一种更高贵?”这自然让人想起鲁迅的那句经典的“不在沉默中爆发,就在沉默中灭亡。”古今中外,上至王侯将相,下至平民百姓,又有哪一个不是在抉择中求生存?莎士比亚的伟大之处,正是用一个角色写出了所有人的人生。

每每哈姆雷特高声吟颂或是低声细语,我们在为主人公的命运揪心时,哪怕一次不经意的反躬一瞥,总能在自己的身上找到和哈姆雷特的相似处:贯穿于生命始终的抉择与矛盾。这或许就是我们身上的“哈姆雷特的味道”吧?!

【例】

话剧《日出》片段
陈白露与小东西对白训练

［屋内还是昏暗的。这时，由左面食物柜后悄悄爬出一个人，倚着柜子立起，颤抖着，蹑足向门口走，预备乘机溜掉。白露这时觉得背后悉索声。她立刻转身，那人影钉在那里，一动不动。］

陈白露：（低声）谁？（没有回应，吓得不敢动）谁？你是谁？（还是不答应，她大声）你是干什么的？

那人：我……我……

（白露赶紧跑到墙边开灯，室内通亮。在她面前立着一个瘦弱胆怯的小女孩子，约有十五六岁的样子，两根小辫子垂在胸前，头发乱蓬蓬的，惊惶地睁着两个大眼睛望着白露。她穿一件满身油渍，十分肥大的蓝绸褂子，衣裙同袖管几乎拖曳地面。下面的裤子也硕大无比；裤管总是在地面摩擦着，这一身衣服使她显得异样怯弱渺小，如一个婴儿裹在成人的袍褂里，寒冷和恐惧使她不住地发抖，在她亮晶晶的双眼里流露出天真的哀求。她手提着裤子，一点一点地向后蹒跚着。

陈白露：（望着这可怜的孩子）哦，原来是这么一个小东西。

小东西：（惶恐地）是，小姐。（向后退，不小心踏在裤管上，几乎跌倒）

陈白露：（忍住笑——却故意绷起脸）啊，干嘛跑到我这儿来偷东西！啊？

小东西：我没有偷东西。

陈白露：（指着）那你这衣服是谁的？

小东西：（低头看一下衣服）我，我妈妈的。

陈白露：谁是你妈妈？

小东西：（呆呆地撩开眼前的头发）我不知道我妈妈是谁。

陈白露：（依然忖度地）你妈妈住在什么地方？

小东西：（指屋顶）在楼上。

陈白露：（恍然）哦，你在楼上，可怜，你是怎么跑出来的？

小东西：（声音细得快听不见）我要跑。

陈白露：怎么了？（小东西低头不作声）怎么了？

小东西：他们前天晚上——

陈白露：你说，这儿不要紧的。

小东西：他们前天晚上要我跟一个黑胖子一块睡。我不肯。

陈白露：哦。

小东西：我不肯，他们就打我，拿皮鞭子抽。昨天晚上他们又把我带到这儿来了。那黑胖子又来了，我实在是怕他，我吓得叫起来，那黑胖子气走了，他们……（抽咽）。

陈白露：又打你了？

小东西（摇头，眼泪流下来）没有，隔壁有人，他们怕人听见。堵住我的嘴，掐我，拿……拿烟扦子扎我，（忍住泪）您看，您看！（伸出胳膊）

（白露拉住她的手。）

小东西：（痛楚地）啊！

陈白露：你怎么啦？

小东西：痛！

陈白露：天！被扎成这样……

小东西：（盖上自己的胳膊）他们怕我跑，不给我衣服，叫我躺在床上。

陈白露：你跑出来的时候，他们在干什么？

小东西：在隔壁抽烟打牌。我才偷偷地起来，把妈妈的衣服穿上。

陈白露：你怎么不一直跑出去？

小东西：（仿佛很懂事地）我上哪儿去？我不认识人，我没有钱。

陈白露：你妈妈呢？

小东西：在楼上。

陈白露：不是，我说你的亲妈妈，生你的妈妈。

小东西：她？（眼眶含满了眼泪）她早死了。

陈白露：父亲呢？

小东西：前个月死的。

陈白露：哦！可是你怎么跑到我这里来？他们很容易找着你的。

小东西：（恐惧）不，不，不！（跪下）千万不要叫他们找着我，那他们会打死我的。（拉着白露的手）小姐。

陈白露：你起来。（把她拉起来）我没有说把你送回去，让我们想个法子，你先不要怕。

小东西：（颤抖）嗯，我不怕，我不怕。

……

【例】《茶花女》片段

杜瓦尔与玛格丽特对白训练

杜瓦尔:(站在院门口)是玛格丽特吗?

玛格丽特:是的,先生,请问您是哪一位?

杜瓦尔:我是杜瓦尔。

玛格丽特:杜瓦尔先生?

杜瓦尔:是的,小姐,阿芒的父亲。

玛格丽特:(发窘)阿芒不在这儿,先生。

杜瓦尔:这我知道,小姐!……我有件事要跟您谈一谈。小姐,为了你,我的儿子连名声和家产都快要毁尽了。

玛格丽特:先生,您弄错了。感谢上帝,我现在已经没有什么可以让人责难的,我也没有接受阿芒任何东西。

杜瓦尔:您的穷奢极侈是人尽皆知的;照你这么说,我的儿子竟然恶劣到同您一起挥霍你从别人手里骗来的钱了?

玛格丽特:先生,请恕我不客气;我是个女人,我又是在我自己的家里,这两重理由都在我这一边,因此我请您注意对我应有的礼貌;您现在同我讲话用的语气,可不像是一个上等人,而且是同我第一次见到的上等人的语气啊,所以……

杜瓦尔:所以怎么样?

玛格丽特:所以请原谅我要失陪了,(站起)我看这样做对于您比对于我更有好处。

杜瓦尔:果然,听到了您这些话,看了您这样的态度,很难说这些话是假的,这态度是装的。人们早就对我说过,您是个危险的女人。

玛格丽特:不错,先生,是危险的;不过是对我自己危险,而不是对别人危险。

杜瓦尔:危险也罢,不危险也罢,小姐,阿芒为了您要倾家荡产了,这可是千真万确的!

玛格丽特:出于我对阿芒父亲的尊敬,我再对您说一遍,先生,我再对你说一遍,您搞错了。

杜瓦尔:(出示信),这封信里写的是怎么回事?这是我的公证人给我的信;他通知我说阿芒为了您要卖掉一份产业。

玛格丽特:先生,我可以向您发誓,要是阿芒当真做了这件事,也是瞒着我做的;因为他很清楚,如果把卖了产业的钱给我,我是一定拒绝的。

杜瓦尔：不过，您的话，可不是一向都这么说的啊！

玛格丽特：您说得对，先生；那是因为从前我并没有爱上谁啊！

杜瓦尔：现在呢？

玛格丽特：现在，上帝可怜我，给了我一个补过的机会，我现在正在用一个女人能在心底深处找到的最最纯洁的感情在爱一个人。

杜瓦尔：高谈阔论倒是来得挺快。

玛格丽特：请听我说，先生……上帝啊，我知道，像我这样的女人，即使赌咒发誓，人们也不会相信；可是，我还是要以我在这个世界上最宝贵的东西，以我对阿芒的爱情向您发誓：他为了我要卖产业的事，我实在不知道。

杜瓦尔：不管怎么样，小姐，您总得靠什么维持生活吧？

玛格丽特：先生；有些话我本来不想对您说，现在您逼我非说出来不可，我自从认识您的儿子以后，为了让自己对他的爱情同以往我身边的所谓的爱情没有丝毫相像的地方，我把贵重衣服、首饰、车马当的当、卖的卖；刚才仆人对我说，有先生要见我，我还以为是我的经纪人来了呢，我正要让他去拿我所有的家具、油画，如果您不相信我说的话，那就请您看一看这份单子。先生，我可没有料想到您会来，您总不会以为这单子，是为了欺骗您而事先准备的吧。（拿出卖契递给杜瓦尔先生。）

杜瓦尔：一份卖家具的契约，买主负责替您还债，并把多余钱款付给你。（惊奇地看着玛格丽特）难道我真的怪错了您？

玛格丽特：是的，先生，您错怪了我；不错，我过去是个放荡的女人；是的，我有一个不光彩的过去。自从我爱上了阿芒，为了洗刷我过去的污点，我流尽我最后一滴血也心甘情愿。啊，不管别人在您面前说三道四，反正我还是个有良心的人，我是个好人；您要是了解我，您就可以看出来……把我改变成这个样的，就是阿芒——他以前爱我，至今还在爱我。您是他的父亲，您想必也是像他一样善良的人；我请求您不要对他说我的坏话；他会信以为真的，因为他爱您；我呢，我同样也尊敬您，敬爱您，因为您是他的父亲。

杜瓦尔：请你原谅，小姐，我刚才实在太唐突了；我以前不认识你，所以没想到在你身上竟会有我如今发现的许多美德。我来的时候，因为阿芒很久不写信给我，又不孝顺，非常生气，便误以为是您的过错；小姐，请您多多原谅。

玛格丽特：先生，我非常感谢您说的这番美好的话。

杜瓦尔：那么，我就要求您以崇高感情的名义，给阿芒一个表明您爱他的最伟大的证据吧！

玛格丽特：啊，先生，我求求您，我知道您要我做的一件可怕的事，我早就料到会发生的，您早该来了，因为我太幸福了。

杜瓦尔：我现在已经不生气了，我们以两颗赤诚的心在交谈，我们的主张虽然不一样，我们的爱是相同的，只不过我们彼此妒嫉，都争着要向我们所爱的人证明自己的爱罢了，您说是不是？

玛格丽特：是的，先生，是的。

杜瓦尔：您的心灵中有一般女人比不上的慷慨大度；因此，玛格丽特，我是以一个做父亲的身份同您说话，我这做父亲的到这里来，求您让他的两个孩子能够得到幸福。

玛格丽特：两个孩子？

杜瓦尔：是的，玛格丽特，两个孩子。我有一个女儿，她年轻、美貌，纯洁得像个天使。她爱着一个年轻人，她也像您一样，把自己终生的希望都寄托在这次爱情上了；她要加入一个体面的家庭，这个家庭也要求我的家庭里一切都清白体面。上流社会的要求是很苛刻的，尤其是外省的上流社会。不管您在阿芒的眼中是多么纯洁，而且由于您刚才流露出的感情，我也认为您很纯洁，可是在社会上其他人眼里，您却并不纯洁，他们将永远只看到您的过去，而冷酷无情地把您拒之门外。我未来女婿的家人已经知道了阿芒现在的生活作风，他们已向我宣称，如果阿芒不改变现在的生活，他们就要退婚了。一个跟您无怨无仇的年轻姑娘的终身大事，也许就要毁在您的手里了。玛格丽特，请以您的爱情的名义，把幸福给了我的女儿吧。

玛格丽特：先生，您真好，竟肯这样同我说话，我怎么能拒绝这样真诚的要求呢？是的，我理解您的处境；您说得有道理，我可以离开巴黎，我可以同阿芒分开一段时间。这对于我会是痛苦的，但是为了您，我愿意这样做，好让您再也没有什么可埋怨我的地方……何况以后相见时的快乐，会使我忘记分别时的悲伤。我相您总可以允许他给我写信，而且，等他的妹妹出嫁以后……

杜瓦尔：谢谢您，玛格丽特，谢谢！不过我要求的不仅是这个。

玛格丽特：不仅这个！您还有比这更高的要求？

杜瓦尔：您听我说，孩子，该做的事，还是爽爽快快地做了吧；暂时分开一阵子是不够的。

玛格丽特：您要我永远离开阿芒吗？

杜瓦尔：非这样做不可！

玛格丽特：这是绝对办不到的！……您难道不知道我们俩是多么相爱吗？您难道不知道我没有朋友，没有父母，也没有家人的吗？阿芒已经原谅了我的过去，当初阿芒原谅了我的过去，他发誓要让我得到这一切的温暖；从那以后，我就把自己的生命整个儿寄托在他身上了。还有，您难道不知道我是个得了不治之症的人，活不上几年了吗？要我离开阿芒，先生，就是立刻叫我死啊！

杜瓦尔：哎呀，哎呀，还是安静点儿，别说得太严重了……您还年轻，又很美丽；您所说的病，只不过是以前生活不大安定，有些疲劳罢了。我知道，我要求您做的牺牲是非常大的，不过这是您迟早总得做的。您认识阿芒才三个月，尽管您爱他，可是凭这么短时间的爱情，就有权利把一个人的前途给完全破坏了吗？再说，要是有一天您突然发现您并不爱我儿子，您又爱上另一个人，岂不是太迟了吗？

玛格丽特：这决不可能，先生，我从来没有爱过什么人，也永远不会爱上什么人，像我现在爱阿芒这样。

杜瓦尔：就算是这样吧！您准备为我儿子牺牲一切；可是，他接受了您的牺牲，能有什么同等的牺牲来和您交换呢？他先占了您的美妙年华，以后呢，他厌烦了，因为人总有个厌烦的时候的，那时候会发生什么样事呢？要么他像一般人那样，指着鼻子责骂一顿你的过去，扬长而去，说他这样对待您不过是照别人的样儿行事罢了。要么他做一个诚实的人，和您结婚，或者至少和您同居。这种关系或者婚姻既没有贞操作基础，又没有宗教作倚靠，也没有家庭作归宿。你们的相爱并不是两个人纯洁感情的结果，也不是两个人天真爱情的结合；而地上人间最常见的狂热，是由一方的一时高兴和另一方的过分幻想产生出来的。等到你们两人都老了，这狂热的感情还能剩下什么？谁敢担保您额头的第一条皱纹不把他眼上的罩纱揭开？谁敢担保他的幻想不随着你的青春一起消失？

玛格丽特：哦！的确是这样！

……

二、舞台主持语言交流感的训练

我们知道凡是优秀的节目主持人都是要根据节目需求与现场嘉宾、观众进行自然亲切、平和流畅的交流，以调节现场气氛，拉近与观众的距离，营造融洽、和谐的气氛。所以主持人在现场的交流质量如何，是衡量一个节目成败优劣的关键。主持人的现场交流主要分为台上交流和台下交流两种，主持人既要善于同台上的人交流，又要善于同台下的观众交流。

舞台主持人的交流感训练也按照其交流的对象不同而分别进行。

(一)与台上的人交流

舞台上,主持人的交流对象一般有两种,第一种是自己的主持搭档;第二种是前来表演节目的演员以及被邀请来讲话或颁奖的嘉宾。作为主持人,你要善于与他们沟通、交流。有时候,这种交流往往是主持人在台下排练的间隙就要预设和准备的。

1.要善于与台上的搭档交流

彩排时,对你的主持搭档,你应该是有充分时间去配合、磨合的。两人有什么不一致的想法和看法,在彩排时就要进行沟通。尤其是涉及到一些细节、节目规则之类的部分,要进行充分地沟通。这样,在舞台上,就不会出现因两个主持人的误判而使节目出现尴尬情况,引起观众的不满。

和自己的搭档除了要在节目设置、舞台规则上达成共识之外,还要根据你们自己的特色和专长来合理地分配主持任务。如分配采访对象、主持环节等。要知道,如果是大型的晚会或大型的真人秀比赛,就会涉及到人物的即兴采访。如果你们在主持前就有了分工,这样,到了现场才不会乱了分寸,也有利于主持人提前各自去做好准备等。这样的准备越充分,临场的互动和主持就能发挥得越出色。

总而言之,和你自己搭档的配合事关一个节目的成功。节目成功了,你们就都成功了。反之,两败俱伤。这点,主持人要引起足够的重视。整体的和谐,才是节目的追求。不管是哪个环节出现问题,两个主持人都应是台上的"消防员",及时去救场,以达到观众满意的效果。

2.要善于与台上的嘉宾交流。

很多优秀的主持人也非常擅长与台上的演员、嘉宾"打"成一片,插科打诨、幽默风趣,这也活跃了场上的气氛。而有些主持人对于节目邀请来的演员和嘉宾,就没有做足功课,采访、说话都很随便,这就不利于双方的交流。相反,如果主持人对嘉宾有足够的了解,并且还能与嘉宾进行表演的互动,那就能使节目妙趣横生、精彩纷呈了。著名节目主持人叶慧贤就很善于与台上的嘉宾进行互动、交流。

【例】第一届"卡西欧"杯家庭演唱大赛决赛(1986年2月)

主持人:老巫,你东西拿错了,应该拿碗。

巫:今天准备加些花样。

主持人：敲瓶。什么都能敲吗？缸子？

巫：能敲

主持人：盆子？

巫：能敲。

主持人：桌子？

巫：能敲。

主持人：袜子？

巫：……（众笑）

主持人：开玩笑。复赛中我问您是不是准备成立“碗琴协会”，有很多电视观众还真以为您在“碗琴协会”工作。所以借此机会，请您介绍一下您到底在哪工作？具体搞什么？

巫：我是个普通人。现在上海汽车电机厂干热处理工。

主持人：您爱人呢？

巫：在一个厂工作。

主持人：也是工人。所以说是一个普普通通的工人家庭，也是一个热热闹闹的音乐家庭，现在还是一个万众瞩目的新闻家庭。

这样的互动是成功的，这样的交流看似是即兴的，其实是主持人经过长期实践、经验累计的结果。按叶惠贤自己的话说：“即兴”如同绿茵场上的临门一脚。主持人首先要高度兴奋，其次要松弛、要自信，而这些就离不开平时的训练和积累，只有平时的实践磨砺多了，你才能在现场的“刹那间”捕捉到最有价值、最为闪亮的东西，你才能“信手拈来，张口就有，一语中的”。①

【例】金华小姐评选 1993年5月

主持人：你们认为谁有希望当选……

甲小姐：（笑而不答）

主持人：沉默是金

乙小姐：（斗争了一会儿）我觉得我有希望

主持人：自信是胜利的武器。

---

① 参见叶惠贤著《荧屏的瞬间——叶惠贤即兴主持100例》，第2页，上海人民出版社，1998年版。

丙小姐：不管谁当选，对我来说都是个学习的机会。

主持人：恩，谦虚是进步的钥匙

……

这是叶惠贤在金华小姐评选的晚会现场又一次妙语生花的“即兴”。他与参赛选手间对答如流、急中生智的“即兴交流”，给观众留下了深刻的印象。

善于“即兴”是一种主持风格，也是一种主持思想，这是为受众服务的思想。台上的嘉宾是为节目而来，他们有的在台上会显得非常紧张，这时候，主持人就有义务也有责任要消除他们紧张、缓和现场的气氛，以便于达到节目演出的质量。为了达到与嘉宾交流的良好效果，主持人事先必须得了解你的嘉宾、熟悉你的受众、熟悉主持环节的每一个程序、熟悉主持的环境，等等，这样才能达到节目播出的目标。一句话，在你主持时，你必须要了解台上的同事和嘉宾，以便在交流时达成默契。

下面这个练习是两个人配合默契的练习，用来训练舞台上的主持人与他人的合作意识。

交流感训练一：分享空间练习①

练习开始时两个同学为一组。总的要求是相互为对方创造出一个空间，同时相互利用对方创造的空间活动起来，分享这一空间，例如：一个同学用双臂前伸，双手指尖相对，在胸前创造出一个圆的空间；另一个同学就可以从这个圆圈中钻进去。如果一个同学把双腿分开站立，让两腿之间形成一个三角形的空间，那么另一个同学就可以从这个空间中钻过去。但是，这两个同学之间不能说话，也不能用眼睛、嘴等去暗示对方该做什么，只能是用自己的形体所创造的空间让对方去适应，并去感觉对方为你提供了什么样的空间，然后就去分享他为你所创造出来的空间。这样，他们在相互活动中，你给我创造空间，我去分享；我又给你创造空间，你去分享，一直到这两个同学之间形成默契，不间断地在相互分享对手所创造出来的空间为止。

训练提示：在两个同学做练习时，老师一方面要鼓励同学们尽可能地为对方创造出可供分享的空间，但又要提醒同学们一定要注意对方给你提供的空间，并尽

① 梁伯龙、李月主编《戏剧表演基础》，第92页，中国戏剧出版社，2009年版。

可能地去利用他，分享它。如果两个人在练习中可以达到一种默契时，老师就可以增加一个人，变成三个人一起来分享相互之间所创造的空间，然后可以是四个人、五个人、六个人……

（二）与台下的观众交流

交流是沟通的前提，沟通是产生共鸣的基础。作为主持人在不断培养提高节目中与同台的演员、嘉宾交流意识的同时，还要注意提高与台下的观众的交流意识，让主持人与观众在交流中心意相通，让情感在交流中得以宣泄和升华，让节目在交流中走进观众的心里。

崔永元是主持电视谈话节目的天才，不管大人、小孩，本地的、外国的，他都能与对方进行成功的交流。其中最重要的一点便是他能抓住观众心理，以不变应万变。在熟悉节目、准备充分的情况下，他的幽默、诙谐，总能活跃场上的气氛。他与观众进行的交流，哪怕是些大白话，也都闪烁着智慧的火花，蕴含着他高超的艺术、人文修养。

【例】《实话实说》——与世纪老人的即兴对话

新世纪即将来临时，《实话实说》节目组请来了“世纪老人”——隆友于，这位百岁奶奶带来了93位子孙。在浓郁的“世纪亲情”中，节目开始：

崔永元：奶奶，您先说，您觉得我们中央电视台哪个节目办得比较好呢？

奶奶：哪个节目办得好？这个节目办得好——你看全是我们的人。

崔永元：您出生的时候是在1901年，那还是在清朝。

奶奶：清朝。

崔永元：您对那个时候有什么印象？

奶奶：那个时候不能说。我没有吃过一天的安乐茶饭。

崔永元：奶奶，您说现在好不好？

奶奶：现在当然好了，女人站起来了，女人能够说话、能够办事了。

崔永元：奶奶，您说吃五谷杂粮，心情愉快，不生气，还有什么秘诀呀？

奶奶：劳动，我注意的是劳动。平时一秒钟都不停，到现在衣服不要别人给我洗。屋子的擦、扫，我哪个屋子都不要别人给我打扫，我自己打扫。

崔永元：奶奶说她现在每天还在劳动，我觉得电视机前的观众肯定不相信，一个百岁老人现在还在劳动。一开始我们也不相信，所以呢，我们就派了一个摄制组，到奶奶家去拍摄她劳动的场面。三点钟我们就出发了，因为奶奶早上四点钟就起来劳动，回来以后，我们的摄影师个个哈欠连天……奶奶，您刚才说喜欢看电视，但是，我看您家里收音机特别多。

奶奶：有两个。好像一天不听就不舒服。

崔永元：您关心国家大事。关心国际上的事吗？

奶奶：国家大事我都关心得很。

崔永元：您知道美国现在正在选总统吗，现在？

奶奶：我知道，布什，小布什嘛！

崔永元：奶奶，您看这是我给您准备的礼物。我听说您喜欢收音机，我特别高兴，因为收音机便宜。奶奶，这合适不合适？我特别选了一个大钮的，大钮的奶奶使用起来方便。

崔永元：(面向大家)其实奶奶的观念，我们听起来特新。但是，是不是就这么新呢？是不是所有的新鲜事都能接受呢？

女儿：也不是。比如说我举个例子，我的女婿从国外回来的时候给我买了一个洗衣机，第一次用洗衣机，她怕浪费水，完了以后，大盆小盆，非要把洗衣机所有的水都接起来，我说太累了，不要了……卖了(洗衣机)又舍不得，后来，她的衣服从来都是用手洗，她不要用洗衣机。

崔永元：我觉得奶奶的这个观念特别好，因为现在很多城市都缺水，大家一定要重视节水的问题。

……

从以上访谈内容，我们发现，崔永元的问题具体而又简单，让一个百岁老人随即就能应对。在双方交流中，观众不仅能感受到这个百岁老人的亲切、慈祥和可爱，也能感受到崔永元的睿智与深刻。尤其是崔永元在最后点出了老人坚持不改的好习惯——“节约用水”这个话题，让我们很多人心有灵犀。相反，现在有好多主持人在采访老人时，比老人还要啰唆。在采访前，先发表一通感悟和见解，然后再进行采访，这样的本末倒置，非但老人容易摸不着头脑，观众听得也是云里雾里。因此，剧组里有一句话，在这里用来形容主持人就显得很合适：“你到底是爱心中的艺术，还是爱艺术中的自己？”主持人不妨拿出镜子对照一下。如果，你爱节目、爱观众甚于爱自己，那就对路了。在这里，我们不妨向崔永元看齐。

交流感训练二：镜子练习[①]

在培养主持人感受力与适应力的训练中，可以重复运用双人与多人等一系列的模拟练习，以达到主持人观察对方、揣摩对方心理时，与对方能成功地用身体、语言等手段进行交流的目的。

作为一面“镜子”——镜中影像的同学，除了要模仿照镜子的同学的动作之外，还应该去揣摩对手的心态，并且尽可能地去创造出与之相应的体验。例如：照镜子的同学对这镜子拔下一根头发端详片刻后，轻轻地叹了一口气，然后把头发吹走了。那么作为镜中影像的同学就应该尽可能地去体会照镜子的同学的心态。然后，在此基础上，老师可以让作为镜中影像的同学想象自己是照镜子的人的另一个自我，并与照镜子的同学展开内心独白的对话。

【例】

照镜者：（拔下一个头发，端详片刻，自言自语地）老了！

影像：（模仿照镜者）别难受，刚一根头发有什么了不起。（吹去头发）

照镜者：（模仿影像吹去头发）不过，日子过得真快呀，可我这些年都做了些什么呢？（用双手手指理了理头发）

影像：（模仿照镜者）可是也不能怪你呀！文化大革命一搞就是十年，你想干什么能让你干吗？

……

这样的对话还可以继续下去。这样就要求两个同学之间相互模仿，相互体会对方提供出来的心理状态。但是，这种练习必须是即兴的，而不是事先两人编好了对话去进行表演。

总之，舞台节目主持人应该是整台晚会节目和观众之间的桥梁。作为舞台节目主持人，需要知道主持人在晚会中的“灵魂”、“核心”的作用以及自身的责任和义务；需要正确处理好整台节目之间的关系，处理好与搭档的关系；需要摆正主持人与观众之间的关系，摆正好自己的位置，对自己是生理、心理、学识等状况要有客观、全面的认识，这样，就能在对自己正确评价的基础上，通过对舞台主持的不断实践和积累，才能逐渐树立起主持节目的自信心。

① 梁伯龙、李月主编：《戏剧表演基础》，第 95 页，中国戏剧出版社，2009 年版。

第二节　电视类节目的主持训练

电视节目主持人和舞台节目主持人一样,他们都要串联节目、把握全局、引导观众、活跃现场气氛,所不同的是电视节目受众面更广、播出面更宽。如果是录播节目,主持人若表现得不够完美,还可以通过后期制作的技术手段加以完善。但如果是直播节目,主持人一旦出现错误就很难纠正。因此,主持人在直播前要做好充分的心理准备,以备现场突发情况的发生。

镜头前的主持,无论在生理上,还是在心理上,对主持人来说,都是一项超强度、高负荷的工作,如果没有良好的心理准备和相应的即兴反应能力,就不可能做到从容应对。你也许还记得你第一次上镜头时的恐慌吧?当演播室的门关闭、麦克风打开、灯光打开、摄像机开启时,除了听到自己的心跳声外,你的头脑也许会一片空白,所有要讲的东西,全都被抛在了脑后,你几乎都不知该如何开始……要知道,这些情况的发生都属正常,我们把这种紧张称之为麦克风恐惧症,美国著名节目主持人拉里·金就曾有这样的体验。

【例】拉里·金的麦克风恐惧症[①]

大名鼎鼎的拉里·金(Larry King)是美国家喻户晓的谈话节目主持明星。他至今还记得最初进入一家电台工作时的情景。

当时电台经理西蒙对他说:"好的,你叫拉里·金,你主持的节目叫'拉里·金秀'。"拉里·金庆幸终于有了一份工作,一份他向往已久的工作。

他匆匆上岗值班,正襟危坐在播音间开始节目直播。可是,放完开始曲后他却说不出话来,"嘴巴干得像塞了棉花一样"。于是他只能一遍一遍地放着开始曲,一次一次的面对话筒张口无声,他顿时紧张得大汗淋漓。

拉里·金记得,当时他脑子想的是"拉里,你太抬举自己了,你不过是个口齿还算伶俐的家伙,你根本就没见过大场面,你真的行吗……"后来,当开始曲进入尾声,他就不由自主地颤抖起来。

这时,播音间的门被经理西蒙一脚踹开,他大声吼道:"拉里·金,你听着,这是传播事业!"说完,西蒙经理把门重重地关上,走了。就在那一刻,拉里·金"奋不

---

① 参阅应天常、王婷《主持人即兴口语训练》,第10页,中国传媒大学出版社,2009年版。

顾身”地倾身对着麦克风开口说出必生头一回主持节目的开头语：

“各位早安，我叫拉里·金，今天是我这辈子头一回主持广播节目。我一直梦想成为广播节目主持人，也花了整个周末的时间准备，15分钟前电台给了我一个节目的名字，我也选了新的开始曲，可是我的嘴干得不得了，我紧张得要命，刚才我们经理一脚把门踢开，对我说‘这是传播事业’……”

这是拉里·金头一回靠嘴巴吃饭的经历。未曾想到的是，电台很快就接到许多赞赏这位结结巴巴主持人的电话，说“这是真诚可信的声音”、“我们希望天天听到他的声音”。从此，他信心倍增，“一发而不可收”，渐渐走向成功，直至1978年重金受聘于共同广播公司（MBS）主持夜间广播谈话《拉里·金节目》，从25个电台到250多个电台加盟，听众达500多万，最后推向全国，成为一位将政治与娱乐、电视新闻与谈话节目结合起来的传奇式节目主持人。

拉里·金能做好，相信你也能做好。因为拉里·金告诉我们：你只要开口表达出你此时此刻的真实感受，你只要真诚地面对观众、听众，他们自然会用包容的心来接纳你。要知道，他们远比你想得宽容。只要你诚恳地发出自己的声音，把观众当成自己的朋友，无论你是通过麦克风，还是通过电视摄像机镜头向他们说话，观众都能感受到你的真诚。因此，在向观众展示你个人魅力和个人风格之前，你首先是要向观众展示一个普普通通、有血有肉、愿意与观众交流的对话者。一旦你成功地进入了与观众真诚互动、交流的状态，你的“麦克风恐惧症”自然就痊愈了。

一、主持人与摄像机的交流训练

1. 认识镜头里的“我”

在很多时候，我们都需要学习如何在电视镜头前表现自己。毕竟，我们希望镜头前的自己是完美的，让公众对自己留下美好的印象。镜头前的自我，应该是超越日常生活中的那个“自我”，当聚光灯打开，摄像机启动时，你在公众面前呈现的应该是超越“自我”的那个“超我”形象，这个“超我”的形象是一个社会角色，一个传媒角色，一个公众角色。因此，要演绎好这个角色，你必须要在镜头前了解“自我”、熟悉“自我”。

训练提示：首先，我们从面部开始，进行特写的拍摄。你要对着电视摄像机镜头找到自己最喜欢的脸部角度，然后，微笑着与摄像师说话。请你把你说话的内容拍摄下来，然后进行回放。看看自己笑容的深浅大小，会不会引起观众的反感？对自己而言，笑容的有和无，是否和自己的语态合拍？如果合拍，那么，你看起来就会比较自然，观众就会接受，你就可以保持这样的微笑。如果不合拍，你就要调整自己的状态，找到自己感觉不舒服的心理依据，直到调整到自然、合拍的状态为止。

2. 把镜头当谁

在镜头前，主持人要做到“目中无人，心中有人”——这是播音员、主持人在镜头前的看家本领。

如何才能做到呢？很简单，你必须把镜头当成你的朋友、你的熟人。把镜头当成你的熟人、你的朋友，你的说话、你的语态就不会显得过火、不自然。观众在电视上看到你，就会感觉亲切，和你的心理距离就会缩短，慢慢儿地就能接受你这个主持人形象了。下面的练习，请你试试。

训练提示： 在镜头前重复练习说话，说高兴的话，说笑话，找到自己的熟人来替代摄影师，这样可以使你的段子听起来更有趣、更吸引人，你与观众说话也就显得更亲切、更有魅力了。你当然也可以做一些扬眉头、嘟嘴吹气等小动作，这既能放松你的面部肌肉，也可以找到自己说话夸张时的感觉，放松一下情绪、活跃一下气氛。但无论如何，“放”是因为“收”，目的是要找到你自己最为合适的与观众说话的分寸。说话时，你还是要始终保持你的真诚，因为“真诚”是主持人的立身之本，是主持人最基本的素质修养。

3. 镜头前不同景别的表达训练

主持人在镜头前，不仅要熟悉自己电视特写时的面部表情，也要熟悉自己在近景、全景时的身体语言习惯。通过不同景别的拍摄、练习，主持人就会发现自己身体语言表达的一些习惯。这些习惯，有些是好的，有些则是坏的。好的要保持，坏的就得改正。例如，电视出面部特写、上半身近景时，你的肩膀、你的头部就不能随便晃动。有的主持人说话有个坏习惯，一到电视机前说话时，身体和头部便会不自觉地晃动起来，有的是因为“背诵”稿子使然，有的则是因为镜头前的练习不够，这些都是必须要加以改正的。另外，在拍摄全景时，整个身体也不要像草被风刮一样，来回摇动，两手、两脚都要自然地辅助你的表达和表现，让观众全神贯注地听你所表达的内容，而不是去注意你身穿的衣服以及手拿的物品，除非，节目内容的需要，否则，你就有点画蛇添足了。

训练提示：

第一步，我们从肩膀以上的位置开始进行取景、拍摄。请你拿出最近的一篇你喜欢的新闻，采取半脱稿式地进行演说，说给站在镜头后的你的熟人听。最好是他们不知道的新闻内容。拍摄完毕，你可以听听这些熟人的意见。然后，你再回放刚才拍摄的录像，反复、认真、仔细地分析自己的表达与表现。找出表达不流畅的句子和念错的生字，然后，再进行一次补拍，这次要求全脱稿。你必须和镜头面对面地诉说，不再看熟人，而是把镜头作为朋友，再次告诉他们新近发生的这个新闻。注意逻辑重音、语气重音的表达，内容点送要清晰，语言要流畅。

第二步，我们要换成站姿，进行全景拍摄。你可以选一位你最喜欢的明星作为话题。你面对着镜头，说出你喜欢这位明星的理由。时间为 2~3 分钟。当你说完这个话题后，同样要咨询在场的朋友或同事，倾听他们对你刚才表现的评价。然后，回放镜头，结合朋友们的意见，客观的冷静地分析自己在镜头前的表现。如果确实有问题，那就要分析原因所在，是说话的内容没有充分准备好，对自己要表达的具体细节把握不准造成语流的被迫中断，还是自己心理有其他杂念，或者因为其他的什么原因，如现场噪音，现场其他干扰等。不管是何种原因，都要进行仔细分析，直到你顺利完成这个练习，在镜头前从容表达为止。如果有条件，你还可以和你的摄像师到室外某个自然拍摄点进行拍摄练习。如新闻记者的现场报道练习、天气预报的报道练习等。经过反复的实践，你会总结出一套适合自己的主持报道的经验。

俗话说，熟能生巧。练习越久，实践越多，你自然就会进入一种自由境界。只要把电视摄像机镜头和麦克风当成是你的朋友，你就会慢慢习惯它们，并在它们面前表现得越加完美了。要知道，观众此时看到的是一个愿意把自己当作朋友来说话的人。这样的人，观众自然会慢慢接受并喜欢他的。

4. 镜头前的说话训练

主持人在主持节目时，有时要说别人（编导）写的稿子，在这种情况下，主持人如果不能“吃透”稿子，那么，他（她）面对镜头，或者面对现场观众时，必然会紧张，表达起来可能会显得生硬。“卡壳”、“吃螺丝”等情况也会时有发生。而主持人如果说的是自己的稿子内容，就会显得轻松、自然。这里就出现一个问题，那就是，主持人要善于把别人的稿子变成自己的稿子，善于把书面语言变成口头语言，只有这样，节目才会显得流畅自如，给观众以美的享受。

（1）书面语化为口语训练[①]

【例】书面语化为口语训练。

书面语——托尔斯泰说："幸福的家庭总是一样的，不幸的家庭各有各的不幸。"

口语——"此刻在电视机前的观众，可能有当爸爸妈妈的、也有当爷爷奶奶的，假如在你的身边有个7岁的孩子，那他过着怎样的日子呢？在东北，我们记者见到一个7岁的小孩，他的父亲得了重病，他的母亲离家出走，而这7岁的孩子就过着这样的苦日子。"

书面语——国务院今天发布公告，我国的人口普查从某月某日某点开始，这次人口普查是我国迄今为止规模最大的一次人口普查。

口语——"观众朋友，从某月某日某点开始，可能就有人敲您的门，他们就是人口普查员，从这时起，您就参与了我国迄今为止规模最大的一次人口普查。"

在节目现场，主持人的交流意识如何，是衡量一个节目成败优劣的关键。主持人要积极调整好自己的生理、心理状态，随时准备与观众进行平等、亲切、自然的交流，这是一个专业主持人职业素质中最为基本的要求。

（2）串联词表达训练

电视节目中的串联词反映的是一个主持人的思想深度。主持人如果不能充分理解节目的宗旨和目的，就很难准确地表达思想。主持人自己写串联词的一大好处，便是能在节目中逐渐形成自己的语言风格和个性。串联词写作的过程，也是主持人思考、判断节目走向的过程，把握节目风格的过程。下面是几例不同节目风格的串联词，从中可以感受到主持人不同的个性。

【例】谈话节目：《鲁豫有约》串联词

陈鲁豫："王军霞是一个喜怒哀乐都不写在脸上的人，对于曾经有过的辉煌和困难，如今提起来她显得非常平静，我知道她是一个很坚忍和承受能力很强的女

① 敬一丹著《99个问号——敬一丹漫谈主持人》，第20页，中国广播电视出版社，2004年1月第1版。

人，只有在提起先生和孩子的时候，她才会变得眉飞色舞。采访结束以后，王军霞和战宇过马路去打车，我看到战宇的手，很自然地搭在王军霞的肩上。那一刻我真的很感动，我知道王军霞找到了自己的幸福。”

【例】新闻节目：《面对面》片段

白岩松：“幸福是什么，其实幸福就是像水一样的东西，就在我们身边流过，就像一杯好茶、亲人的一张笑脸、午后一抹温馨的阳光、半夜下班时万家灯火中为你点亮的那盏灯……”

【例】新闻专题；《医生们的困扰》片段

水均益：“波黑冲突就像一个久治不愈的病人，后来来了好多医生给病人会诊，但是，并未见好转，人们却对医生的处方和动机产生了怀疑，医生之间也产生了分歧和争论……”

【例】崔永元：“有一种东西，盛饭的时候叫饭盒，扔在地上叫白色污染。另一种东西，文化人叫它有机肥，老百姓就叫马粪。”

从以上案例可以看出，不同类型的节目，主持人的语言风格完全不同。陈鲁豫感性细腻，白岩松理性睿智，水均益冷静机智，崔永元幽默智慧。总之，你的串联词表达不管是事件的描述，还是细节的捕捉，不管是夸张的运用，还是幽默的表达，你都要符合节目的精神，自己来表达节目的灵魂，这样的串联才又深度、有意味。

串联词表达　训练题

（1）幸福是什么？请你用自己的语言来总结这个新闻采访节目。

（2）用简单的几句话介绍你最敬佩的一位老师，作为谈话类节目的开场白。

（3）请你用比喻等修辞手法来强调遵守交通规则的重要性。

（4）请你用传神的细节描述来为现场观众再现一个感人的瞬间。

上海戏剧学院播音与主持专业学生采访女飞行员

二、主持人与嘉宾的交流训练

演播室是主持人在主持空间的主要活动区域。主持人如何在有限的时空中做出好节目，主要看主持人在演播室的现场发挥水平，比如主持人如何来把握主持节奏、控制好节目时间、调动起观众情绪等，主持人在演播空间的驾驭能力如何也是衡量一个主持人主持水平的关键一环。

在演播室主持节目，有时是一对一，有时是一对众，这主要取决于节目的性质。有些节目是带观众席的，而有些节目只是主持人独立面对镜头主持。节目参与人数不同，主持人在节目中的主持状态也就不同。主持人在摄像机镜头前是直接与现场观众进行交流的，但这种交流又是在摄像机的摄录下完成的。也就是说，来到节目现场的嘉宾都清楚这样的交流、互动和平时日常的谈话是不同的，是在公众视野下的当众交流。这个时候，无论是主持人，还是嘉宾，讲话都不是随意的，他们的交流是有公众意识的交流。另一方面，主持人的角色也具有双重性，他既代表观众发问，与观众一起倾听采访嘉宾的意见和看法；同时又代表传播媒介来设置话题、引导讨论、适时评点、深挖节目意义，完成所要达到的传播宗旨。这种互动与传受，是在相互作用的情况下，在节目主持进程中进行转换的，主持人在谈话中要不断激活观众与嘉宾的热情以及他们积极反馈的欲望。要做到这点,主持人还要对节目嘉宾和观众进行充分的了解。知己知彼,方能调动好节目气氛。

1. **准备充分,才能问出问题**。

下面例举一个案例,我们看看主持人采访的是同样的嘉宾,但因主持前的准备不足,节目采访的效果完全不同。

【例】朱军的《艺术人生——访蔡琴》

(片头之后节目一开场就是粉丝身份的歌手满文军献唱,寒暄几句之后满文军下场,朱军问了三个问题)

"观众是从《雷雨》那首主题曲认识你的,导演当时怎么找到你来唱这首歌的?"

"小时候经常对着脸盆唱歌有这回事么?"

"像你说的你喜欢把歌唱得比较深沉甚至喜欢唱一些老歌。"

(三个毫无顺承关系的问题之后,现场粉丝献唱。)

朱军:"1998年、1999年我们没见到你,那段时间在干什么?"蔡琴讲道去唱歌舞剧,于是又播现场唱歌舞剧片段。

朱军:"其实我知道你特别不愿意谈起过去的事,不过我还是想问一两句,你唱多少年歌了?"

朱军:"那下一个问题你也不会再回答我们,唱歌的时候多大?"

朱军:"你觉得还能唱多久?"

(又到了现场粉丝互动,马上紧接着蔡琴献唱。)

朱军:"你唱歌的时候我一直在观察你,是因为唱歌动情,还是因为背后的故事?"暗示蔡琴离婚的事情。

蔡琴:"有些故事还是让她变成歌手的秘密比较好一点"

朱军:"透露一两句行么"

朱军主持《艺术人生》

蔡琴："呃……这首歌歌词写得很好，会让人想到岁月带来什么，有人多快乐的事，也有很多难咽的事，一口吞下才能成长。"

（没有任何总结，直接又一次现场观众互动，最后以蔡琴第三次献唱结尾）[①]

整档节目归纳下来主持人朱军问的实质性问题不多，而且仅有的问题之间也缺乏衔接，太多的粉丝互动、献唱，既没有访谈深度又显得过于刻意，所以给人感觉很尴尬。

相反，同样一档明星访谈类节目，同样是采访蔡琴，蔡康永的问题就流畅，个性也很鲜明。仔细研究，你会发现，主持人对问题阶段的把握就是整档节目的板块，每阶段的问题告一段落都会用简单的片花来划分。我们来看看第一板块：

蔡康永主持《真情指数》访蔡琴

【例】蔡康永的《真情指数——访蔡琴》

片头蔡康永短评过后紧接着片花介绍，然后切入演播室。这一板块讲的都是蔡琴唱歌之前的事情，蔡康永在这里一共提了七个问题。

1. "很多人会以为蔡琴是从小就唱歌的，其实据我所知你念'女中'的时候，比较喜欢到防空洞去写东西？那不是没有光么？"

---

① 《艺术人生·蔡琴访谈》http://www.56.com/u11/v_NDk3NjA5NzI.html。

2. “有人说你在学校是开心果，也有人说你礼拜六不喜欢跟人家挤火车，宁愿自己去书店看书，所以你到底喜欢人多还是不喜欢人多？”

3. “听说你躲到书店翻的都是星座和血型的书，所以造成你后来对星座很拿手？”

4. “有一次中学生演讲说瞧不起班上的女生弄头发研究裙子，可是问题是不是因为没男友，所以反感别人搞外表？”

5. “几岁认为男人不会喜欢你？还是有人当面说还是自己认为的？有和妈妈抱怨过么？”

6. “高二有一阵子整天不睡觉，在想将来要做什么的时候，就是在想怎么叛逆才够厉害是不是？”

7. “好像后来想出来的答案也不怎么样，就是要考‘大传系’跟‘美术系’是不是？”①

蔡康永的每一个问题都很具体、都很有趣，让观众不由得想起自己的童年趣事。而对于蔡琴而言，面对这样了解自己的主持人，当然首先会感觉到亲切，继而会慢慢卸下心防，进入谈话的状态，畅所欲言，聊到后来，想收也收不住了。显然，蔡康永的功课做得很充分，提的问题都关于具体的细节。相比之下，朱军的问题显得比较大，比较笼统，叫人可回答可不回答。比如：“你都喜欢唱比较深沉的歌还是老歌？”这个问题的边界就很模糊，老歌与比较深沉的歌的区分在哪里？如果没有界定，朱军的这个问题，让嘉宾就很难回答。可见，主持人要赢得嘉宾的信任，赢得观众的心，首先要做好充分的准备，对被访嘉宾进行彻底地了解，这样才能根据节目目标，深挖主题，开掘话题，问出问题，使节目达到事半功倍的效果。

2. 提问训练

提问是主持人在节目中最常用的语言方式之一。和新闻记者的采访相比，主持人的提问要显得温和、亲切些。新闻记者的采访提问追求的是新闻事实的客观报道，重于客观的呈现；而主持人的采访提问追求的是访谈节目目标的实现，偏重于主观的呈现。现场气氛呈现的不是严肃，而是活跃。总而言之，主持人提问时，不能居高临下、咄咄逼人，真诚、随和、善意的提问可以凸显主持人的亲和力。

下面一则对话，请你指出其中不足。

---

① 《真情指数·蔡琴访谈》http://www.tudou.com/programs/view/_99jt9NyMEc/isRenhe=1。

【例】央视主持人董卿对歌手的采访

在2006年“隆力奇”杯第十二届CCTV全国青年歌手电视大奖赛第六场比赛中，15号选手蒙古族歌手孟和达来接受综合素质考试后，等待最后评分，央视主持人董卿为避免冷场，走上前与歌手进行现场交流。

董卿：我发现你的这个马头琴，可以说是琴不离手，为什么答题的时候也一直拿在手上。

孟和达来：因为什么呢，嗯，我的专业是马头琴，马头琴就是我的命，我走到哪里，马头琴就跟着我走到哪里。

董卿：那你是第一次以一个歌手的身份参加比赛的吗？

孟和达来：是的。

董卿：第一次？

孟和达来：是的，第一次参加。

董卿：那你这次参加歌手大奖赛如果拿了奖，你是继续拉这个马头琴呢？还是改行当歌手呢？

孟和达来：嗯，这两个我都一起，一起吧。

（评委席上许多评委点头称许）

董卿：一定得在一块儿？如果今天现场就让你做个选择，二者只能选其一。

孟和达来：啊呀，（思考片刻）那我，如果，如果我问你行吗？

董卿：嗯（点头）。

孟和达来：你选一下，吃饭和睡觉你选哪一个呀？

（主持人语塞，观众席上传来笑声和掌声）

董卿：我饿的时候我就吃，我困的时候我就睡。

孟和达来：（快接）那我一样，有歌声的地方一定要有琴声，有琴声的地方也绝对有歌声，那是绝对的！

（孟和达来的回答赢得了评委和观众热烈的掌声）

董卿：（自我解嘲）我发现他还可以干一个职业：主持人。向你学习！

显然，歌手的回答要比主持人出彩。鉴于此，主持人的提问一定是要经过思考才能提出的。否则，就会被动。即便是即兴的提问，也要慎重，不能张口即来。

再来说说上面的例子。对于孟和达来来说，马头琴和唱歌是不可分割的整体，有了马头琴，他就能唱出生命之歌。而主持人在他回答了：“马头琴就是我的命，我走到哪里，马头琴就跟着我走到哪里”的情况下，还继续让他二者选其一，这样的追问就不怎么明智了，也显得不够礼貌。换位思考一下，如果你是孟和达来，听到这样的“逼问”，你会怎样回答呢？兴许，你可能也会像孟和达来一样来反问主持人的。在这里，我们要学习的是善解人意，不要“逼”选手回答自己设计好的提问路线。否则，居高临下地追问，会让自己处于被动的局面。主持人和嘉宾的交流是平等的交流，彼此的真诚才能打动观众和嘉宾的心扉。在这里，孟和达来的朴实和坦率，给我们主持人上了生动一课。

3. 共同话题训练

三个人一组，围绕一个共同话题(可采用热点话题或新闻视频)，相互配合地进行阐述和讨论。现场观众可以根据每一个同学的表现，进行打分。去掉一个最高分，去掉一个最低分，被评点同学的最后得分，将是观众对他的认可分。

训练提示：本训练让观众参与打分，目的是活跃场上气氛，有利于现场观众认真倾听、认真比较。从某种角度讲，节目主持的最终目标是为了观众，说得好不好，观众说了算。此训练不仅能培养主持人的观众意识，也培养了主持人的说话能力、倾听能力和互相配合的能力。

【例】CCTV 第六届主持人大赛决赛第二场

共同话题：“拆旧建新，拆真建假”

甲：这里要改建成一片新的商业街啦！大家以后都可以搬进楼房里，条件比现在会好很多。

乙(老人)：唉，这样的古民居是拆一处、少一处啊！以后怕是再也见不到了。

甲：怎么会见不到，你来看这个。

画面：“清代历史文化名城”建筑

甲：这是我市最近花重金打造的清代历史文化名城，大家都来参观吧！还能坐一坐皇帝的龙椅呢！

乙：老人拿出自己的古民居照片对比。

[画面字幕：“拆旧建新，拆真建假”]

下面请三个同学上台展开讨论，请观众认真倾听，并进行评点、打分。

训练提示：就一个成熟的谈话节目来讲，三个人必须要合理地配置，才能完成好一个节目。节目中展示的事实可详可略，这就是我们在乘火车时看到的沿途风景，火车停靠的“站台”是他们争论或讨论的层面，怎么能让事实的展示和理性的探讨都清晰，靠的就是火车运行的“轨道”——他们谈话的脉络。谈话节目主持人谈话脉络必须要清晰，否则谈话就容易“出轨”，火车就有事故的隐患。

访谈类节目非常重要的一点是旗帜要鲜明，反对什么、赞成什么，态度要非常明确。这里的“拆旧建新、拆真建假”是关键词，其核心的问题是政绩工程、形象工程、对GDP崇拜的问题。对于这点，中央政府早在很多年前就强调，决不能以牺牲精神文明为代价换取一时的发展，中共“十七大”报告讲到文化大发展、大繁荣时，首先讲到的也不是产业，而是核心价值观。“共同话题”的训练便是让同学熟悉掌握主流话语，并能熟练地运用它们。可见，主持人平时的文化积累和积淀是多么重要。你最后想要给观众留下什么样的印象，这点必须要考虑周到。

共同话题训练场景

4.《实话实说》训练

下面这张节目表是中央电视台《实话实说》栏目的部分话题。通过下表我们可以明确地感受到电视文化人的传播意图。但是，光看不练是不能做主持人的，策划主题已经明确，同学们练习了以后，才能看看自己是否能胜任这个节目的主持。

【例】《实话实说》节目话题[①]

节目表面文章	讨论弦外之音
拾金不昧要不要回报	道德与法律的关系
远亲不如近邻	固守社会传统与尊重个人隐私的分寸探讨
捐款结余怎么办	良心和规范
装修的滋味	尊重个性和宽容共性
城市垃圾何去何从	环保的理念与切实可行的操作
家有琴童	功利与素质

训练要求：模拟《实话实说》的演播现场，由一位同学担任主持人，其他同学有的担任嘉宾，有的是观众。嘉宾人选由主持人来确定。分六个策划小组，每组要求三人，列出你们的谈话脉络。六个主持人要求全程参与自己主持的策划。

训练完毕后，拿出《实话实说》的节目来对比，看看差距在哪里？哪个环节出了岔子？哪个环节还算顺利？

经过训练，我们会发现，主持人在电视节目中的谈话不是那么容易的，公众视野下的交流，对于主持人来说，你不仅要消除自己的紧张，还要消除观众的紧张和谈话嘉宾的紧张。如何消除这些紧张，我在前面章节中也有谈及，但是，用笑话、用音乐来消除紧张还没说过。比如，崔永元在节目开始前，就喜欢用一个笑话或者一则幽默来消除紧张。

【例】《实话实说》

崔永元："前一段我和我一个朋友，到野外宿营，半夜醒来的时候，朋友突然问我，你现在有什么感想？我说你看满天的繁星，宇宙是多么浩渺啊，而我们作为一个人，是多么渺小啊。我那位朋友不说话，我问你现在有什么想法？他沉默一会儿说，我们的帐篷好像被人偷走了（笑）……"[②]

笑话讲完了，观众也放松了，节目就在不知不觉中开始录像了。观众、嘉宾如果不轻松，那么谈话就算不上上乘的谈话，交流就不是成功的交流。

当然，在录制现场让大家争相开口是不容易做到的。但如果大家在节目中说

① 崔永元著《不过如此》，第147页，北京华艺出版社，2001年版。
② 崔永元著《不过如此》，第289页，北京华艺出版社，2001年版。

的都不是自己的话，都不是自己熟悉的方式，都不是自己确定的语气，即便说话是很中听，这又有什么意义呢？所以，崔永元认为，“好的谈话就像漫步聊天，话题忽上忽下，忽左忽右，却不会偏离主题。一会儿，你是谈话的组织者，一会儿，他是谈话的发起者。有话则长，无话则短。因为轻松所以避免了言不由衷。”[①] 后来，这些成为崔永元对节目品味和格调的要求。其实，这何尝不是所有谈话类节目都应追求的目标呢?!

第三节　生活类节目的主持训练

我们这里说的生活类节目主持是除广播电视类节目主持以外的，根据日常社会生活需要而进行的各类主持。如会议主持、婚庆主持、店庆主持等，在这里都统称为生活类节目主持。

生活类节目的主持人必须要谙熟各种社会生活场景的规范、流程和礼仪。与广播电视类节目主持人相比较，要做好生活类节目的主持也不是轻而易举的。虽然，后者比前者的传播范围小，受众范围少，但由于此类主持的随意性比较强，不确定性相对高，因此，对节目主持人提出的素质要求也就比较高。

2010 年 11 月 27 日，中国第八届民营企业峰会上，浙江省工商局局长郑宇民与央视主持人董倩的一段对话视频被网友“真老顽童”上传至新浪的微博，立刻召来“围观”和追捧。视频标题为《浙江工商局长郑宇民“斗智”央视主持人董倩》。截止 2013 年 1 月 4 日晚 11 点，该微博被转发 13861 次，评论 3767 条[②]。以下是该视频部分对话内容。

【 例 】央视主持董倩与浙江省工商局局长的访谈实录

主持人：董倩（中央电视台）。

嘉宾：郑宇民（浙江省工商局局长）

董倩：郑局长，以前我们俩都在那儿说话（主持人手指舞台左后侧），站着说的，这次为什么坐着说了，是不是因为站着说，气比较短了，所以要坐着说了。先站一会儿吧（掌声）。

---

① 崔永元著《不过如此》，第 156 页，北京华艺出版社，2001 年版。

② 引自招商银行的 BLOG,http//blog.sina.com.cn/zhaoshangyinhangpinglun.

郑宇民：站着说话跟坐着说话和气短气长有什么关系呢？中央电视台新闻联播都是坐着发布(新闻)的。我不愿意站着说话是因为不愿意和穿高跟鞋的人在一起比高低(笑声，掌声)。你代表央企，穿着高跟鞋，我代表民企，我穿着平底鞋，我们在一起，我觉得不公平，应该坐下来，平起平坐，你就没有了高跟鞋的优势，坐！（笑声，掌声)。

董倩：(尴尬的笑)郑局长，您多少年前请我来的时候，是不是早就想着早一天说这样的话，终于今天有这么一个场合，我们可以坐着说话了。

郑局长：这个是你挑起来的(笑)。

董倩：您刚才怎么看李教授说这个老大老二的问题。的确是，你们已经是老大了。但实际上，您承认这个老大的地位吗？

郑局长：老大不是封的，老大是靠争的。我们有朝一日会理直气壮的说民营企业是老大。现在还称不上是老大。

董倩：嗯，的确是，因为我们马上要提供一个数字。今年全国工商联提供了一个数字，说五百条民营企业的胳膊，比不上两条国企的大腿。五百个民营企业他们所有的利润加起来，不如两家“中石油”、“中石化”，还有再加上“中移动”。我不知道你是怎么看这个现象的？胳膊就这么没力气吗？

郑局长：国有企业两家利润超过民营企业五百家，首先应该为国有企业骄人的成绩由衷地高兴，并由衷地表示祝贺。国有企业也是我们国民经济重要的组成部分，能够取得这么好的成绩，我们当然应该高兴。但是，不能因为国有企业的成绩来否定民营企业存在的价值。两个不同事物，特别是不同特质的事物放在一起比较，是不科学的。举一个简单的例子，所有女人的胡子加起来不如一个男人的胡子长(笑声)。为什么？因为她没有这个功能啊。民营企业也没有这个功能啊。人家是垄断的、独占型的、穿高跟鞋的，我没有啊，所以我怎么能达到他的水平呢(掌声)？不同功能的事物是不能相提并论的。国有企业是酒，民营企业是水。国有企业说：我是酒啊，民营企业是水啊，一万瓶水也抵不过我一瓶酒的酒精含量。听起来让人非常有感触。但是你仔细推敲，酒的功能跟水的功能是不一样的。国有企业更多地体现国家意志，民营企业更多地体现社会功能。水，更多的体现是社会功能。大家都知道上甘岭战士们呼唤的是水！水！水！上甘岭战士不会说是酒，酒，酒(笑声)。汶川大地震时，灾民们也说的是水！水！水！上海(胶州路公寓)大火救急的也是水！水！水！你如果是酒，酒，酒，你不是死了(笑声)？所以说，水有特殊的社会功能。全国4300万的企业，民营企业占多少？92%以上。全国有多少就业人口？7.79

亿。国有企业安排就业人口多少？6300万，91.8%都是民营企业承担的。民营企业不是创利大户，民营企业是生命之水。他们是纯净的矿泉水、是农夫山泉、是哇哈哈（掌声）。他们是社会和谐之水、国计民生之水、是浸润在每个百姓心田里的生命之水！谢谢。（热烈、持久的掌声）

对话中，不难看出，毕业于北大的董倩明显处于被动的位置。她曾在中央电视台主持过《焦点访谈》、《东方时空》、《新闻调查》等节目，应该说已经有了较丰富的采访经验和主持经验，但从访谈中，我们感觉到了董倩的语言明显不如郑局长接"地气"。作为浙江省的工商局局长的郑宇民不仅了解全省的民营企业情况，对全国的民营企业发展情况也相当熟悉，可以说，全国民营企业峰会能在浙江召开，这和郑宇民局长的胆略和气魄不无关系。作为主场的主人，郑局长不仅对整个大会的背景了如指掌，对会议进程的内容一清二楚，甚至对台下受邀的民营企业代表也非常熟悉。在这样的情境下，主持人去挑战嘉宾就显得不明智了，郑局长在采访环节中的反客为主也就不足为怪了。

相比于董倩，郑局长的语言睿智而幽默。作为一个省的工商局局长，他站在民企的角度，代表民企说话，既说出了民营企业家的心里话，也表达了一个政府官员对民企发展的态度。有网民表示，当听众们听腻了那些无聊冗长的官话时，突然听到像郑宇民局长这样生动幽默的语言，一改他们对官员语言刻板的印象。很多网民也表示，这位局长思辨能力强，知识渊博，境界高，他对中国民企和浙江民企良好的认知，是这场有思想、有魄力、有才情的对话内容之根本。①

另外，郑宇民鲜明、亲民、有个性的语言也符合了当下的社会情绪。常年研究传播行为和方式的复旦大学新闻学院张志安博士分析说，"这段视频和这个局长能火，一个普通事件，最后能成为公共事件，正是因为符合了当下的社会情绪。"否则，微博转发量就不会达到一万三千多次。郑宇民的语言简单、朴素，比喻形象生动，达到的效果却是幽默风趣、令人回味的。不得不说，这位当过浙江省金华市婺城区委常委、宣传部部长的郑局长，其语言表现力是值得我们主持人认真学习和研究的。

因此，生活类节目的主持人须具备一定的社会阅历，须了解客户的需求，了解受众的需求。在主持现场，还要避免做令观众反感的事，说令观众反感的话，更多

① http://baike.baidu.com/view/1973726.htm?fr=aladdin#1

的是根据客户的需求来调整节目的流程。另外，你还要善于即兴，以不变应万变，对任何现场“事故”的发生都能善于“救”场。

一、避免做观众反感的九件事[①]

1. 开场就道歉

开场就道歉，难免使观众对你失望。在一些喜庆的场合，你这么做，也很不合时宜。如果主持人一上台就说：“很抱歉我来晚了，路上车太堵……”“我真不该来主持这个学术会议，因为我对这个领域没有更多研究……”“我本来不会主持，我是被迫上台来的，请各位原谅……”乍听起来，是主持人很有礼貌，很谦虚，殊不知，观众听到这样的话一下子就像被浇了一瓢冷水，心里一定在想，既然这样，你还来干什么！哪里还有什么兴趣来听你的主持。谦虚应该有度，过分的谦虚，会使观众对你缺乏信心。因此，避免观众反感的第一件事就是避免开场就道歉。

2. 缺乏准备

任何主持都需要做好充分准备才能进行主持的。如果你对你将要主持的节目没有底气，比如要主持婚礼时，对新人不熟悉；要主持会议时，对会议议题不了解；要主持店庆时，对这个商店情况不熟悉。那么，我劝你，最好立即放弃这个主持。否则，你不仅会显得手忙脚乱、不知所措，说不定还会让人贻笑大方。要想再有下次的邀请，恐怕也难了。

3. 对流程不熟练

婚礼庆典或开幕庆典都有固定的节目流程。如果在主持时，你把流程搞错或颠倒流程，人们会认为你思路不清，难免从心里对你产生出厌烦来，从而对你丧失信心。另外，庆典邀请的贵宾，你也必须一一落实，不能把人名字读错，不能把嘉宾性别搞错、职务头衔搞错、身份颠倒等。所有这些，在主持前，你必须对流程的每一个细节落实清楚，直到了如指掌，方能从容上场。确保每一个环节的准确无误。

4. 听不清声音

观众是来参加活动的，如果他们听不清你主持人的声音，自然也就没有兴趣再待下去了。所以你在主持前，一定要提早半小时来到现场，调整好麦克风，换好电池，确保现场的每个观众都能清晰地听到你的声音。

另外，听到你的声音还只是第一步，你要确保声音的动听，这才是最关键的。

---

① 参阅林语堂著《怎样说话与演讲》，第228页—232页，文化艺术出版社，2009年版。

所谓先声夺人,就是这个道理。你不仅要让受众听清你的声音,还要让你的声音富有魅力,这才能吸引受众。

5. 语速过快或过慢

语速一定要适合正常人倾听的生理反应特点,你不宜说得太快,也不宜说得太慢。要根据观众的年龄层次、爱好习惯等适时地作出调整。例如,老年观众说话语速相对比较慢,你上来说话就不能“跑火车”,让老年观众无法适应。如果是青少年观众,他们思维敏捷,反应快,注意力很容易分散,因此,你对他们说话的语速就要相对提快,否则,他们就会觉得你很啰唆,对你失去耐性。总之,要根据不同的受众对象的特点来说话,语速快慢的分寸把握,都要根据现场观众的反应来调整,想办法保持观众对节目的兴趣和对你主持节目的信心。

6. 推迟

谁都不愿意等人,集体的等待更让人生厌。观众来参加活动,是充满着期待来的,推迟节目时间,只会使观众期待的心遭受打击,这是一个非常糟糕的习惯。这同时也是不尊重人、不尊重观众的坏毛病。

主持人主持节目,只有比观众先到的道理,没有观众等待主持人的道理。这也是做人的根本。君子务本,本立而道生。主持人首先要学会做人,做一名君子,其次,你才有资格在台上传播人生的大道。你在台上说话,才有人会去听、会去信。

7. 超时、冗长

主持时间不可太长,因为人的注意力不能一味地绷得很紧。主持人拖延时间会降低观众对节目注意力,因为,冗长的节目时间很有可能已经超出了他们生理时间的承受力。尤其是会议主持人,过多的与会议无关的言辞,会妨碍与会者对会议信息的接受。如果,此时主持人过度地表现自己,即兴发挥太多,会令与会者感到疲劳和乏味的。

8. 自我吹嘘

有的主持人在台上不断吹嘘自己,把观众当傻子。也有的主持人在台上很自恋,不时地提到自己的名字。节目总长不过 30 分钟时间,自我吹嘘占据了三分之一的时间,自己的名字被提及 4 到 5 次,这很让人倒胃口。要知道,你如果是个有名的人物,即使你不说自己的名字,观众也会知道。你若是个无名小辈,反复提及自己的名字,观众不想知道还是不会知道。相反,你若是把精神十二分地投注于你所主持的节目上,说不定,因为节目的出彩,观众却要向别人主动打听你的大名了。观众是来参与节目的,不是来看你孤芳自赏的。自恋或过分地自我吹嘘,就有广告之嫌,结果只能适得其反了。殊不知,谦虚的态度往往比自我吹嘘更能赢得观众的心。

9. 踱步

有的主持人在台上边说话,边来回踱步,一刻也停不下来,这又是一个主持的坏习惯。因为这样,不但使观众的心绪不宁,同时也让人感觉不舒服,容易分散观众对节目本身的注意力。在公众视野范围内的举止,都应恰当,有分寸,所谓"站有站相、坐有坐相",你的体态语言会不自觉地暴露你的很多信息。因此,要适当注意你来回踱步的习惯,保持自己在台上的庄重和高贵。

二、避免说观众反感的七种话

有七种话在生活类节目主持时是不能说的。

1. 指责性话语

主持人,尤其是主持新手说话要谨慎,不能话到嘴边脱口而出,伤了别人,自己还不知道。比如,在一个机关知识竞赛类节目中,主持人因判分失误,引起了观众后援团的起哄。见场面失控,主持人开口便说:"你们队本来表现就很差,这个分给你们,我本身就是不情愿的。""今天真倒霉,碰到你们这些不讲理的……"虽然听上去是和观众在争辩,但在观众角度看来,感觉就很不舒服。

生活中,没有人愿意遭受别人的指责,更何况是主持人的。相反,主持人在现场反而要学会多用赞美型、鼓励性的话语去启发观众,给观众以信心。这样,主持人才会赢得观众的认可。

2. 过多的专业术语

有些主持人在台上经常炫耀自己,不是引经据典,就是堆砌辞藻,让观众犹如坠入云雾,不知其所云。在这方面,说话和写文章有共同之处,写文章要深入浅出,说话也应该浅显易懂。

美国大演说家毕菲瑞芝曾说过,"一种很有益的练习,就是在听众中选择一位普通观众,你努力地把你所讲的内容使这个人感到兴趣。你只要使用清楚的字句,讲明事实,解释道理,对方肯定会有兴趣听下去。一个更好的方法,就是集中你的谈话到与其父母同来的小孩的身上。你要使你的话极简单明白,就是小孩也能够了解的,并且待散会之后,小孩还能够说得出你所讲的话来。"

唐朝大诗人白居易的诗浅近通俗,彭乘《墨客挥犀》:"白乐天每作诗,令老妪解之,问曰:'解否?'妪曰解,则录之;不解,则又改之。故唐末之诗近于鄙俚。"大诗人作诗时,居然常会向老妪请教,并根据老妪的理解程度来修改,直到老妪能够理解为止。可见，追求通俗浅近的语言是白居易的诗歌主张，也因此，白居易在唐朝开出了“新乐府”通俗一派，让诗歌走向了民间。主持人讲话也是如此，既不能佶屈聱牙，也不能生涩难懂，要让观众赞同你的主张，恐怕通俗易懂是关键。

3.“万事通”语言

如果你在主持时表现得像“万事通”，你就是拿起石头砸自己的脚了。因为主持是绿叶，是为了烘托别人，渲染气氛的。你若喧宾夺主，使话题偏向，就违背了节目设置的初衷。把嘉宾、专家请到节目现场来，是为了让他们发表高见，而不是主要听你说。主持中什么都说的人，其实什么都不知道，因为无知而无畏。抢话本身就露了大怯，所谓聪明反被聪明误。

“两小儿辩日”的故事我们都知道，说的是大教育家孔子在两个小顽童面前碰了钉子的故事。

【例】“两小儿辩日”的故事

孔子东游，见两小儿辩斗，问其故。

一儿曰：“我以日始出时去人近，而日中时远也。”

一儿以日初出远，而日中时近也。

一儿曰：“日初出大如车盖，及日中则如盘盂，此不为远者小而近者大乎？”

一儿曰：“日初出沧沧凉凉，及其日中如探汤，此不为近者热而远者凉乎？”

孔子不能决也。

两小儿笑曰：“孰为汝多知乎？”

译文

孔子到东方游学，途中遇见两个小孩儿在争辩，便问他们争辩的原因。

有一个小孩儿说：“我认为太阳刚升起来时离人近，而到中午时离人远。”

另一个小孩儿则认为太阳刚升起时离人远，而到中午时离人近。

有一个小孩儿说：“太阳刚升起时大得像一个车盖，到了中午时小得像一个盘盂，这不是远小近大的道理吗？”

另一个小孩儿说：“太阳刚出来时清凉而略带寒意，到了中午时就像把手伸进热水里一样热，这不是近热远凉的道理吗？”

孔子听了不能判定他们谁对谁错，

两个小孩笑着说：“谁说你知识渊博呢？”

"两小儿辩日"若按照科学的解释,那便是用相对论的原理来解释了。文中应该有两个中心点,一个就是地球,一个就是两个小儿所在的地区。如果以地球为中心点,那么太阳离地球的距离是始终不变的,无论是在早上还是在中午时,距离都是一样的。如果以两个小儿所在的地区为中心点,那么就应该是中午的时候会更近些。这个故事给我们的启示是宇宙无限大,知识无限多,学亦无止境。即使是博学多闻的孔子也会有所不知,何况是我们。认识事物应从不同角度出发考虑,就会有不一样的结果。知之为知之,不知为不知。"不要强不知以为知"。多听听身边人的声音,甚至是孩子们的声音,也许能有所长进。因为,知识是不分年龄,不分界限的。我们在平常阐明自己道理时,也该像两小儿一样有根有据,用道理说明问题。"万事通"、"万金油"式的主持,千万要不得。

4. 隐私话题

任何人都有隐私,尊重他人的隐私是主持人在节目中应遵守的最基本的礼节。但是有些主持人为了满足一时的好奇心,总要穷追不舍,打破砂锅问到底,令嘉宾窘在现场,造成难堪、尴尬、吃力又不讨好的局面。因此,建议主持人不要像一个八卦娱乐记者一样穷追不舍地提问,要注意场合、注意对象、注意分寸的把握,要能既避开忌讳问题,又不失幽默地满足观众的好奇心,这是节目应追求的效果。这样,尊重他人隐私的同时也尊重了自己,提升了自己的公众形象气质。

5. 质疑观众的理解力

在主持过程中,如果你担心嘉宾听不懂你说的话而不断质疑对方时,你要注意了。如不停质疑观众:"你懂吗?""你知道吗?""你明白我的意思吗……"好像长者或老师的口吻,居高临下地对待观众。这一点,从心理学上来说,会让对方受到轻视和侮辱,可谓是主持中的大忌。如果你担心对方真的有疑问,你可以用试探、鼓励的口吻:"有没有需要我再详细说明的地方……"也许这样就比较能让人接受,因为,这是平等的对话和交流。

6. 枯燥性话题

如果你自己都感觉这个话题枯燥了,不妨就换个话题。千万不要为了拖延时间,而在节目中喋喋不休,令人反感。观众是最聪明的,你漫无边际的谈话,非但不能表现出你的口才,反而会漏洞百出、相形见绌。还不如长话短说,见好就收。

7. 不雅用语

每个人都喜欢与高雅的人交往,与有品位的人共事,在公众面前,主持人更不能当众"爆粗口"或"出言不逊",否则,这不仅让主办方被动,也给自己的主持形象大打折扣。无论对错，主持中的不雅之言总会给你带来负面影响。有经验的主持人即便再愤怒也会用包容心来设身处地为对方着想，用委婉的话来转移话题，给观众以美的享受。

三、善于即兴

即兴讲话的能力是主持人必备的语言能力。对于生活类节目主持人来说，由于和观众接触的距离比较近，因此，常常需要主持人即兴发挥。善于即兴发挥的主持人，会给观众留下深刻而美好的印象。

即兴说话的特点在于“即”与“兴”。著名主持人叶惠贤对“即兴”有着这样的解释，“即兴”是主持人在主持中对现场周围所发生的乃至可能发生的一切所作的能动的、机敏的、善解人意的、既在情理之中又在情理之外的一种充满奇趣异响的思维反应，这种反应即有属形象思维的，也有形成概念、判断、推理的逻辑思维活动。[①]

即兴的“即”体现出说话的临时性，要求说话人有较好的临场发挥。说话人要善于利用临场所提供的宝贵时间，哪怕是30秒时间。

【例】杨澜的即兴发挥

时间：2006年9月19日晚

地点：广州市天河体育中心《正大综艺》录制现场

演出正进行到中途时，杨澜上台报幕，可能是她的高跟鞋缘故，一不留神她绊倒了，在走下台阶时突然摔了下来。出现这种情况，的确是令人难堪。但杨澜非常沉着地爬了起来，凭着她主持人特有的口才，对台下的观众说：“真是人有失足，马有失蹄呀。我刚才的狮子滚绣球的节目滚得还不熟练吧？看来这次演出的台阶不那么好下哩！但台上的节目会很精彩的，不信，你们瞧他们。”

杨澜这段非常成功的即兴主持，不仅为她自己摆脱了难堪，且更显示出她非凡的口才。以致她话音刚落，会场就立刻爆发出热烈的掌声。有的观众还大声说：“广州欢迎你！”

从杨澜摔倒到再次爬起，前后不过30秒时间，她便能急中生智，巧妙应对，赢得了观众的满堂彩，这就是主持人善于即兴发挥的表现，也是主持人智慧的闪耀。

---

① 叶惠贤：《荧屏的瞬间——叶惠贤即兴主持100例》，第2页，上海人民出版社，1998年版。

即兴的"兴"体现出的是说话的临时性。这要求主持人要有良好的主持状态，说话态度要积极、思维要活跃，这样才能即"时"起兴。即兴主持人"兴"的状态，是成功主持的保证。

1. 即"时"起兴

【例】毕业欢送会上的即"时"起兴

一个毕业欢送会上，班主任给学生们致词："我原来想祝福大家一帆风顺，但仔细一想，这样说不恰当，"这句话把大家弄得摸不着头脑，大家屏息静气地听下去，"说人生一帆风顺就如同祝人万寿无疆一样，是一个美丽而又空洞的谎言。人生漫漫，必然会遇到许多艰难困苦，比如……"最后得出结论："一帆风不顺的人生才是真实的人生，在逆风险浪中拼博的人生才是最辉煌的人生。祝大家奋力拼搏，用坚实有力的步伐走向美好的未来！"

十多年过去了，这个班主任的话语依然回荡在学生的耳边。

"一帆风顺"是常见的吉祥祝福，而老师偏偏反弹琵琶，从另一角度说出了人生哲理。他的即"时"起兴，仿佛平地惊雷，怎能不震撼人心？

2. 即地起"兴"

【例】连战的即"地"起兴

台湾省国民党前主席连战先生60年后第一次回大陆，在机场面对大陆民众，他激动地说道："台北和南京可以说距离不是很远，但是刚才飞机落地的时候，让我想起来这个访问，间隔了上一次到南京来的整整60多年，所以，今天看到大家，实在有一种相见恨晚的感觉，很高兴终于有了这个历史性的第一步……"

连战的这个即"地"起兴，不仅拉近了大陆民众与他的距离，也使得台湾同胞感受到两岸分离又经历了60年的风雨，升华了他此次访问大陆的历史意义。

3. 即"景"起兴

特定场景，往往是点燃说话者说话欲望的因素之一。

【例】马寅初在婚礼上的一句妙语

在担任北京大学校长期间，马寅初曾经抽身参加了中文系老师郭良夫的结婚典礼。当贺喜人群发现马校长的到来，情绪顿时高涨了起来，并鼓掌欢迎他即席致词。

马寅初并没打算要讲话，也没有讲场面话的习惯，只是在这喜庆的日子里又不能扫大家的兴，于是他灵机一动，来了个一句话演讲："我想请新娘放心，因为根据新郎大名，他就一定是位好丈夫"

刚听到马校长这句话时，大家都莫名其妙。很快，众人联系新郎大名一想，方才恍然大悟："良夫"不是可以理解为"好丈夫"吗？于是，屋里的人都开怀大笑起来。①

马寅初先生的即景起兴，既表达了校长对教师的良好祝愿，希望郭老师人如其名，做一个好丈夫，又风趣地增添了婚礼的喜庆气氛。

4. 即"人"起兴

特定对象，也是说话人激发说话欲望的触媒。

【例】教委领导在小学校长培训班上的即兴发言

在小学校长培训班结业典礼上，市教委副主任即兴说道："刚才，我听会议主持人说，在座的各位都是来自农村的小学校长。我也当过农村小学校长，我深知在贫困落后的偏远山区当好一名小学校长是多么艰辛和劳苦。尽管如此，你们却义无返顾地肩负起来培养社会主义新农村建设人才的重担。我本来不准备讲话，现在却想借此机会，向你们表示崇高的敬意，并说几句心里话……"

【例】拜伦的妙句

据说，英国诗人拜伦有一次看见一位盲人身上挂着一块"自幼失明，望君怜悯"的牌子乞讨，可他手里的破碗却空空如也。于是，拜伦挥笔将牌子改为"春天来了，我看不见"，结果路人纷纷解囊。

---

① 那秋生《马寅初的妙语》，摘自《绍兴县报》，2012年9月9日。

路人的同情心被拜伦的即“人”起兴、“实话巧说”唤起。

此外，节目主持人还可即“事”起兴、即“物”起兴、即“言”起兴、即“行”起兴。[①]

请记住，善于即兴，是主持人必备的素质之一。

四、即兴语言的训练

1. 即兴词汇训练

我们将十四个同学分两组，让他们各自围成两个圈坐下。每个圈选一个同学坐中间，其他同学围着他一起做传球说词语练习。中间这个同学在传球给同学的过程中必须即兴说出一个词语，而这个词语的首字音节由大家一起商定。比如大家商定为：“bao”这个音节，坐在中间的这个同学就可以说出一个词语，如：宝贝。边说边传球，接球的同学立刻复述一遍，复述同时把球再传给中间这位同学，复述成功，中间这位同学就得换第二个词语，传球给下一位同学，下一位再复述，再回球给他。边说边传，边复述边回球，发球的同学和回球的同学都必须集中注意力才能成功地进行此游戏。

如这位同学依此说了六个词语，如：保送、保护、宝莱、宝宝、饱满、堡垒球。球已经被传递了一圈，那么，这个同学就算胜出了！一般来说，能即兴说出六个词语的同学已经很不错了。如果，没能说到六个，那么，就算输了，换其他同学坐在圈中接受挑战。

训练提示：接受挑战的是中间的这位同学。无论传球还是回球，同学的节奏都要和词语的发音同时进行。要知道，传球和回球总是在一定的节奏和频率中进行的，因此，传球的这个动作本身就给中间这个同学以压力了。另外，这位同学即兴说出的词语不得重复，重复算无效。

训练目的：这个练习的目的是让你的身体接受刺激，感受到压力，从而刺激到你的大脑，逼迫你大脑潜意识的词汇显现。这也是斯坦尼拉夫斯基潜意识理论的一个小练习。传球的压力从你的潜意识中蹦出来，其实，剧本中的台词也是这样的，人物台词总是当这个人物碰到一定障碍时就被突然迸发出来的。这个障碍，其实就是你们心中的压力。

2. 丰富语汇训练

（1）请同学用ABB这样的叠词来表达欢乐和喜悦之情，看他们能说多少。边

---

① 参阅陈竹《节目主持人实用口语训练教程》，第129页，浙江大学出版社，2006年版。

说便记录。这样的词有：笑吟吟、笑嘻嘻、笑呵呵、笑眯眯、笑哈哈、喜唰唰、喜洋洋、喜滋滋、美滋滋、乐融融、兴冲冲、乐呵呵、乐颠颠、乐陶陶……

（2）请同学用数字一、二、三、四来组接成语，积累成语，做到心中有数，用时不慌。这样的成语有：一鼓作气、一言为定、二龙戏珠、三言两语、四、五、六、七上八下、八、九九归一、十全十美……

（3）请同学用成语接龙。如喜从天降、降龙卧虎、虎头虎脑、恼羞成怒、怒气冲天……

（4）请同学说出含“步”字的成语：步履匆匆、步伐矫健、步步高升、五十步笑百步、步履蹒跚、步步为营、一步登天、昂首阔步、扶床学步、寸步难行、大步流星、健步如飞、亦步亦趋、步入险境、步入后尘、举步维艰、闲庭信步……

以上为例，请同学依此说出含“自”的成语、含“不”的成语、含“一”的成语等。

如果反复以上训练，有助于你丰富你自己的词汇和语汇，不断地提升自己的表达力。以达到以言会友的作用。日积月累地训练，相信你便会出口成章，善于即兴表达了。

五、谁是会议主持高手

不管是婚庆主持，还是会议主持，都要求你在恰当的时间、恰当的地点，说出恰当的话。婚礼庆典庄重而喜庆，开幕仪式隆重而热闹，学术活动生动活泼而不失严谨，企业年会轻松而又热烈。生活类节目主持人说话往往要根据具体场合而定，同样的话在不同的场合说，所产生的实际效果是不一样的。

所谓场合，就是指主持人主持时的地点和气氛。场合有正式与非正式、公开与私下、庄重与随意等。主持人主持节目往往要因地制宜、因人而异，随时调整自己的主持话语，不说与场合不合拍的话，不说观众不喜欢听的话。如在婚庆等欢快场合中，主持人说话要显得积极、热诚，保持一个欢快向上的感觉来主持节目、活跃场上气氛。相反，学术会议主持就要严谨得多。不同类型的活动内容，要求说不同的话语。如果一个主持人有很好的想法，但是语言缺乏表现力，表达思路不清晰，就不能胜任这个角色。

【例】谁是会议主持高手

林芳是个非常成功的会议主角。她是大客户服务中心的经理，经常要召集几个部门骨干开会。会议开始时她就像一个司仪，简单地说完会议目的后，便不再多言，而是启发大家参与讨论。会议的尾声，通常也是林芳自己作为个人表现的时机，她会用最精确的概括综合大家的意见，不仅让与会者感到自己的意见被重视，也赢得了大家的佩服和尊重。

与林芳成为鲜明对比的朱桦，她主持的销售会议，到最后大多会变成大家的投诉大会，因为朱桦喜欢让人随意而自由地发言，于是在漫无方向的闲聊中，会议往往就偏离了原来的核心主题。这样的会议不仅导致会议议题没有解决，而且让朱桦在公司的地位，也变得岌岌可危，因为同事大都认为她缺乏领导力。

不是任何一个领导都会讲话的，自然，也不是任何一个领导都能当好会议主持人的。会议主持人必须具备三种能力：

1. 引导会议议题的能力；

2. 把握会议进程的能力；

3. 控制会议节奏的能力。

除此之外，还要善于听取、挖掘与会者的意见，用最快的速度进行决策。言辞要简洁、果断，声音要响亮、坚决。这些都是会议主持人需要具备的要素，如果你缺乏其中一项，那为时未晚，平时多注意练习，并善于总结经验，你就会不断积累你的主持经验、提升你的主持能力的。谁说人天生就是主持人的呢?!

六、逻辑思维训练

1. 主持要有逻辑性

主持人说话，要有逻辑性。上下左右，前后对照，都要一致。不能一味地随心所欲地说变就变，想怎么讲就怎么讲。即使是婚礼庆典节目，也不能前后表达有矛盾，不符合逻辑地乱讲，最后，连自己都圆不了场，那就很麻烦。

会议主持人，说话尤其要缜密，要有条有理，有头有尾。主持前，要考虑清楚，主持语言要言之有序，有条不紊，不要东拉西扯，前言不搭后语。

日常生活中，我们常见到这样的情景：某单位开大会，几位领导轮番上去讲话，同一个内容被领导反复重复，或不着边际地发挥，既浪费了别人的时间，也引起了与会者的抱怨和不满。这种习惯有损领导形象，也是对与会者的不尊重。对于这样的会议，会议主持人在开会前就要立好规矩，找不到合适的话题不开口，没有明确的主旨不开会。

会议主持时，要做到主旨明确，层次清楚，言简意赅。如果主持人思路混乱、语无伦次，东一句西一句，再聪明的人也是没法听懂你的语言。

会议主持说多项内容的，在会前就要考虑清楚，能否在各项内容之间串起一个中心，按照一定的主题和条理进行串联。串联之间要有顺畅的联系，要围绕中心话题，条理清晰。注意必要的过渡和照应。主持过程中，还要根据现场的需要即兴发挥，以不断锻炼自己的表达力，这样才能掌握住语言表达的技巧，不断提高会议主持的水平。

一位爱尔兰的著名政治家，曾替演说者制订下列的演说方案，我认为对会议主持人来说很值得借鉴。

(1)告诉他们，你将要告诉他们一些什么；

(2)把要告诉他们的告诉他们；

(3)告诉他们的已经告诉他们了。[①]

当然，要使得别人对你的会议主持真正感兴趣，你还要言之有物、言之有理、言之有序以及言之有趣。

2. 逻辑思维小练习

这是一个测试和锻炼你逻辑思维能力的小练习。

谁是凶手

一天夜晚，在一个由一对夫妇和他们的儿子、女儿组成的四口之家，发生了一起谋杀案。家庭中的一个成员杀害了另一个成员，其他两个成员，一个是目击者，另一个是凶手的同谋。现在请你根据以下的提示，推算出谁是凶手。

1. 同谋和目击者性别不同。

2. 最年长的成员和目击者性别不同。

3. 最年轻的成员和被害者性别不同。

4. 同谋的年龄比被害者大。

5. 父亲是最年长的成员。

6. 凶手不是最年轻的成员。

你的答案：

我认为，凶手就是——（答案见下页）

---

① 林语堂：《怎样说话和演讲》，第278页，文化艺术出版社，2006年版。

逻辑思维小练习——“谁是凶手”答案：

同谋：父亲

凶手：母亲

受害者：儿子

目击者：女儿

年龄大小：按父、母、子、女排列。

结　语

本书按照主持人训练的特点进行了分类，其中，每一个元素的训练都被有机地安排在相应的章节中。对于一个真正喜欢主持的人来说，任何知识点和训练方法只要能融会贯通，举一反三，并能付诸实践，它们一定会在你迈向成功的道路上助你一臂之力。因此，写作本书是为了抛砖引玉，给爱好主持的朋友们提供一些初步的经验和方法。

探究节目主持的特点和规律是写这本书的初衷。在本书完成时，笔者发现，主持的本质大概就在于与观众的互动。只有观众在场，主持才获得了意义。因此，受众群的审美需要将是主持人的奋斗目标。单向的主持（播音）并不构成主持的真正本质。而这一认识并非只是来自于舞台上下（荧屏前后）与观众的交流、互动，而是基于生活的本质，即生活离不开人与人的交流互动。从某种角度讲，生活无时无刻不是以人的互动为依托而得以发生、展开的。因此，受众的关注点必将是主持人主持节目的出发点。

金杯、银杯，不如老百姓的口碑。主持人不同于明星，主持人与节目是共存亡的。明星可以“制造”，而节目不可重复。观众喜欢你，事实上是认可你这个节目，而不仅仅是你这个人。因此，作为主持人，你始终要有这样清醒的认识。

每次主持工作，因受众的不同，也会有不同的效果和反馈。因此，了解自己的受众，你才能经受得住来自他们的挑战，而主持人工作的魅力恰恰也来源于此。问题是，你准备好了吗？